工会工作实务培训
速成教材

山东管理学院 编著

Gonghui Gongzuo Shiwu Peixun
Sucheng Jiaocai

中国工人出版社

编委会

序　言

习近平总书记指出，我国工运事业是党的事业的重要组成部分，工会工作是党治国理政的一项经常性、基础性工作。要坚持党对工会工作的领导，团结动员亿万职工积极建功新时代，加强对职工的思想政治引领，加大对职工群众的维权服务力度，深入推进工会改革创新。这既为工会工作指明了方向，也对广大工会干部提出了新的更高要求。

当前，我国职工队伍规模不断壮大、结构深刻变化、素质逐步提升、权益得到实现，同时在收入分配、利益诉求、价值取向、思想观念等方面呈现日益多样化、差异化的新特征。随着新一轮科技革命和产业变革不断深入，数字经济、共享经济等新业态蓬勃兴起，企业组织形式、管理模式、生产经营方式及用工方式等发生深刻变化，劳动关系的确立与运行、职工权益的维护和保障面临许多新情况、新问题。解决这些问题，需要不断加强干部队伍建设，提高培训质量，打造一支高素质专业化的工会干部队伍。

工会干部教育培训是加强工会干部队伍建设的先导性、基础性、战略性工程，对深入学习贯彻习近平总书记关于工人阶级和工会工作的重要论述，学习贯彻中国工会十七大精神，学习工会专业知识，提高工会干部做好新时代职工群众工作的能力具有不可替代的重要地位和作用。

山东管理学院是全国唯一一所具有工会背景的省属普通本科高校，是山东省工会干部教育培训基地。多年来，学校始终坚持社会主义办学方向，坚持依托工会，突出特色，为经济社会和谐发展服务的办学方针，通过加强党性教育、加大师资队伍建设、打造精品课程、创新教学方式、建立现场教学基地和改善培训条件等措施，培训规模和质量都有新的提高，充分发挥了工会院校在培训工会干部中的主渠道、主阵地作用。

为适应新时代工会干部教育培训和工会工作实际需要，山东管理学院组织编写了这本《工会工作实务培训速成教材》。我们根据许多工会干部在培训中提出的相关建议，立足当前工会改革背景，将学习工会基础知识与把握当前的形势任务有机结合，采用了问答形式，以达到简明扼要、通俗易懂，具有较强的针对性和可操作性的目的。希望本教材的出版，对于加强工会干部队伍建设、提高工会干部整体素质产生积极的推动作用。

山东管理学院党委书记　冯庆禄
2019 年 5 月于济南

目　录
Contents

第一章　工会基础知识

第二章 和谐劳动关系构建

第三章 工会工作法治化建设

第四章 工会干部素质与能力提升

第五章 增强基层工会活力

第六章 会员发展和会籍管理

第七章 职工民主管理工作

第八章 集体协商与集体合同制度

第九章 劳动法律

第十章 工会经济技术创新与工匠精神

第十一章 工会宣传教育工作

第十二章 工会劳动保护工作

第十三章 工会女职工工作

第十四章 工会社会保障工作

第十五章 工会财务管理

第十六章 工会经费审查工作

第十七章 工会资产管理工作

第十八章 智慧工会建设

附 录

第一章
工会基础知识

本章重点思考

1.习近平总书记关于工人阶级和工会工作的重要论述的基本内涵是什么?
2.工会“三性”包括哪些要求?
3.中国工会十七大之后，工会基本职责有哪些变化?
4.中国工会十七大明确了今后五年重点工作的要求是什么?

1/ 工会从何而来？

工会是工业社会劳动关系矛盾的产物。从资本主义生产方式产生之日起，工人与资本家的矛盾就已经孕育。在资本主义社会，资本家占有生产资料，剥削和压迫工人。工人为了反抗资本家的压迫，开展了各种形式的斗争。初期的斗争主要发生在单个的工人和资本家之间，斗争主要围绕改善生活条件和劳动环境而进行，但势单力薄的工人往往只能接受失败的结局。当斗争发展到一定阶段，工人们逐渐意识到，只有联合起来，形成集体的力量，才能赢得胜利，劳资斗争便由单个的工人抗争发展为工人有组织的抗争。从而，能把工人团结和联合在一起的组织形式应运而生，这种组织形式就是工会。

最早的工会组织产生于18世纪中叶的英国，之后在其他工业化国家也相继建立，工会活动的内容也由成立之初的经济斗争发展到后来逐渐与政治斗争相结合。各国工会的活动和斗争又进一步形成了世界范围内的工会运动。在当前经济全球化的背景下，世界工会运动面临着极大的挑战，但维护会员权益仍然是工会运动的主要内容。

2/ 中国工会是怎么产生的？

1911年爆发的辛亥革命推翻了清王朝268年的封建统治，中国进入了军阀混战的时期。由于民国初年资产阶级民主主义政治思想的宣传和发展，以及第一次世界大战期间帝国主义各国忙于厮杀，无暇东顾，放松了对中国民族资产阶级的压迫，使得中国民族资本主义企业得到了比较迅速的发展，工人阶级队伍也随之迅速壮大。1913年中国产业工人50万~60万，到1919年五四运动前夕达200万人。中国工人阶级队伍的发展，促成了中国现代工会的诞生。1912年上海制造工人同盟会、上海巢丝女工同仁大会和中华民国工党成立，广东成立了广东省机器总会，汉口成立了租界车夫同益会，唐山工人建立公益社；1914年上海海员成立焱盈社；1916年上海商务印书馆工人成立了集成同志社和同业工会，天津工人在反对法国占领老西开的斗争中建立了工团事务所。1920年11月20日，上海共产主义小组领导建立的第一个现代工会——上海机器工会在上海公学正式成立。该工会的宗旨是：谋本会会员的利益，除本会会员的痛苦。孙中山应邀在成立大会上讲话。同年1月，上海印刷工会成立。同年5月，北平长辛店有1000余工人宣布成立工人俱乐部（工会）。武汉、长沙、广州、济南的部分产业工人和手工业工人也相继成立工会。工会还开始发动工人举行罢工。

中国第一批共产主义者在筹建共产主义小组和中国共产党的活动中，积极投入工会运动，启发、引导和帮助工人群众组织工会。1921年7月中国共产党诞生后，即在第一个通过的决议案中规定："本党的基本任务是成立产业工会。"8月11日在上海成立中国劳动组合书记部，作为中国共产党领导工人运动的公开机关。1925年5月1日，召开了第二次全国劳动大会，正式成立了全国的工人运动领导机关——中华全国总工会。

中国共产党的成立，使工会有了自己坚强的政治领导者，从此以后，中国共产党所领导的工会组织，代表了中国工会的发展主流和前进方向，到1948年，中华全国总工会作为全国范围内统一的工会组织，发展壮大成为中国共产党领导下的中国工人阶级最广泛的群众性组织。新中国成立后，中国工会作为工人阶级重要的社会政治团体，在长期的社会主义革命和建设时期，尤其是在改革开放和进入新世纪新阶段新时代的历史进程中，组织、团结和依靠工人阶级为国家的进步、社会的发展、民族的振兴作出了巨大贡献。

3/ 新时代统领工会工作的指导思想是什么？

以习近平新时代中国特色社会主义思想统领工会工作，是新时代工会工作的主线。习近平新时代中国特色社会主义思想，从理论和实践结合上系统回答了新时代坚持和发展什么样的中国特色社会主义、怎样坚持和发展中国特色社会主义这个重大时代课题，是党和人民实践经验和集体智慧的结晶，是中国特色社会主义理论体系的重要组成部分，是全党全国各族人民为实现中华民族伟大复兴而奋斗的行动指南，也是新时代工运事业和工会工作的根本遵循，是各级工会组织和广大工会干部的强大思想武器。

4/ 怎样理解习近平总书记关于工人阶级和工会工作重要论述的丰富内涵？

学习贯彻习近平总书记关于工人阶级和工会工作重要论述是工会组织

的重要任务。2018 年 10 月召开的中国工会十七大报告用“八个坚持”对习近平总书记关于工人阶级和工会工作的重要论述进行了提炼、概括和阐释，这“八个坚持”包括：

（1）坚持党对工会工作的领导。强调中国共产党领导是中国特色社会主义最本质特征，是中国特色社会主义制度的最大优势，党是领导一切的。做好群众工作，保持党同人民群众的血肉联系，是全党重大而紧迫的政治任务。工会工作是党的群团工作、群众工作的重要组成部分，是党治国理政的一项经常性、基础性工作。各级党委要加强和改进对工会的领导，注重发挥工会组织的作用，加大对工会工作的支持保障力度，为工会工作创造更加有利的条件。这是做好工会工作的政治原则和根本保证。

（2）坚持全心全意依靠工人阶级。强调工人阶级是我们党最坚实最可靠的阶级基础，是我国的领导阶级。坚持和发展中国特色社会主义，必须巩固工人阶级的领导阶级地位，充分发挥工人阶级的主力军作用。全心全意依靠工人阶级要贯彻到党和国家政策制定、工作推进全过程，落实到企业生产经营各方面，做到在政治上保证、制度上落实、素质上提高、权益上维护，更好地把广大职工群众紧紧团结在党和政府周围。这是党和国家始终坚持的根本方针。

（3）坚持为实现中华民族伟大复兴的中国梦而奋斗。强调实现中华民族伟大复兴，是中华民族近代以来最伟大的梦想，根本上要靠包括工人阶级在内的全体人民的劳动、创造、奉献。工会要牢牢抓住这个主题，把推动科学发展、实现稳中求进作为发挥作用的主战场，建设知识型、技能型、创新型劳动者大军，在改革发展稳定第一线建功立业。这是我国工人运动的时代主题。

（4）坚持中国特色社会主义工会发展道路。强调中国特色社会主义工会发展道路是中国特色社会主义道路的重要组成部分，深刻反映了中国工会的性质和特点，符合我国国情和历史发展趋势。要始终坚持这条道路，不断拓展这条道路，做到自觉接受党的领导、团结服务职工、依法依章程开展工作相统一，努力使这条道路越走越宽广。这是工运事业和工会工作发展的正确方向。

（5）坚持弘扬劳模精神、劳动精神、工匠精神。强调要树立劳动最光荣、劳动最崇高、劳动最伟大、劳动最美丽的理念，倡导辛勤劳动、诚实劳动、创造性劳动，尊敬劳动模范，用劳模的干劲、闯劲、钻劲鼓舞更多的人，激励广大劳动群众争做新时代的奋斗者，营造劳动光荣的社会风尚和精益求精的敬业风气。这是引领教育广大职工的重要抓手。

（6）坚持高举维护职工合法权益旗帜。强调保障职工权益是我国社会主义制度的根本要求，是党和国家的神圣职责，也是发挥广大职工群众积极性、主动性、创造性最重要最基础的工作。工会要坚决维护职工合法权益，把竭诚为职工群众服务作为一切工作的出发点和落脚点。要发挥好协调劳动关系的作用，健全劳动关系协调机制，及时正确处理劳动关系矛盾。这是工会组织的基本职责。

（7）坚持增强政治性、先进性、群众性的工会改革方向。强调时代在发展，事业在创新，工会工作也要发展、也要创新。加强和改进新形势下工会工作，最重要的是要保持和增强政治性、先进性、群众性。政治性是工会组织的灵魂，先进性是工会工作的重要着力点，群众性是工会组织的根本特点。在建机制、强功能、增实效上下功夫，创新组织体制、运行机制、活动方式、工作方法，让职工群众真正感受到工会是“职工之家”，工会干部是最可信赖的“娘家人”、贴心人，把工会组织建设得更加充满活力、更加坚强有力。这是推进工会工作创新发展的根本要求。

（8）坚持加强基层工会建设。强调必须以职工为中心、让职工当主角，眼睛向下、面向基层，力量配备、服务资源向基层倾斜，着力扩大覆盖面、增强代表性，着力强化服务意识、提高维权能力，着力加强队伍建设、提升保障水平，切实增强工会组织的凝聚力。最大限度把农民工吸收到工会组织中来，使他们成为工人阶级坚定可靠的新生力量。这是工会工作彰显活力的基础和关键。

习近平总书记关于工人阶级和工会工作的重要论述，意涵深刻、内容丰富，系统完备、科学辩证，是在我国波澜壮阔的工人运动伟大实践中产生的科学理论，具有强大的思想力量、深刻的指导作用、磅礴的实践伟力，其关键是坚持党的领导，根本是增强政治性、先进性、群众性，重点是维护职工权益、服务职工群众。这些重要论述涵盖了工会工作各领域、各方面，把我们党对工运事业和工会工作的规律性认识提升到一个新高度，是对马克思主义劳动学说和工运学说的传承和升华，是习近平新时代中国特色社会主义思想的重要组成部分，是新时代工运事业和工会工作创新发展的理论指导和行动指南。深刻领会和切实践行习近平总书记关于工人阶级和工会工作的重要论述，要求我们必须立足新时代中国特色社会主义的新方位、社会主要矛盾的新变化、共建共治共享社会治理的新格局、全面深化改革的新阶段，把握工会组织新使命、新目标、新要求，在工会各项工作中全面体现、全面落实，形成新的生动实践。

5/ 中国工会的本质属性是什么？

从中国工会的产生可以看出，工会是工人阶级自己的组织。在社会主义社会，工人阶级除了工会外还有许多其他的组织。如工人阶级的先锋队组织——共产党，工人阶级的政权组织——人民政府，工人阶级的武装组织——解放军。这些组织虽然都是工人阶级的组织，但与工会还是有区别的。2018 年 10 月召开的中国工会十七大通过的新《中国工会章程》在总则中规定："中国工会是中国共产党领导的职工自愿结合的工人阶级群众组织，是党联系职工群众的桥梁和纽带，是国家政权的重要社会支柱，是会员和职工利益的代表。""保持和增强政治性、先进性、群众性，坚定不移地走中国特色社会主义工会发展道路……"这一规定表明，中国工会作为党领导下的群团组织，具有政治性、先进性、群众性的本质属性。

6/ 中国工会的政治性是指什么？

工会的政治性是工会组织的鲜明特征，它体现在坚持党的领导方面。党的领导是做好工会改革的根本保证，工会必须牢牢把握坚持党的领导这一政治关键，切实承担起引导群众听党话、跟党走的政治责任。当前，要认真学习贯彻习近平总书记关于工人阶级和工会工作的重要论述，坚决维护以习近平同志为核心的党中央权威，始终在思想上政治上行动上同党中央保持高度一致，增强"四个意识"，坚定不移走中国特色社会主义工会发展道路。

7/ 中国工会的先进性是指什么？

工会的先进性是由工人阶级的先进性决定的。习近平总书记强调，群团组织必须把保持和增强先进性作为工作的重要着力点。工会是党联系职工群众的桥梁和纽带，党的先锋队性质赋予它所领导的工会组织具有天然的先进性。保持和增强工会的先进性就是要服从服务党和政府工作大局，在全面建成小康社会中走在前列、勇挑重担，当好先锋、建功立业。当前，要坚持新发展理念，准确把握时代主题，主动适应新常态。大力弘扬劳模精神、劳动精神、工匠精神，继续开展“当好主人翁，建功新时代”主题劳动和技能竞赛，发挥工人阶级主力军作用。认真贯彻落实《新时期产业工人改革方案》，按照政治上保证、制度上落实、素质上提高、权益上维护的总体思路，改革不适应产业工人队伍建设要求的体制机制，努力造就一支有理想守信念、懂技术会创新、敢担当讲奉献的宏大的产业工人队伍。创新服务职工的模式、手段和方法，构建全方位服务职工平台，大力推进“互联网+”工会普惠性服务工作，让广大职工共享改革发展成果。

8/ 中国工会的群众性是指什么？

群众性是工会的本质特征。工会的群众性体现在：一是它能够最广泛地把职工群众组织到工会里来。《工会法》规定：“以工资收入为主要生活来源的体力劳动者和脑力劳动者，不分民族、种族、性别、职业、宗教信仰、教育程度，都有依法参加和组织工会的权利。”二是无论加入工会组织，还是参加工会组织的各项活动，都要体现职工群众的自觉自愿。三是工会作为群团组织要实行广泛的民主。工会要充分表达职工群众的意愿和要求，通过民主的方式集中职工群众的意见。只有通过内部广泛而深入的民主建设，职工群众才能切实感受到工会是自己的组织，才能增强工会的吸引力和凝聚力。同时，民主性的特点还决定了工会的主要社会任务之一，就是组织职工群众民主参与国家社会事务和企事业管理，使工会成为广大职工群众民主参与的有效组织。

实践证明，工会只有坚持把联系和服务职工群众作为工会工作的生命线，才能牢牢扎根于职工群众，使工会组织成为党执政的坚实依靠力量、强大支持力量、深厚社会基础。

9/ 怎样理解政治性、先进性和群众性的内在关系？

政治性是工会组织的灵魂，是决定工会能够实现先进性、群众性的基石；先进性是工会组织引领职工群众实现使命的要求，体现出强烈的政治性，并落实到群众性的层面；群众性是政治性在工会工作中的要求，是先进性的必然反映。政治性、先进性、群众性相互融合，构成了新时代中国工会的本质属性。

相关链接

习近平总书记在党的十九大报告中强调，“创新群众工作体制机制和方式方法，推动工会、共青团、妇联等群团组织增强政治性、先进性、群众性”。

10 中国工会的地位如何？

中国工会的地位是指工会在国家政治、经济、文化、社会和法律关系中所处的位置。

（1）工会的政治地位

工会政治地位主要是指工会在一定的政治关系和政治制度中的位置。在我国社会主义制度下，工会的政治地位表现在工会与党和政府之间的关系，并且与我国人民民主专政的政治体系相联系。

①工会是党的阶级基础。工人阶级是我国的领导阶级，其领导地位是在本阶级的先锋队——中国共产党的领导下得以实现的。工会作为党联系广大职工群众的桥梁和纽带，是执政党的重要阶级基础。党的领导代表了工人阶级的利益、意志、愿望和要求，同时，党的领导离不开工人阶级的社会阶级基础，而工会则是工人阶级社会阶级基础最为广泛的组织形式。

②工会是国家政权组织的群众基础。新《中国工会章程》指出：“工人阶级是我国的领导阶级，是先进生产力和生产关系的代表，是中国共产党最坚实可靠的阶级基础，是改革开放和社会主义现代化建设的主力军，是维护社会安定的强大而集中的社会力量。”工人阶级作为国家的领导阶级，其领导地位是通过国家政权组织得以实现的。但是，国家政权组织不能由全体工人阶级成员及群众性组织实行直接管理，而只能通过工人阶级中具有先进思想和专门管理才能的成员作为代表行使管理职能，而且国家政权组织对经济社会管理职能的履行，必须依靠最广大职工群众及工会的支持。

中国工会维护工人阶级领导的、以工农联盟为基础的人民民主专政的社会主义国家政权，协助人民政府开展工作，在政府行使国家行政权力过程中，发挥民主参与和社会监督作用。

③工会是职工群众合法权益的代表者和维护者。代表和维护职工群众

的合法权益，不仅是广大职工群众对工会的要求，而且也是法律赋予工会的基本职责。工会依法履行这一职责，不仅仅是密切工会同职工群众之间联系的基本着力点，也是体现工会作为党的阶级基础和国家政权组织的群众基础这一社会政治地位的基本方面。

（2）工会的经济地位

在新时代，工会的经济地位主要表现在两个方面：一方面，工会组织和动员广大职工群众积极投身国家经济建设，开展丰富多彩的经济技术创新活动，调动和激发广大职工的劳动积极性、智慧和创造力；另一方面，工会是劳动关系的协调者，工会通过源头参与、集体协商、民主管理和劳动争议调解等机制，促使劳动者的合法权益得到有效规范和保护，构建和谐劳动关系，进而促进企业和社会的稳定发展。

（3）工会的法律地位

工会的法律地位是工会社会政治地位和经济地位在法律上的体现。它集中表现为工会的法定权利和义务。在当前，法律赋予工会的权利和义务有三个基本特征：第一，工会的权利和义务是一致的。工会在享有法定权利的同时，必须要承担相应的法定义务。第二，工会的权利和义务是相对的。工会履行维护职工合法权益的职责，对用人单位来讲是工会的权利，对职工而言则是工会的义务。第三，工会的权利和义务是不可转让和不可放弃的。工会的法人资格是工会法律地位的实现条件。

《工会法》第十四条规定："中华全国总工会、地方总工会、产业工会具有社会团体法人资格。基层工会组织具备民法通则规定的法人条件的，依法取得社会团体法人资格。"

11 怎样理解工会与中国共产党的关系？

习近平总书记强调，中国共产党的领导是中国特色社会主义最本质特征，是中国特色社会主义制度的最大优势，党是领导一切的。中国工会是党联系职工群众的桥梁和纽带，工会工作是党的群团工作、群众工作的重要组成部分，工会必须坚持党的领导。历史充分证明，只有在党的领导下，中国工人运动才能朝着正确的方面前进，中国工会才能成为推动民族复兴、国家富强、人民幸福的重要力量，中国工运事业才能经久不衰，不断从胜利走向胜利。在新时代，坚持党的领导，就是要旗帜鲜明地讲政治，深入学习贯彻习近平新时代中国特色社会主义思想，用党的基本理论、基本路线、基本方略武装头脑、指导实践、推动工作，增强“四个意识”，坚定“四个自信”，坚决维护习近平总书记党中央的核心、全党的核心地位，坚决维护党中央权威和集中统一领导，始终在思想上政治上行动上同以习近平同志为核心的党中央保持高度一致。同时，各级党委要坚持全心全意依靠工人阶级的根本方针，加强和改善对工会的领导，注重发挥工会的作用，加大对工会工作的支持保障力度，为工会工作创造更加有利的条件。

相关链接

新《中国工会章程》在总则中明确规定，中国工会坚持自觉接受中国共产党的领导，承担团结引导职工群众听党话、跟党走的政治责任，巩固和扩大党执政的阶级基础和群众基础。

12/ 工会有哪些主要职能？

新《中国工会章程》规定：“中国工会按照中国特色社会主义事业‘五位一体’总体布局和‘四个全面’战略布局，贯彻创新、协调、绿色、开放、共享的发展理念，把握为实现中华民族伟大复兴的中国梦而奋斗的工人运动时代主题，弘扬劳模精神、劳动精神、工匠精神，动员和组织职工积极参加建设和改革，努力促进经济、政治、文化、社会和生态文明建设；代表和组织职工参与国家和社会事务管理，参与企业、事业和机关的民主管理；教育职工践行社会主义核心价值观，不断提高思想道德素质、科学文明素质和技术技能素质，推进产业工人队伍建设改革，建设有理想、有道德、有文化、有纪律的职工队伍，不断发展工人阶级先进性。”这一规定为新时代工会维护、建设、参与和教育四个职能注入了新的内涵。

（1）维护职能

工会维护职能是指工会要在维护全国人民整体利益的同时，更好地代表和维护职工的合法权益。这是工会的首要职能，也是工会与生俱来的最基本职能。维护职能既是资本主义条件下工会产生和发展的基本前提和动因，也是社会主义条件下工会能够存在的重要客观基础。职工的合法权益不仅包括经济利益、政治利益，还包括精神文化需求，即包括诸如维护法律法规赋予职工接受职业技能培训的权利，帮助职工不断提高思想道德和科学文化技术素质等。新《中国工会章程》继续沿用《工会法》关于“中国工会的基本职责是维护职工合法权益”的规定。与此同时，新《中国工会章程》增加了“竭诚服务职工群众”的要求，这是工会履行维护职能的一次重大突破和进展。这就要求工会必须坚持以职工为中心的工作导向，更加精准、更加扎实有效地推动解决职工群众最关心最直接最现实的利益问题，不断提升职工群众的幸福感、获得感、安全感。

（2）建设职能

新时代工会的建设职能是围绕团结动员广大职工为决胜全面建成小康社会、奋力夺取新时代中国特色社会主义伟大胜利建功立业的目标，引导职工以国家重大战略、重大工程、重大项目、重点产业等为主攻方向，广泛深入持久地开展“当好主人翁、建功新时代”主题劳动和技能竞赛，组织开展技术革新、技术协作、发明创造、合理化建议、网上练兵等群众性经济技术创新活动；引导广大职工积极投身打好防范化解重大风险、精准脱贫、污染防治三大攻坚战，在推进供给侧结构性改革、建设现代化经济体系、实现高质量发展中充分发挥主力军作用。

（3）参与职能

工会的参与职能是指工会要发挥职工群众参政议政的民主渠道作用，代表和组织职工参与国家和社会事务管理，参与企事业单位的民主管理，实现对国家和企事业单位的民主参与、社会监督。

工会参与职能主要体现在两个层次上：一是各级工会要成为职工群众有组织地参政议政的民主渠道；二是基层工会要做好职工代表大会的日常工作机构的工作。工会履行参与职能的主要手段是通过监督机制和制约机制实现职工群众的民主权利，其实现形式包括：工会参与立法、劳动政策制定；工会参与同级政府和企业代表的三方协商会议；职工代表大会、平等协商和集体合同制度；职工董事和职工监事制度等。

（4）教育职能

工会的教育职能是工会的一项传统职能。现阶段，工会履行教育职能，首先是要帮助职工践行社会主义核心价值观。工会必须站在巩固党的执政的阶级基础和群众基础的高度，以培育担当民族复兴大任的时代新人为目标，在广大职工中持续深入开展培育和践行社会主义核心价值观，夯实共同奋斗的思想基础。其次是要推进产业工人队伍建设改革，加大职工技术技能方面的教育，推动完善产业工人技能形成和提升体系，提高产业工人整体素质，建设知识型、技能型、创新型产业工人大军。

相关链接

2017 年 4 月，中共中央、国务院印发《新时期产业工人队伍建设改革方案》，强调要按照政治上保证、制度上落实、素质上提高、权益上维护的总体思路，改革不适应产业工人队伍建设要求的体制机制，充分调动广大产业工人的积极性主动性创造性，为实现“两个一百年”奋斗目标、实现中华民族伟大复兴的中国梦更好地发挥产业工人队伍建设的主力军作用。

13 新《中国工会章程》明确工会的基本职责有哪些变化？

维护职工合法权益是工会的基本职责，这是 2001 年修改的《工会法》首次提出的要求。2003 年工会十四大通过的《中国工会章程》第一次在章程中明确了这一基本职责。工会的基本职责，不仅必须长期坚持，更要与时俱进。2018 年工会十七大在坚持“维护职工合法权益是工会的基本职责”的基础上，增加了“竭诚服务职工群众”的内容，这是贯彻落实党的十九大提出的以人民为中心的发展思想，是落实习近平总书记关于“要把竭诚为职工群众服务作为工会一切工作的出发点和落脚点”的要求，也是广大职工群众对工会组织的热切期待。

相关链接

新《中国工会章程》总则规定：中国工会的基本职责是维护职工合法权益、竭诚服务职工群众。

14 当前如何实现工会的基本职责？

维护职工合法权益、竭诚服务职工群众是工会安身立命之基。各级工会组织要切实履行好这一基本职责，真心实意为职工办实事、做好事、解难事，通过扎实的维权服务，不断提升职工群众的幸福感、获得感、安全感。当前要做好以下几个方面的工作。

（1）最广泛地把职工群众组织到工会中来

组织职工群众加入工会组织是工会开展维权工作的前提。现阶段，在全面建成小康社会的历史进程中，强调在全面履行工会各项社会职能的同时，突出维护职能，是通过贯彻落实“组织起来，切实维权”的工会工作方针而得以实现的，这是工会在全面建成小康社会历史时期的工作重点。

（2）健全完善工会维权机制

在宏观层面，工会必须积极参与涉及职工群众切身利益的立法和政策制定，健全完善劳动关系三方机制，创造良好的社会和谐环境。

在微观层面，在企业内部依据《工会法》《劳动法》，推动形成维权的有效机制，如建立健全平等协商、集体合同制度和职工代表大会制度等民主管理的有效形式。建立工会对企业执行劳动法律的监督机制。

在社会救助层面，要完善对职工困难群体的帮扶解困和互助互济制度，为职工提供法律援助等服务。

（3）依法推进工会协调劳动关系机制

适应当前劳动关系变化新趋势，立足构建社会治理人人参与、人人尽责、人人共享的新格局，要求工会把推动构建中国特色和谐劳动关系作为工作主线，运用法治思维和法治方式构建和谐劳动关系机制；推动企业深入开展构建和谐劳动关系活动；建立健全以职代会为基本形式的企事业单位民主管理制度、厂务公开制度和职工董事、职工监事制度；普遍开展工资集体协商制度；加强对劳动领域社会组织的政治引领、示范带动和联系服务，在加强社会治理建设中发挥工会的优势。

（4）精准帮扶职工群众

当职工的贴心人，竭诚为职工群众服务是工会一切工作的出发点和落脚点。帮扶是工会维护职工具体利益的直接体现，工会特别是基层工会要树立“群众利益无小事”的观念，要从工会的自身特点和优势出发，为职工排忧解难，济难救困。努力承担起第一责任人、第一知情人、第一报告人、第一帮助人的职责。

15/ 工会有哪些权利？

根据《工会法》的规定，我国工会的权利主要包括代表权、维护权、参与权、监督权、协商谈判权等权利。

（1）工会的代表权

工会的代表权是指工会有代表职工合法权益的权利。《劳动法》第七条规定："工会代表和维护劳动者的合法权益。"《工会法》第二条第二款规定："中华全国总工会及其各工会组织代表职工的利益，依法维护职工的合法权益。"第六条规定："工会必须密切联系职工，听取和反映职工的意见和要求。"第二十条规定："工会代表职工与企业以及实行企业化管理的事业单位进行平等协商，签订集体合同。集体合同草案应当提交职工代表大会或者全体职工讨论通过。"可见，工会的代表权是工会的一项基本权利。

（2）工会的维护权

工会的维护权是指工会依法享有维护职工合法权益的权利，它是工会的一项重要权利也是工会的一项基本义务。《工会法》规定："维护职工的合法权益是工会的基本职责。"相对于职工，维护是工会的基本职责，但相对于政府和用人单位，维护是工会的权利。维护权主要是维护职工的劳动权利、民主权利和其他与劳动者有关的权利。

《工会法》规定，县级以上各级总工会可以为所属工会和职工提供法律咨询服务。《中国工会章程》也作了相应的规定，要求县和县级以上各级工会设立法律顾问组织，为保障会员和工会组织的合法权益提供服务。

（3）工会的参与权

工会的参与权是指工会享有代表职工参与管理国家事务、管理经济和文化事业、管理社会事务的权利。工会的参与包括两个层次上的参与，即参与国家和社会事务管理以及参与企事业的民主管理。参与国家和社会事务的管理，包括参与立法和参政议政等内容。参与立法主要表现为工会参与有关涉及职工权益的法律、法规的研究和制定。《工会法》规定："国家机关在组织起草或者修改直接涉及职工切身利益的法律、法规、规章时，应当听取工会意见。"在企事业层面，主要通过职工代表大会制度、厂务公开制度、职工董事和职工监事制度等形式参与企事业涉及职工切身利益重大事项的审议和决定，落实职工的知情权、参与权、表达权和监督权。

（4）工会的监督权

工会的监督权是指工会依法行使对政府行政部门和事业单位执行国家劳动法律、法规及其相关政策的监督检查的权利。在我国，工会的监督权是一项必不可少的权利，为切实代表和维护职工的合法权益，保障职工群众的主人翁地位，国家法律确认和保障工会的监督权。缺少了工会的监督权，工会的其他各项权利便难以有效行使和实行。

（5）工会协商谈判权

工会协商谈判权是指工会享有代表职工一方与企业可以就劳动报酬、工作时间、休息休假、劳动安全卫生、社会保险福利等事项进行协商谈判和签订集体合同的权利。

16 工会要履行哪些义务？

我国《工会法》关于工会义务的规定，主要包括以下内容。

（1）维护国家政权，支持协助企事业行政工作

《工会法》明确规定，工会组织和教育职工依照宪法和法律的规定行使民主权利，发挥国家主人翁作用，通过各种途径和形式，参与管理国家事务、管理经济和文化事业、管理社会事务；协助人民政府开展工作，维护工人阶级领导的、以工农联盟为基础的人民民主专政的社会主义国家政权；工会协助企事业行政办好职工集体福利事业，做好工资、劳动保护和劳动保险工作；工会会同行政搞好职业培训，提高职工素质；工会支持经营者依法行使职权，等等。

（2）动员和组织职工参加社会主义经济建设

工会参加社会主义经济建设具有自身的优势和优点，它不同于行政部门直接组织指挥生产经营，而是依靠引导和动员的方式组织职工群众参加经济建设，激发职工的积极性、智慧和创造力，提高职工的文化和业务素质，促进生产力的发展。

（3）教育职工，提高职工素质

这是我国工会的一项重要义务。建造一支有理想、有道德、有文化、有纪律的职工队伍对于建设社会主义现代化强国具有重要的战略意义。工会教育义务的主要内容包括：第一，对职工进行爱国主义、集体主义、社会主义教育，纪律和法治教育，提高职工的思想、道德素质；第二，对职工进行文化技术教育，提高职工的文化技术素质和操作技能，主要包括进行科学、文化、专业技术教育，会同行政部门组织职工开展业余文化、技术学习和职工培训，提高职工的科学、文化和业务素质；第三，做好职工的群众文化工作，主要包括组织职工开展各种有益的、喜闻乐见的和健康向上的文化娱乐活动，促使职工的身心健康成长，提高职工群众的精神文明水准。

17 中国特色社会主义工会发展道路的科学内涵是什么?

中国特色社会主义工会发展道路的科学内涵，主要包括以下八个方面。

(1) 坚持自觉接受中国共产党的领导

这是中国工会的根本政治原则，也是中国工会区别于西方工会的显著标志。必须坚持以中国特色社会主义理论体系为指导，贯彻落实党的路线方针政策，服从服务于党和国家工作大局。坚持对党负责和对职工群众负责相统一，把坚持党的领导与独立自主创造性开展工作结合起来。坚决维护工人阶级团结和工会组织统一，坚持全国建立统一的中华全国总工会，绝不允许出现“第二工会”，始终做密切党和职工群众联系的桥梁和纽带。

(2) 坚持中国工会的社会主义性质

我国社会主义制度决定了中国工会的社会主义性质。必须坚持中国特色社会主义道路、理论体系和制度，坚持工会鲜明的阶级性、广泛的群众性和高度的政治性的统一。认清中国工会与西方工会的本质区别，增强政治敏锐性和政治鉴别力，保持清醒头脑和正确方向。在支持改革开放、推动科学发展，参与加强和创新社会管理、保持社会和谐，维护职工合法权益、促进社会公平正义等方面发挥积极作用，坚持和不断发展社会主义性质，始终做社会主义国家政权的重要社会支柱。

(3) 坚持发展工人阶级先进性

我国工人阶级是先进生产力和生产关系的代表，是推进中国特色社会主义伟大事业的主力军。必须推动党的全心全意依靠工人阶级根本方针的贯彻落实，倡导勤奋劳动、诚实劳动、创新劳动，弘扬工人阶级伟大品格和劳模精神，在全社会形成依靠主力军、建设主力军、发展主力军的浓厚氛围。充分发挥工会“大学校”作用，全面提高职工队伍的思想道德素质、科学文化素质和技术技能素质。保护好、调动好、发挥好职工群众的积极性主动性创造性，组织引导广大职工自觉投身于全面建设小康社会伟大实践，始终做团结动员广大职工充分发挥主力军作用的重要人民团体。

(4) 坚持构建和谐劳动关系

工会是发展和谐劳动关系的重要推动力量，承担着重要的社会责任。必须正确认识我国劳动关系的性质和特点，以规范有序、公正合理、互利共赢、和谐稳定为目标，把劳动关系的建立、运行、监督、调处都纳入法治轨道。坚持党政主导的和谐劳动关系构建格局，主动站在协调劳动关系第一线，坚持依照法律通过协商、协调、沟通的办法化解劳动关系矛盾，不采取过激手段解决劳动纠纷。充分发挥工会与政府联席会议制度、协调劳动关系三方机制等作用，加强劳动合同、集体合同和职代会制度建设，着力推进“两个普遍”，深化创新厂务公开民主管理工作，促进企业与职工协商共事、机制共建、效益共创、利益共享，始终做发展社会主义新型劳动关系的重要社会力量。

（5）坚持维护职工群众的合法权益

维护职工合法权益是工会的神圣职责，代表和维护职工群众利益是工会一切工作的出发点和落脚点。必须贯彻落实“组织起来、切实维权”工作方针，把广大职工组织到党领导的工会中来，团结动员广大职工为实现党和国家的中心任务发挥主力军作用；切实维护职工群众的经济、政治、文化、社会权益，使广大职工共享改革发展成果。牢固树立“以职工为本，主动依法科学维权”工会维权观，坚持维权工作的根本宗旨、重要原则、核心理念、途径方法和总体格局，主动了解和帮助解决职工的实际困难和问题，变事后介入为事前参与，做到主动维权；监督企业依法经营，引导职工理性合法表达利益诉求，把维权纳入规范化、制度化、法治化轨道，做到依法维权；维权诉求应符合经济社会发展总体水平和企业生产经营状况，有利于扩大就业和提高职工工资收入，做到科学维权。坚持“促进企业发展、维护职工权益”企业工会工作原则，组织引导职工做企业发展的主人，推动企业主动保障职工的合法权益，把企业建设成为企业和职工的利益共同体、事业共同体、命运共同体。推动党政主导的维护职工群众权益机制建设，促进利益协调机制、诉求表达机制、矛盾调处机制、权益保障机制的建立和完善，把维护全国人民总体利益与维护职工群众具体利益结合起来，把维权工作贯穿于推动改革、促进发展、积极参与、大力帮扶的全过程，始终做职工合法权益的代表者和维护者。

（6）坚持完善社会主义劳动法律体系

我国劳动法律法规是中国特色社会主义法律体系的重要组成部分，《工会法》《劳动法》《劳动合同法》等一系列劳动法律法规为履行工会各项职能、实现职工全面发展提供了法治保障。必须立足国情和工会工作实践，代表和组织职工加强立法参与，积极推动劳动法律法规的制定实施，从制度上、源头上维护职工各项权益，保障职工当家作主权利。主动加大工会劳动法律监督力度，积极配合人大、政府、政协加强劳动法律执法检查、监察和视察工作，推动实现有法必依、执法必严、违法必究。大力开展法治宣传教育，使职工群众和工会干部增强法治观念，学会运用法律；充分运用法律武器履行工会职责，加强法律援助工作，把法律赋予的权利用好用足，始终做组织职工参与社会主义民主法治建设的重要渠道。

（7）坚持推动形成国际工运新秩序

工会对外工作是工会全局工作的重要组成部分，是国家民间外交的重要方面。必须高举和平、发展、合作、工人权益的旗帜，遵循独立自主、互相尊重、求同存异、加强合作、增进友谊的方针，加强与国际、地区和各国工会的交往、交流与合作，切实维护我国国家利益和职工权益。服从服务于国家总体外交和工会全局工作，坚持学习不照搬、借鉴不接轨，拓展中国工会国际舞台，扩大中国工会国际影响，提高中国工会国际地位，始终做推动形成公正合理、民主和谐国际工运新秩序的积极力量。

（8）坚持以改革创新精神加强自身建设

加强自身建设是工会工作创新发展的强大动力。必须加强工会思想建设、组织建设、作风建设、制度建设和反腐倡廉建设，充分激发工会组织特别是基层工会生机活力，提高工会服务科学发展、服务社会和谐、服务职工群众的能力本领。结合实际创新工会组织体制、运行机制和活动方式，建设学习型、服务型、创新型工会，使工会工作更好地体现时代性、把握规律性、富于创造性，始终做广大职工信赖的"职工之家"。

以上八个方面相互联系、有机结合，构成中国特色社会主义工会发展道路的完整体系，是一个不可分割的整体，其核心是坚持自觉接受党的领导，根本是坚持中国工会的社会主义性质，关键是坚持维护职工群众合法权益。

18 为什么要加强和改进党的群团工作？

（1）群团事业是党的事业的重要组成部分

党的群团工作是党治国理政的一项经常性、基础性工作，是党组织动员广大人民群众为完成党的中心任务而奋斗的重要法宝。群团组织是党开展群众工作的基本力量，群团工作是党密切与人民群众联系的重要途径。

（2）群团组织是党联系职工的桥梁和纽带

在紧跟党不懈奋斗的历程中，群团组织一方面积极向群众宣传党的思想主张，动员群众为党在各个时期的中心任务而奋斗；另一方面，让群众认识到党是人民利益的忠实代表，党的路线方针政策是实现人民利益的指引和保障，充分发挥了党联系群众的桥梁和纽带作用，为开创中国道路、弘扬中国精神、凝聚中国力量作出了重要贡献。

（3）党的群团工作亦面临着前所未有的挑战和机遇

当前国际形势复杂多变，国内改革发展任务异常艰巨，我国重要战略机遇期的内涵和条件发生重大变化，挑战考验前所未有，新的机遇不断呈现。党中央审时度势，提出全面建成小康社会、全面深化改革、全面推进依法治国、全面从严治党，这是引领当代中国发展进步、人民实现梦想的重大战略部署。实现这些战略部署，需要党始终保持与人民群众的血肉联系，需要亿万群众紧密地团结在党的旗帜下，共同团结奋斗、共同应对挑战。

（4）新形势下群团工作还存在一些问题

在新形势面前，群团组织动员群众、教育引导群众、联系服务群众、维护群众合法权益的任务不仅没有减轻反而更加繁重。同时还应清醒看到，与党和人民事业的要求相比，当前群团组织和群团工作在组织设置、活动方式、自身建设等方面还存在许多不适应的地方。因此，群团工作只能加强，不能削弱；只能改进提高，不能停滞不前。在新形势下，党领导的群团组织必须勇于担当，抓住机遇、战胜挑战，把党的群团组织工作推向前进。

相关链接

群团组织包括中华全国总工会、中国共产主义青年团中央委员会、中华全国妇女联合会、中国文学艺术界联合会、中国作家协会、中国科学技术协会、中华全国归国华侨联合会、中国法学会、中华全国工商业联合会、中国人民对外友好协会、中华全国新闻工作者协会、中华全国台湾同胞联谊会、中国国际贸易促进委员会、中国残疾人联合会、中国红十字总会、中国人民外交学会、纪念宋庆龄国家名誉主席基金会（2005 年 9 月更名为中国宋庆龄基金会）、黄埔军校同学会、欧美同学会、中国职工思想政治工作研究会（2003 年更名为中国思想政治工作研究会）、中华职业教育社和中国计划生育协会。

19 加强和改进党的群团工作的主要内容有哪些？

（1）坚持走中国特色社会主义群团发展道路

坚持走中国特色社会主义群团发展道路，是贯穿《中共中央关于加强和改进党的群团工作的意见》的灵魂和主线。牢牢把握这一灵魂和主线，学习贯彻《意见》精神、做好群团工作就有了正确指引和根本遵循。

首先，中国特色社会主义群团发展道路是群团组织与时俱进、发展壮大的必由之路。中国特色社会主义群团发展道路，是对党的群团工作长期奋斗历史经验的科学总结，是中国共产党开展群众工作、推进党的事业的伟大创造，是党领导群众实现共同梦想的历史选择，是群团组织与时俱进、发展壮大的必由之路。中国共产党作为马克思主义政党，坚持全心全意服务群众、依靠群众的宗旨和路线，是党的内在基因；做群众工作、保持与群众的密切联系，是党的突出政治优势。群团组织一头连着党，一头连着各自联系的群众，它们的工作既使党的理论路线方针政策在广大群众中得以贯彻，也使广大群众的意见、意志和利益得以反映，在落实“从群众中来，到群众中去”的过程中，实现党和群众心连心、共命运、齐奋斗。

其次，坚持党领导的群团组织性质，保持政治性和群众性的高度统一。群团组织是在党缔造下成立、在党领导下开展工作的，肩负着巩固和扩大党的群众基础的使命，具有鲜明的政治性；同时，群团组织又是面向群众、扎根群众、代表和维护群众具体利益的，具有突出的群众性。政治性和群众性在群团组织身上实现了高度统一。这种统一，本质上源于党代表人民根本利益与人民真心拥护党的统一；这种统一，赋予了群团组织和群团工作强大活力。任何时期，群团组织既要坚持政治性，自觉接受党的领导，又要突出群众性，竭诚团结服务所联系群众，依法依章程充分发挥群众自主性积极性开展工作。各群团自觉接受党的领导、团结服务所联系群众、依法依章程开展工作相统一，就是中国特色社会主义群团发展道路的基本特征。偏离其中任何一条，群团组织和群团工作就会迷失方向，丧失生命力。在新的形势下，我们要牢牢坚持这三者的统一，这是群团组织、群团事业发展壮大的压舱石。

最后，坚持走中国特色社会主义群团发展道路，就要顺应新形势、投入新实践。对工会组织来说，就是要顺应新形势新任务的要求，深入学习贯彻习近平总书记系列重要讲话精神特别是关于工人阶级和工会工作的重要论述，始终坚持工会工作正确政治方向，严守政治纪律和政治规矩，坚定不移走中国特色社会主义工会发展道路，牢牢把握我国工人运动时代主题，在大局下思考、在大局下行动，团结动员广大职工积极投身全面建成小康社会、全面深化改革、全面推进依法治国的伟大实践。

（2）加强和改进党对群团组织的领导

党的领导是做好群团工作的根本保证，因此，各级党委要明确对群团工作的领导责任，健全组织制度，完善工作机制，从上到下形成强有力的组织领导体系。要推动群团组织团结动员群众围绕中心任务建功立业，自觉培育和践行社会主义核心价值观，支持群团组织加强服务群众和维护群众合法权益工作，支持群团组织在社会主义民主中发挥作用，支持群团组织参与创新社会治理和维护社会稳定，推动群团组织改革创新、增强活力，加大对群团工作的支持保障力度，加强群团组织领导班子和干部队伍建设，全面提高党的群团工作水平。

群团组织作为党和政府联系人民群众的桥梁和纽带，要自觉服从党的领导，增强群众观念，多为群众办好事解难事，维护和发展群众利益，不断增强自身影响力和感召力。要创新基层组织设置和活动方式，提高网上群众工作水平，通过创造性工作增强发展活力、赢得群众信任。要把工作重心放在最广大普通群众身上，克服机关化、脱离群众现象，建好群众之家、当好群众之友。

因此，加强和改进新形势下党的群团工作，最重要的是要保持和增强政治性、先进性、群众性。政治性是群团组织的灵魂，先进性是推进群团工作的重要着力点，群众性是群团组织的根本特点。

20 加强和改善党对工会工作的领导应当怎么做？

（1）加强和改善党对工会工作的领导，必须始终坚持全心全意依靠工人阶级的根本方针。工会是做工人阶级工作的组织，依靠方针的贯彻落实是工会开展工作的基本前提。习总书记明确指出，“坚持全心全意依靠工人阶级，充分发挥工人阶级主力军作用，把广大职工群众紧紧团结在党和政府周围，这是我们党的一个突出政治优势，也是中国特色社会主义的一个鲜明特点”。各级党委要把坚持依靠方针贯彻到政策法规制定、社会管理服务的全过程，贯彻到推动改革发展、维护和谐稳定的全过程，真正做到在任何时候任何情况下都不能有丝毫动摇，才能发挥这一政治优势、保持这一鲜明特点，也才能为工会发挥作用奠定坚实基础。

（2）加强和改善党对工会工作的领导，必须认真研究解决工会工作中的重大问题，为工会工作提供更多支持、创造更好条件。具体来说，就是要把工会工作摆在各级党委工作的重要位置，在政治原则上严格把关，在领导方式上积极改进，在作用发挥上高度重视，在政策机制上充分保障，并在加强和创新社会管理中赋予工会组织更多的资源和手段，为工会依照法律和章程独立自主创造性地开展工作提供有力保证和强大后盾。

（3）加强和改善党对工会工作的领导，必须热情关心、严格要求、重视培养工会干部。工会工作的质量和水平，关键取决于工会干部的素质和能力。正因如此，党中央一直关心重视工会干部的成长和队伍建设，明确指出工会应当成为培养和输送干部的重要基地。各级党委要坚持把党管干部、工会协管和尊重会员意愿有机统一起来，既选优配强工会领导班子，又切实加强干部队伍建设，既给工会干部压担子、提要求，又要给予政治激励、开辟成长通道，充分激发广大工会干部的工作积极性和创造力。

21 全总作为党的群团工作的改革试点单位，主要做了哪些方面的工作？

（1）全总改革试点牢牢把握保持和增强政治性、先进性、群众性这条主线，明确提出了要旗帜鲜明地坚持党的领导，在思想上政治上行动上始终同以习近平同志为总书记的党中央保持高度一致，全面把握中国特色社会主义群团发展道路“六个坚持”的基本要求和“三统一”的基本特征，坚持和拓展中国特色社会主义工会发展道路，让党的领导通过工会组织具体而深入地落实到职工群众中去。

（2）牢牢把握为实现中华民族伟大复兴的中国梦而奋斗的时代主题并不断充实其内涵，紧紧围绕党和国家工作大局，把职工群众组织起来、动员起来、团结起来，引领广大职工群众坚定不移跟党走，自觉践行社会主义核心价值观，真正成为党执政的坚实依靠力量、强大支持力量、深厚社会基础，始终走在时代前列，为实现“十三五”规划目标任务、夺取全面建成小康社会决胜阶段的伟大胜利，实现“第一个百年”奋斗目标贡献智慧和力量。

（3）把党的群众路线作为工会的生命线和根本工作路线，采取有力的改革措施，增强工会组织的广泛性和代表性，更多关注、关心、关爱普通职工群众，大力健全工会组织特别是基层工会组织，建立健全联系职工群众的长效机制，增进与职工群众的感情，把服务职工群众、维护职工群众合法权益的旗帜牢牢掌握在手中，按照职工群众需求开展工作，提供精准对路的服务，使广大职工在共建共享发展中有更多获得感。

22/ 中国工会十七大对今后五年工会工作的主要任务是怎样部署的？

中国工会十七大明确了今后五年工会工作的主要任务，包括：全面贯彻党的十九大精神，以习近平新时代中国特色社会主义思想为指导，深入学习贯彻习近平总书记关于工人阶级和工会工作的重要论述，坚持走中国特色社会主义工会发展道路，坚定政治方向，凝聚奋进力量；着力推进产业工人队伍建设改革，充分激发职工劳动热情和创造活力；着力做好工会维权服务工作，切实提升职工群众获得感、幸福感、安全感；着力深化工会改革创新，全面增强政治性、先进性、群众性；着力提高工会系统党的建设质量，把工会组织建设得更加充满活力、更加坚强有力。

第二章
和谐劳动关系构建

本章重点思考

1.新时代构建和谐劳动关系的意义何在?
2.工会推动和谐劳动关系构建的举措都有哪些?

1/ 什么是劳动关系，其特征是什么？

劳动关系是指劳动者与用人单位（包括各类企业、个体工商户、事业单位等）在实现劳动过程中建立的社会经济关系。

劳动关系一般具有三个特征：一是劳动关系是在现实劳动过程中所发生的关系，与劳动者有着直接的联系；二是劳动关系的双方当事人，一方是劳动者，另一方是提供生产资料的劳动者所在单位；三是劳动关系的一方劳动者，要成为另一方所在单位的成员，要遵守单位内部的劳动规则以及有关制度。

2/ 我国劳动关系领域存在哪些问题？

2015年中共中央、国务院发布的《关于构建和谐劳动关系的意见》提出：我国正处于经济社会转型时期，劳动关系的主体及其利益诉求越来越多元化，劳动关系矛盾已进入凸显期和多发期，劳动争议案件居高不下，有的地方拖欠农民工工资等损害职工利益的现象仍较突出，集体停工和群体性事件时有发生，构建和谐劳动关系的任务艰巨繁重。

3/ 构建和谐劳动关系的重大意义是什么？

《关于构建和谐劳动关系的意见》指出：劳动关系是生产关系的重要组成部分，是最基本、最重要的社会关系之一。劳动关系是否和谐，事关广大职工和企业的切身利益，事关经济发展与社会和谐。党的十八大明确提出构建和谐劳动关系；党的十九大也强调要发展社会主义民主协商，构建和谐劳动关系；中国工会十七大要求切实维护职工合法权益，构建和谐劳动关系。这都为工会参与构建和谐劳动关系指明了方向。

在新的历史条件下，努力构建中国特色和谐劳动关系，是加强和创新社会管理、保障和改善民生的重要内容，是建设社会主义和谐社会的重要基础，是经济持续健康发展的重要保证，是增强党的执政基础、巩固党的执政地位的必然要求。各级工会组织要从夺取中国特色社会主义新胜利的全局和战略高度，深刻认识构建和谐劳动关系的重大意义，切实增强责任感和使命感，把构建和谐劳动关系作为一项紧迫任务，摆在更加突出的位置，采取有力措施抓实抓好。

4/构建和谐劳动关系的指导思想是什么？

《关于构建和谐劳动关系的意见》提出：全面贯彻党的十八大和十八届二中、三中、四中全会精神，以邓小平理论、“三个代表”重要思想、科学发展观为指导，深入贯彻习近平总书记系列重要讲话精神，贯彻落实党中央和国务院的决策部署，坚持促进企业发展、维护职工权益，坚持正确处理改革发展稳定关系，推动中国特色和谐劳动关系的建设和发展，最大限度增加劳动关系和谐因素，最大限度减少不和谐因素，促进经济持续健康发展和社会和谐稳定，凝聚广大职工为实现“两个一百年”奋斗目标、实现中华民族伟大复兴的中国梦贡献力量。

相关链接

完善政府、工会、企业共同参与的协商协调机制，构建和谐劳动关系。

——摘自党的十九大报告

5/构建和谐劳动关系的工作原则有哪些？

（1）坚持以人为本。把解决广大职工最关心最直接最现实的利益问题，切实维护其根本权益，作为构建和谐劳动关系的根本出发点和落脚点。

（2）坚持依法构建。健全劳动保障法律法规，增强企业依法用工意识，提高职工依法维权能力，加强劳动保障执法监督和劳动纠纷调处，依法处理劳动关系矛盾，把劳动关系的建立、运行、监督、调处的全过程纳入法治化轨道。

（3）坚持共建共享。统筹处理好促进企业发展和维护职工权益的关系，调动劳动关系主体双方的积极性、主动性，推动企业和职工协商共事、机制共建、效益共创、利益共享。

（4）坚持改革创新。从我国基本经济制度出发，统筹考虑公有制经济、非公有制经济和混合所有制经济的特点，不断探究和把握社会主义市场经济条件下劳动关系的规律性，积极稳妥推进具有中国特色的劳动关系工作理论、体制、制度、机制和方法创新。

构建和谐劳动关系的目标任务是什么？

加强调整劳动关系的法律、体制、制度、机制和能力建设，加快健全党委领导、政府负责、社会协同、企业和职工参与、法治保障的工作体制，加快形成源头治理、动态管理、应急处置相结合的工作机制，实现劳动用工更加规范，职工工资合理增长，劳动条件不断改善，职工安全健康得到切实保障，社会保险全面覆盖，人文关怀日益加强，有效预防和化解劳动关系矛盾，建立规范有序、公正合理、互利共赢、和谐稳定的劳动关系。

工会营造构建和谐劳动关系的良好环境应从哪些方面入手？

（1）加强对职工的教育引导

在广大职工中加强思想政治教育，引导职工树立正确的世界观、人生观、价值观，追求高尚的职业理想，培养良好的职业道德，增强对企业的责任感、认同感和归属感，爱岗敬业、遵守纪律、诚实守信，自觉履行劳动义务。加强有关法律法规政策宣传工作，在努力解决职工切身利益问题的同时，引导职工正确对待社会利益关系调整，合理确定提高工资收入等诉求预期，以理性合法形式表达利益诉求、解决利益矛盾、维护自身权益。

（2）加强对职工的人文关怀

培育富有特色的企业精神和健康向上的企业文化，为职工构建共同的精神家园。注重职工的精神需求和心理健康，及时了解掌握职工思想动态，有针对性地做好思想引导和心理疏导工作，建立心理危机干预预警机制。加强企业文体娱乐设施建设，积极组织职工开展喜闻乐见、丰富多彩的文化体育活动，丰富职工文化生活。拓宽职工的发展渠道，拓展职业发展空间。

（3）教育引导企业经营者积极履行社会责任

加强广大企业经营者的思想政治教育，引导其践行社会主义核心价值观，牢固树立爱国、敬业、诚信、守法、奉献精神，切实承担报效国家、服务社会、造福职工的社会责任。教育引导企业经营者自觉关心爱护职工，努力改善职工的工作、学习和生活条件，帮助他们排忧解难，加大对困难职工的帮扶力度。建立符合我国国情的企业社会责任标准体系和评价体系，营造鼓励企业履行社会责任的环境。加强对企业经营者尤其是中小企业经营管理人员的劳动保障法律法规教育培训，提高他们的依法用工意识，引导他们自觉保障职工合法权益。

（4）优化企业发展环境

加强和改进政府的管理服务，减少和规范涉企行政审批事项，提高审批事项的工作效率，激发市场主体创造活力。加大对中小企业政策扶持力度，特别是推进扶持小微企业发展的各项政策落实落地，进一步减轻企业负担。加强技术支持，引导企业主动转型升级，紧紧依靠科技进步、职工素质提升和管理创新，不断提升竞争力。通过促进企业发展，为构建和谐劳动关系创造物质条件。

（5）加强构建和谐劳动关系的法治保障

进一步完善《劳动法》《劳动合同法》《劳动争议调解仲裁法》《社会保险法》《职业病防治法》等法律的配套法规、规章和政策，加快完善基本劳动标准、集体协商和集体合同、企业工资、劳动保障监察、企业民主管理、协调劳动关系三方机制等方面的制度，逐步健全劳动保障法律法规体系。深入开展法律法规宣传教育，加强行政执法和法律监督，促进各项劳动保障法律法规贯彻实施。

8/ 在构建和谐劳动关系中如何加强组织领导和统筹协调？

（1）进一步加强领导，形成合力

各级党委和政府要建立健全构建和谐劳动关系的领导协调机制，形成全社会协同参与的工作合力。各级党委要统揽全局，把握方向，及时研究和解决劳动关系中的重大问题，把党政力量、群团力量、企业力量、社会力量统一起来，发挥人大监督、政协民主监督作用。各级政府要把构建和谐劳动关系纳入当地经济社会发展规划和政府目标责任考核体系，切实担负起定政策、作部署、抓落实的责任。完善并落实最低工资制度，在经济发展基础上合理调整最低工资标准。各级人力资源社会保障等部门要充分履行职责，认真做好调查研究、决策咨询、统筹协调、指导服务、检查督促和监察执法等工作。各级工会要积极反映职工群众呼声，依法维护职工权益，团结和凝聚广大职工建功立业。各级工商业联合会、企业联合会等企业代表组织要积极反映企业利益诉求，依法维护企业权益，教育和引导广大企业经营者主动承担社会责任。

（2）加强劳动关系工作能力建设

重视加强各级政府劳动关系协调、劳动保障监察机构建设以及劳动人事争议仲裁委员会和仲裁院建设，配备必要的工作力量。统筹推进乡镇（街道）、村（社区）等基层劳动就业社会保障公共服务平台建设，完善基层劳动关系工作职能，充实基层劳动关系协调、劳动争议调解和劳动保障监察人员。加强劳动关系工作人员业务培训，提高队伍素质。各级政府要针对劳动关系工作机构和队伍建设方面存在的问题，从力量配置、经费投入上给予支持，保障构建和谐劳动关系工作顺利开展。

（3）加强企业党组织和基层工会、团组织、企业代表组织建设

加强各类企业党建工作，重点在非公有制企业扩大党的组织覆盖和工作覆盖。坚持企业党建带群团建设，依法推动各类企业普遍建立工会，进一步加强非公有制企业团建工作。指导和支持企业党群组织探索适合企业特点的工作途径和方法，不断增强企业党群组织活力，充分发挥在推动企业发展、凝聚职工群众、促进和谐稳定中的作用。深入推进区域性、行业性工会联合会和县（市、区）、乡镇（街道）、村（社区）、工业园区工会组织建设，健全产业工会组织体系。完善基层工会主席民主产生机制，探索基层工会干部社会化途径，健全保护基层工会干部合法权益制度。建立健全县级以上政府与同级总工会联席会议制度，支持工会参与协调劳动关系。加强基层企业代表组织建设，支持企业代表组织参与协调劳动关系，充分发挥企业代表组织对企业经营者的团结、服务、引导、教育作用。

（4）深入推进和谐劳动关系创建活动

把和谐劳动关系创建活动作为构建和谐劳动关系的重要载体，总结创建活动经验，建立健全创建工作目标责任制，扩大创建活动在广大企业，特别是非公有制企业和中小企业的覆盖面，推动区域性创建活动由工业园区向企业比较集中的乡镇（街道）、村（社区）拓展，努力形成全方位、多层次的创建局面。丰富创建内容，规范创建标准，改进创建评价，完善激励措施，按照国家有关规定定期表彰创建活动先进单位，把对企业和企业经营者评先评优与和谐劳动关系创建结合起来，不断推进创建活动深入开展。积极开展构建和谐劳动关系综合试验区（市）建设，为构建中国特色和谐劳动关系创造经验。

（5）加大构建和谐劳动关系宣传力度

充分利用新闻媒体和网站，大力宣传构建和谐劳动关系的重大意义、宣传党和政府的方针政策和劳动保障法律法规、宣传构建和谐劳动关系取得的实际成效和工作经验、宣传企业关爱职工和职工奉献企业的先进典型，形成正确舆论导向和强大舆论声势，营造全社会共同关心、支持和参与构建和谐劳动关系的良好氛围。

9/ 工会在构建和谐劳动关系中的切入点和着力点有哪些？

（1）把维护职工合法权益作为构建和谐劳动关系的主线，坚持以职工为本，推动解决广大职工最关心最直接最现实的利益问题，切实维护其根本权益，使职工的合法权益和合理诉求得到充分的保障。

（2）主动参与劳动法律法规和政策规章的制定，及时全面反映职工群众的愿望诉求和工会的意见主张，积极配合做好人大执法检查、政府行政监察和政协视察，推动劳动法律法规和政策规章的贯彻执行。

（3）推动健全劳动关系协调机制，充分发挥劳动合同、集体合同制度对调整劳动关系的基础性作用，积极参与三方机制工作，协商解决涉及劳动关系的重大问题。

（4）推动加强企业民主管理制度建设，依法保障职工的知情权、参与权、表达权、监督权。

（5）推动健全劳动关系矛盾调处机制，健全预防、预警、调处机制，加强矛盾纠纷排查，努力把劳动关系矛盾化解在基层、解决在萌芽状态，更好地实现劳动关系的平稳运行。

（6）加强宣传，对职工进行教育引导，营造构建和谐劳动关系的良好环境。

10/ 工会如何推动健全工作体制和机制，为构建和谐劳动关系提供保障？

（1）工会要充分发挥密切联系职工群众的特点和优势，在党委领导、政府负责、社会协同、企业和职工参与、法治保障的工作格局中积极发挥作用。

（2）要推动各级政府把构建和谐劳动关系纳入当地经济社会发展规划

和政府目标责任考核体系，依法推动各类企业普遍建立工会，深入推进区域性、行业性工会联合会和县（市、区）、乡镇（街道）、村（社区）、工业园区工会组织建设。

（3）推动建立健全县级以上政府与同级总工会联席会议制度。

（4）深入推动和谐劳动关系创建活动，扩大创建活动在广大企业特别是中小企业的覆盖面，丰富创建内容，规范创建标准，改进创建评价，完善激励措施，做好典型表彰，把创建活动进一步打造成推进构建和谐劳动关系的良好平台和载体。

（5）积极推动构建和谐劳动关系综合试验区（市）建设，为构建中国特色和谐劳动关系创造经验。

11 工会应如何教育引导职工参与构建和谐劳动关系？

解决广大职工最关心最直接最现实的利益问题，切实维护其根本权益，是构建和谐劳动关系的根本出发点和落脚点。工会作为职工利益的代表者和维护者，具有密切联系职工群众的政治优势和优良传统，要切实承担起教育和引导职工推动构建和谐劳动关系的重要职责。

（1）团结引导广大职工积极推进企业发展。要在广大职工中加强思想政治教育，引导广大职工树立正确的世界观、人生观、价值观，追求高尚的职业理想，培养良好的职业道德，增强对企业的责任感、认同感和归属感，爱岗敬业、遵守纪律、诚实守信，自觉履行劳动义务，通过辛勤劳动、诚实劳动、创造性劳动，提高自身素质，拓宽发展渠道，拓展发展空间，实现自身价值，促进企业发展。

（2）加强对职工的人文关怀。推动培育富有特色的企业精神和健康向上的企业文化、职工文化，为职工构建共同的精神家园。注重职工的精神需求和心理健康，及时了解掌握职工思想动态，有针对性地做好思想引导和心理疏导工作。推进企业文体娱乐设施建设，积极组织职工开展喜闻乐见、丰富多彩的文化体育活动，丰富职工文化生活。

（3）引导广大职工理性合法表达利益诉求。要加强有关法律政策的宣传，引导广大职工成为社会主义法治的忠实崇尚者、自觉遵守者、坚定捍卫者。在积极推动解决职工切身利益问题的同时，引导职工正确对待社会利益关系调整，合理确定提高工资收入等诉求预期，以理性合法形式表达利益诉求、解决利益矛盾、维护自身权益，以实际行动为构建和谐劳动关系作贡献。

12 工会如何健全劳动关系协调机制？

《关于构建和谐劳动关系的意见》提出健全劳动关系协调机制应从以下几个方面入手。

（1）全面推进实行劳动合同制度

贯彻落实好《劳动合同法》等法律法规，加强对企业实行劳动合同制度的监督、指导和服务，在用工季节性强、职工流动性大的行业推广简易劳动合同示范文本，依法规范劳动合同订立、履行、变更、解除、终止等行为，切实提高劳动合同签订率和履行质量。依法加强对劳务派遣的监管，规范非全日制、劳务承揽、劳务外包用工和企业裁员行为。指导企业建立健全劳动规章制度，提升劳动用工管理水平。全面推进劳动用工信息申报备案制度建设，加强对企业劳动用工的动态管理。

（2）推行集体协商和集体合同制度

以非公有制企业为重点对象，依法推进工资集体协商，不断扩大覆盖面、增强实效性，形成反映人力资源市场供求关系和企业经济效益的工资决定机制和正常增长机制。完善工资指导线制度，加快建立统一规范的企业薪酬调查和信息发布制度，为开展工资集体协商提供参考。推动企业与职工就工作条件、劳动定额、女职工特殊保护等方面开展集体协商，订立集体合同。加强集体协商代表能力建设，提高协商水平。加强对集体协商过程的指导，督促企业和职工认真履行集体合同。

（3）健全和积极参与协调劳动关系三方机制

完善协调劳动关系三方机制组织体系，建立健全由人力资源社会保障部门会同工会和企业联合会、工商业联合会等企业代表组织组成的三方机制，根据实际需要推动工业园区、乡镇（街道）和产业系统建立三方机制。加强和创新三方机制组织建设，建立健全协调劳动关系三方委员会，由同级政府领导担任委员会主任。完善三方机制职能，健全工作制度，充分发挥政府、工会和企业代表组织共同研究解决有关劳动关系重大问题的重要作用。

第三章
工会工作法治化建设

本章重点思考

1.工会工作法治化对推动依法治国、加强社会治理的作用何在?
2. 在工会工作中如何运用法治思维、法治方法处理问题?

1/ 推进工会工作法治化建设应坚持什么原则?

2015 年 2 月，中华全国总工会发布《关于贯彻落实党的十八届四中全会精神大力推进工会工作法治化建设的实施意见》，其中指出：全面推进依法治国，必须坚定不移走中国特色社会主义法治道路。工会工作法治化建设是法治国家、法治政府、法治社会一体化建设的重要组成部分。贯彻落实党的十八届四中全会精神，大力推进工会工作法治化建设，必须坚定正确政治方向，遵循宪法的法治原则，巩固党执政的阶级基础和群众基础，发展和谐劳动关系。应坚持以下原则。

（1）坚持党的领导。党的领导是中国特色社会主义最本质的特征，是社会主义法治最根本的保证。依法治国是党领导人民治理国家的基本方略，依法执政是党治国理政的基本方式。工会作为党领导的工人阶级群众组织，推进工会工作法治化建设必须把党的领导作为毫不动摇的政治原则，始终坚定正确政治方向，坚决贯彻落实党的全心全意依靠工人阶级的根本方针。

（2）坚持法治原则。市场经济本质上是法治经济。坚持依法治国首先是坚持依宪治国。我国宪法确立了工人阶级的领导地位，《工会法》《劳动法》等法律明确了劳动者和工会组织的权利义务。工会作为职工依据《宪法》《工会法》自愿结合的工人阶级群众组织，职工合法权益的代表者、维护者，必须以宪法法律为活动准则，增强法治意识，遵守宪法法律，提高依法维权能力，保证宪法法律实施，在法定权限范围内，依照法定程序开展维权工作。

（3）坚持职工为本。职工是工会工作的根基，维护职工合法权益是工会的基本职责。推进工会工作法治化建设，必须始终把代表和维护职工利益作为出发点和落脚点。必须坚持群众路线，深入基层、深入一线、深入职工，宣传党的主张和法治知识，通过民主方式汇集和表达职工意愿，推动完善法律体系，监督法律贯彻实施，在建设中国特色社会主义法治体系进程中切实维护和发展职工各项权益。

（4）坚持和谐发展。国家和社会治理需要法律和道德共同发挥作用。在推进工会工作法治化建设过程中，既要重视发挥法律的规范作用，依法切实维权，又要重视发挥道德的教化作用，大力弘扬社会主义核心价值观，引导职工爱岗敬业，勤奋工作，理性表达诉求，推动企业承担社会责任，促进劳动关系双方依法主张权利，理性解决矛盾，实现互利共赢、和谐发展。

2/ 推进工会工作法治化建设应怎么做？

《中华全国总工会关于贯彻落实党的十八届四中全会精神大力推进工会工作法治化建设的实施意见》中指出：推进工会工作法治化建设应从以下几个方面入手。

（1）加强源头参与，促进科学立法

要加强与立法机关的沟通协调，组织和代表职工参与立法，促进涉及职工权益和工会活动的各项立法更加科学、更加民主。要通过立法建议、立法机关和社会公众沟通等机制，重点推动收入分配、集体协商、民主管理、社会保障等方面法律的制定，促进法律体系不断完善。要通过政府和工会联席会议制度、协调劳动关系三方机制等途径和渠道，积极参与改革过程中涉及职工利益的政策和方案的制定，保证各项决策公平公正。要推动完善以职工代表大会为基本形式的企事业单位民主管理制度，依法参与涉及职工切身利益的规章制度或者重大事项的制定和完善，推动企事业单位依法管理、民主管理、科学管理，促进劳动关系和谐。

（2）强化监督检查，促进严格执法

要组织和代表职工积极建议和配合人大执法检查、政府行政执法、政协委员视察，开展劳动法律法规和工会法实施的监督检查，推动严格执法，依法纠正和查处违法行为。要充分发挥新闻媒体作用，加强对劳动违法行为的舆论监督。要推行工会劳动法律监督意见书和建议书制度、重大典型劳动违法案件曝光和公开谴责制度，充分发挥工会劳动法律监督组织和监督员作用，加大工会劳动法律监督力度。要推动完善劳动违法失信行为惩戒机制。要重点推动劳动合同、劳动报酬、劳动安全卫生、社会保险等法律法规的贯彻落实，加强对一线职工、农民工、劳务派遣工、困难职工等群体合法权益的维护。

（3）化解劳动争议，促进公正司法

要健全劳动关系矛盾纠纷预防化解机制，推动完善调解、仲裁、诉讼等劳动争议处理制度。要加强工会劳动争议调解工作，推进基层调解、仲裁调解、司法调解联动工作体系建设，促进劳动争议仲裁制度的改革与发展，提高仲裁效率和公信力。要积极建议人民法院设立劳动法庭，完善劳动争议诉讼制度。要建立健全职工法律服务体系，完善职工法律援助制度，为职工提供及时有效的法律服务和援助。要组织和代表职工支持和促进司法公正，尊重和维护司法权威，努力让职工群众在每一个司法案件中感受到公平正义。

（4）加强法治宣传，促进全民守法

要弘扬社会主义法治精神，帮助和引导广大职工成为社会主义法治的忠实崇尚者、自觉遵守者、坚定捍卫者，使遵法、信法、守法、用法、护法成为劳动关系双方的共同追求。要在法治宣传教育中发挥工会的职能作用，加强对普法工作的领导，健全普法宣传教育机制。要充分发挥工会的组织优势、阵地优势，加强普法宣讲团、志愿者队伍建设，送法下基层、进企业，运用多种方式特别是新媒体新技术深入开展法治宣传教育，提高普法实效。要把法治教育纳入职工教育培训和精神文明创建内容，开展职工群众法治文化活动，强化规则意识，倡导契约精神，弘扬公序良俗，引导广大职工和企事业单位自觉履行法定义务。

3/ 如何增强工会干部运用法治思维和法治方式开展工作的能力？

法治思维就是将法治的诸种要求运用于认识、分析、处理问题的思维方式，是一种以法律规范为基准的逻辑化的理性思考方式。党的十八大报告提出，“提高领导干部运用法治思维和法治方式深化改革、化解矛盾、推动发展、维护稳定能力”。在此之后，“法治思维和法治方式”的概念不断出现在人们的视野中，从中央到地方的各级领导干部都强调要在实际工作中践行法治思维和法治方式。对工会干部来说，增强法治思维，运用法治方式处理工会工作，是依法治国的基本要求。为此，工会干部要做到：

（1）牢固树立法治观念

要树立宪法法律意识，坚定宪法法律信仰，尊重宪法法律权威，遵守宪法法律规定，在宪法法律范围内开展活动。要增强法治观念，自觉以法治思维看待问题，用法治方式解决问题，养成遇事找法、办事依法、解决问题靠法的法治思维习惯，作决策、办事情都要有法律依据、讲法律程序，牢记法律红线不可逾越，法律底线不可触碰。各级工会领导干部要带头学法、模范守法，牢记有权必有责、用权受监督、违法必追究。

（2）努力掌握法治知识

要加大工会干部培训力度，完善工会干部学法用法制度，把宪法和与职工切身利益及工会活动密切相关的法律列入党委（党组）中心组学习内容，列为工会各级各类培训班及各工会院校必修课程。要按照中国特色社会主义法治体系的基本要求，掌握法治基本知识，熟悉和理解法律基本概念、法律体系构成、法律调整方式、法律适用规则。要熟练掌握涉及职工切身利益和工会活动的法律知识，切实提高依法开展工作的能力。要善于运用法律手段，解决改革发展中的各种劳动关系矛盾和问题，把法律原则和法律规范熟练运用于维护职工权益的法治实践。

（3）壮大法律人才队伍

要合理调配工会内部现有法律人才，使其学有所用，为法律人才发挥专长创造条件，做到人尽其才。要充分利用工会自身资源和社会资源，有计划地培养法律专业人才，鼓励工会干部获得法律文凭和法律职业资格。要积极引进法律专业人才，在同等条件下优先录用具有法律专业背景人员。要把善于运用法治思维和法治方式推动工会工作的人选拔到各级领导岗位上来。要加快工会公职律师队伍建设，明确公职律师职责，充分发挥公职律师作用。要鼓励、帮助工会干部取得劳动关系协调员、协调师等资格，发展工会劳动法律监督员、劳动保护监督检查员、劳动争议调解员、兼职劳动争议仲裁员、法律援助工作者等工会专门人才队伍。要建立工会法律顾问制度，聘请法律顾问，组织法律服务志愿者，搭建社会化职工法律服务平台，借助社会资源为工会维权事业服务。

（4）加强法治理论研究

要加强法治理论研究，为推进工会工作法治化建设提供法理依据和支撑。要坚持从中国实际出发，在全面建成小康社会、全面深化改革、全面推进依法治国新形势下，针对劳动关系领域和工运事业发展的新情况新问题，围绕工会工作法治化建设新任务新要求，与时俱进地研究法治理论，指导工作实践。要加强工会院校、理论研究机构建设，借助法学院校和研究机构力量，为工会工作法治化建设提供智力支持。要研究国际工运现状和发展趋势，善于借鉴国际工运研究新成果，拓宽工会依法维权工作视野。要将法治理论研究与法治实践紧密结合，用先进的法治理论指导实践，在鲜活的法治实践中发展理论。要勇于探索法治实践新形式，丰富法治实践新内容，不断提升工会工作法治化水平。

（5）依法推进工会组建

要深入基层，贴近职工，切实做好法治宣传教育和组织服务工作，增强职工参加和组建工会的内生动力。要依法完善工会组建制度，转变工会组建方式，引导和动员职工依法行使宪法、工会法赋予的结社权利，帮助和指导职工依照法定条件和法定程序参加和组建工会。要依法通过会员大会或会员代表大会民主选举产生各级工会委员会和工会经费审查委员会，依法建立女职工委员会。基层工会组织要依法取得社会团体法人资格。工会委员会换届及工会组织变更、合并、撤销应依法进行。要依法维护工会干部合法权益，保障工会干部依法履职。要依法保障工会组织的团结和统一。

（6）依法管理工会事务

要依法健全会籍管理、工会活动、工会经费和财产管理等各项规章制度，形成配套完备的规章制度体系，打牢依法管会的制度基础。要依法收缴工会经费，加强工会经费审查审计监督，依法管理和使用工会经费和财产，夯实服务职工和开展工会活动的物质基础。要依法清理工会现有规章制度，工会规章制度和规范性文件出台前要进行合法性审查。要依法建立科学民主的决策机制，建立重大决策终身责任追究制度和责任倒查机制。要依纪依法反对和克服形式主义、官僚主义、享乐主义和奢靡之风，形成严密的长效机制。要深入开展党风廉政建设和反腐败斗争，严格落实党风廉政建设党委主体责任和纪委监督责任，对任何腐败行为和腐败分子，必须依纪依法予以坚决惩处。

（7）依法履行工会职责

要依法组织召开企事业单位职工代表大会，充分发挥职工代表大会作用，推行厂务公开，落实职工的知情权、参与权、表达权、监督权。要帮助和指导职工签订劳动合同，代表职工签订集体合同及劳动安全卫生、女职工权益保护、工资调整机制等专项集体合同。要依法对企事业单位处分职工提出意见，对侵犯职工合法权益问题进行调查，与企事业单位交涉，督促改正劳动违法行为。要依法代表职工与发生停工、怠工事件的企事业单位进行协商，反映职工诉求，提出解决意见。要依法参加职工因工伤亡事故和其他严重危害职工职业健康问题的调查处理，提出意见建议。要依法开展劳动争议预防预警和调解工作，支持职工进行劳动争议仲裁、诉讼。要依法做好劳动模范和先进生产（工作）者的培养、评选、表彰和管理服务工作，组织职工开展群众性的合理化建议、技术革新活动，进行业余文化技术学习和培训。

（8）依法维护职工权益

要依照《宪法》《工会法》维护职工参加和组织工会的权利，保障会员的选举权、被选举权、表决权，以及对工会工作进行监督和提出意见建议等权利。要依照劳动法律法规，维护职工平等就业和选择职业、取得劳动报酬、休息休假、获得劳动安全卫生保护、接受职业技能培训、享受社会保险和福利等各项权益。要通过为职工提供法律服务、法律援助，努力解决好职工最关心最直接最现实的利益问题、最困难最操心最忧虑的实际问题，全心全意为职工服务。要依法纠正企事业单位违反民主管理制度的行为，保障职工依法行使民主管理权利。要完善工会文化宣传教育体系，活跃和丰富职工群众文化生活，依法维护职工的精神文化权利。要加强人文关怀和心理疏导，促进职工舒心工作、体面劳动。

工会各级领导干部要以身作则，以上率下。要把法治建设成效作为衡量各级工会领导班子和工会干部工作实绩的重要内容，纳入政绩考核指标体系。要把法治素养的高低、依法办事能力的强弱作为考察和使用干部的重要内容和依据。

4/ 各级工会干部如何掌握法治知识？

各级工会应加大工会干部培训力度，完善工会干部学法用法制度，把宪法和与职工切身利益及工会活动密切相关的法律列入党委（党组）中心组学习内容，列为工会各级各类培训班及各工会院校必修课程。各级工会干部要按照中国特色社会主义法治体系的基本要求，掌握法治基本知识，熟悉和理解法律基本概念、法律体系构成、法律调整方式、法律适用规则。熟练掌握涉及职工切身利益和工会活动的法律知识，切实提高依法开展工作的能力。善于运用法律手段，解决改革发展中的各种劳动关系矛盾和问题，把法律原则和法律规范熟练运用于维护职工权益的法治实践。

5/ 各级工会如何加强法治理论研究，以推进法治工会建设？

各级工会要加强法治理论研究，为推进工会工作法治化建设提供法理依据和支撑。针对劳动关系领域和工运事业发展的新情况新问题，围绕工会工作法治化建设新任务新要求，与时俱进地研究法治理论，指导工作实践。加强工会院校、理论研究机构建设，借助法学院校和研究机构力量，为工会工作法治化建设提供智力支持。研究国际工运现状和发展趋势，善于借鉴国际工运研究新成果，拓宽工会依法维权工作视野。将法治理论研究与法治实践紧密结合，用先进的法治理论指导实践，在鲜活的法治实践中发展理论。勇于探索法治实践新形式，丰富法治实践新内容，不断提升工会工作法治化水平。

6/ 各级工会依法管理工会事务应注意哪些事项？

（1）各级工会要依法健全会籍管理、工会活动、工会经费和财产管理等各项规章制度，形成配套完备的规章制度体系，打牢依法管会的制度基础。

（2）依法收缴工会经费，加强工会经费审查审计监督，依法管理和使用工会经费和财产，夯实服务职工和开展工会活动的物质基础。

（3）依法清理工会现有规章制度，工会规章制度和规范性文件出台前要进行合法性审查。

（4）依法建立科学民主的决策机制，建立重大决策终身责任追究制度和责任倒查机制。

（5）依纪依法反对和克服形式主义、官僚主义、享乐主义和奢靡之风，形成严密的长效机制。深入开展党风廉政建设和反腐败斗争，严格落实党风廉政建设党委主体责任和纪委监督责任，对任何腐败行为和腐败分子，必须依纪依法予以坚决惩处。

7/ 工会推进法治工会建设在人才队伍建设上应怎么做？

（1）各级工会应合理调配工会内部现有法律人才，使其学有所用，为法律人才发挥专长创造条件，做到人尽其才。

（2）充分利用工会自身资源和社会资源，有计划地培养法律专业人才，鼓励工会干部获得法律文凭和法律职业资格。

（3）积极引进法律专业人才，在同等条件下优先录用具有法律专业背景人员。把善于运用法治思维和法治方式推动工会工作的人选拔到各级领导岗位上来。

（4）加快工会公职律师队伍建设，明确公职律师职责，充分发挥公职律师作用。鼓励、帮助工会干部取得劳动关系协调员、协调师等资格，发展工会劳动法律监督员、劳动保护监督检查员、劳动争议调解员、兼职劳动争议仲裁员、法律援助工作者等工会专门人才队伍。

（5）建立工会法律顾问制度，聘请法律顾问，组织法律服务志愿者，搭建社会化职工法律服务平台，借助社会资源为工会维权事业服务。

8/ 工会依法履行职责应注意哪些方面？

（1）各级工会要依法组织召开企事业单位职工代表大会，充分发挥职工代表大会作用，推行厂务公开，落实职工的知情权、参与权、表达权、监督权。

（2）帮助和指导职工签订劳动合同，代表职工签订集体合同及劳动安全卫生、女职工权益保护、工资调整机制等专项集体合同。

（3）依法对企事业单位处分职工提出意见，对侵犯职工合法权益问题进行调查，与企事业单位交涉，督促改正劳动违法行为。

（4）依法代表职工与发生停工、怠工事件的企事业单位进行协商，反映职工诉求，提出解决意见。

（5）依法参加职工因工伤亡事故和其他严重危害职工职业健康问题的调查处理，提出意见建议。

（6）依法开展劳动争议预防预警和调解工作，支持职工进行劳动争议仲裁、诉讼。

（7）依法做好劳动模范和先进生产（工作）者的培养、评选、表彰和管理服务工作，组织职工开展群众性的合理化建议、技术革新活动，进行业余文化技术学习和培训。

9/ 工会依法保障职工基本权益应从哪些方面着手？

（1）切实保障职工取得劳动报酬的权利

完善并落实工资支付规定，健全工资支付监控、工资保证金和欠薪应急周转金制度，探索建立欠薪保障金制度，落实清偿欠薪的施工总承包企业负责制，依法惩处拒不支付劳动报酬等违法犯罪行为，保障职工特别是农民工按时足额领到工资报酬。努力实现农民工与城镇就业人员同工同酬。

（2）切实保障职工休息休假的权利

完善并落实国家关于职工工作时间、全国年节及纪念日假期、带薪年休假等规定，规范企业实行特殊工时制度的审批管理，督促企业依法安排职工休息休假。企业因生产经营需要安排职工延长工作时间的，应与工会和职工协商，并依法足额支付加班加点工资。加强劳动定额定员标准化工作，推动劳动定额定员国家标准、行业标准的制定修订，指导企业制定实施科学合理的劳动定额定员标准，保障职工的休息权利。

（3）切实保障职工获得劳动安全卫生保护的权利

加强劳动安全卫生执法监督，督促企业健全并落实劳动安全卫生责任制，严格执行国家劳动安全卫生保护标准，加大安全生产投入，强化安全生产和职业卫生教育培训，提供符合国家规定的劳动安全卫生条件和劳动保护用品，对从事有职业危害作业的职工按照国家规定进行上岗前、在岗期间和离岗时的职业健康检查，加强女职工和未成年工特殊劳动保护，最大限度地减少生产安全事故和职业病危害。

（4）切实保障职工享受社会保险和接受职业技能培训的权利

认真贯彻实施社会保险法，继续完善社会保险关系转移接续办法，努力实现社会保险全面覆盖，落实广大职工特别是农民工和劳务派遣工的社会保险权益。督促企业依法为职工缴纳各项社会保险费，鼓励有条件的企业按照法律法规和有关规定为职工建立补充保险。引导职工自觉履行法定义务，积极参加社会保险。加强对职工的职业技能培训，鼓励职工参加学历教育和继续教育，提高职工文化知识水平和技能水平。

10/ 工会应怎样健全劳动关系矛盾调处机制？

（1）参与劳动保障监察执法

全面推进劳动保障监察网格化、网络化管理，实现监察执法向主动预防和统筹城乡转变。创新监察执法方式，规范执法行为，进一步畅通举报投诉渠道，扩大日常巡视检查和书面审查覆盖范围，强化对突出问题的专项整治。建立健全违法行为预警防控机制，完善多部门综合治理和监察执法与刑事司法联动机制，加大对非法用工尤其是大案要案的查处力度，严厉打击使用童工、强迫劳动、拒不支付劳动报酬等违法犯罪行为。加强劳动保障诚信评价制度建设，建立健全企业诚信档案。

（2）健全劳动争议调解仲裁机制

坚持预防为主、基层为主、调解为主的工作方针，加强企业劳动争议调解委员会建设，推动各类企业普遍建立内部劳动争议协商调解机制。大力推动乡镇（街道）、村（社区）依法建立劳动争议调解组织，支持工会、商（协）会依法建立行业性、区域性劳动争议调解组织。完善劳动争议调解制度，大力加强专业性劳动争议调解工作，健全人民调解、行政调解、仲裁调解、司法调解联动工作体系，充分发挥协商、调解在处理劳动争议中的基础性作用。完善劳动人事争议仲裁办案制度，规范办案程序，加大仲裁办案督查力度，进一步提高仲裁效能和办案质量，促进案件仲裁终结。加强裁审衔接与工作协调，积极探索建立诉讼与仲裁程序有效衔接、裁审标准统一的新规则、新制度。畅通法律援助渠道，依法及时为符合条件的职工提供法律援助，切实维护当事人合法权益。依托协调劳动关系三方机制完善协调处理集体协商争议的办法，有效调处因签订集体合同发生的争议和集体停工事件。

（3）完善劳动关系群体性事件预防和应急处置机制

加强对劳动关系形势的分析研判，建立劳动关系群体性纠纷的经常性排查和动态监测预警制度，及时发现和积极解决劳动关系领域的苗头性、倾向性问题，有效防范群体性事件。完善应急预案，明确分级响应、处置程序和处置措施。健全党委领导下的政府负责，有关部门和工会、企业代表组织共同参与的群体性事件应急联动处置机制，形成快速反应和处置工作合力，督促指导企业落实主体责任，及时妥善处置群体性事件。

第四章
工会干部素质与能力提升

本章重点思考

1.新时代工会干部必备的素质包括哪些方面?
2.提升工会干部素质的方法有哪些?

1　习近平总书记对工会干部队伍建设有哪些要求？

（1）坚持正确的政治方向

2018 年 10 月，习近平总书记在同中华全国总工会新一届领导班子集体谈话时强调，工会要忠诚党的事业，通过扎实有效的工作把坚持党的领导和我国社会主义制度落实到广大职工群众中去。要认真落实新时代党的建设总要求，增强“四个意识”，坚定“四个自信”，坚决维护党中央权威和集中统一领导，始终在政治立场、政治方向、政治原则、政治道路上同党中央保持高度一致。他还指出，要深刻领会党中央关于工人阶级和工会工作重要论述的精神实质，结合实际落实到工会工作全过程和各方面。要把执行党的意志的坚定性和为职工服务的时效性统一起来，把党的路线方针政策和决策部署落实到工会各项工作中去，把党的意志和主张落实到广大职工中去。习近平总书记这一要求的实质，就是工会要坚持党的领导，自觉服从服务于党和国家工作大局，坚定不移听党话，矢志不移跟党走，成为党执政的坚实依靠力量、强大支持力量、深厚社会基础。

（2）坚持依靠工人阶级

实现中华民族伟大复兴的中国梦，根本上要靠包括工人阶级在内的全体人民的劳动、创造、奉献。要使中国梦真正同每个职工的个人理想和工作生活紧密结合起来，真正落实到实际行动之中。要把广大职工群众充分调动起来，满怀信心投身于为实现中国梦而奋斗的火热实践，形成万众一心、众志成城的磅礴力量。要在全社会大力弘扬我国工人阶级的优秀品质，大力宣传劳动模范和其他典型的先进事迹，加强对广大青少年的教育，让劳动最光荣、劳动最崇高、劳动最伟大、劳动最美丽的观念蔚然成风，让全体人民进一步焕发劳动热情、释放创造潜能，通过劳动创造更加美好的生活。

（3）坚持维护职工群众权益

保障职工群众经济、政治、文化、社会权益是我国社会主义制度的根本要求，是党和国家的神圣职责，也是发挥广大职工群众积极性、主动性、创造性最重要最基础的工作。工会要赢得职工群众的信赖和支持，必须做好维护职工群众切身利益工作，促进社会公平正义。工会维权要讲全面，也要讲重点，重点就是职工群众最关心最直接最现实的利益问题，就是职工群众面临的最困难最操心最忧虑的实际问题，在经济发展的基础上不断提高职工群众生活水平和质量，使他们不断享受到改革发展成果。

(4) 加强和改善党对工会工作的领导

各级党委要加强和改善对工会工作的领导，认真研究解决工会工作中的重大问题，为工会工作提供更多支持，创造更好条件，热情关心、严格要求、重视培养工会干部。

(5) 加强对工会干部的培养

工会干部要加强学习、增强本领，努力走在时代前列、走在职工群众前列，在经济社会发展最需要的地方、在企业生产一线、在职工群众的伟大实践中经风雨、见世面，听党话、跟党走，努力把自己锤炼成职工群众信赖的“娘家人”、贴心人。

2/ 新时代的工会干部应具备哪些能力和素质?

(1) 较好的政治思想素质

第一，要具有坚定的共产主义政治信仰，这是做好工会工作的基本条件。我国工会组织是在党的领导下开展工作的，作为新时期的基层工会干部，只有自身具有坚定的政治信仰，才能够坚持党的领导，在党的领导下做好职工的思想政治工作，帮助他们树立起正确的世界观、人生观、价值观和坚定的政治信仰。第二，要具有对职工高度负责、全心全意为职工服务的思想觉悟，这是赢得职工信任和拥护的关键。第三，要有与时俱进、开拓创新、不畏艰苦的工作精神。第四，要具有遵纪守法、坚持原则、严于律己、宽以待人的人格魅力，使自己成为职工值得信赖和尊敬的人。

(2) 广博的知识和较高的政策水平

由于工会工作处于不断发展的社会环境中，面对的服务对象对干部素质要求不断提高，从而决定了工会干部的工作内容、工作方式和工作质量，在深度和广度上，必须在传统的群众工作基础上向前发展，向着规范化、科学化方向前进。这就要求工会干部，必须具有相关的业务专长，除了了解和掌握工会工作业务知识外，还要不断地学习哲学、教育学、心理学、社会学、伦理学和美学等一些基本常识，学习政策法规，等等。一个工会干部首先要学法、懂法，这样才能正确运用法律法规，更好地维护职工的合法权益和特殊利益。

(3) 强烈的责任感和执着的事业心

责任感首先是指政治责任感。是对党、对群众、对组织负责的态度，把做好工会工作当作一项政治任务来抓，赋予使命感。所谓事业心，对于工会干部来说，就是要把提高职工觉悟、促进社会经济发展、维护职工合法权益、保护男女平等各项具体工作真正当作一项为之奋斗的事业来干，具有执着追求精神、吃苦奉献精神和爱岗敬业精神。特别是要发挥工会女干部在解决女职工问题上的优势，作为女性本身，女干部有来自社会和家庭的压力，针对女职工的生理特点和心理特点，做好工作要付出更多。工会干部只有献身于社会主义事业，脚踏实地工作，增强事业心和责任感，才能最大限度地发挥聪明才智。

(4) 统筹全局的组织协调能力

一是施政的能力。工会干部的本职业务工作是组织实施上级的决策和法令法规，并以此来开展维权活动，这就要求必须具备施政的魄力。在执行中严肃认真、精心组织、一丝不苟，不仅自己要有不达目的不罢休的决心，而且要组织动员全体职工充满信心，以此取得单位主要领导的支持，实现促进工作、推动发展、维护职工合法权益的目的。二是团结群众的能力。工会组织是工人自己的组织，因此，作为一名工会干部具有团结人的能力是非常必要的。应密切联系职工群众，及时准确掌握动态，做到有的放矢。三是综合协调能力。综合平衡处理好劳资等利益关系，调动起职工的积极性和创造性，达到统一思想、统一目标、统一政策、统一行动的目的。

(5) 熟悉工会业务工作

工会干部要想在工作中有所作为，除了具备良好的敬业精神外，还必须熟悉工会基本理论和业务知识，掌握工会工作规律。要造就一支政治上强、懂管理、通法律、能参与企业决策、善于代表和维护职工群众合法权益的工会领导人才队伍，工会工作者必须经常深入基层、深入实际，了解职工的思想、学习、生活情况，善于调查研究，从而掌握事物的本质，找到解决问题的根本办法。基层工会干部几乎天天与上下左右各方面打交道，这就要求干部具备领导艺术，善于说服、动员各类职工，善于处理协调各方面关系，减少摩擦，增强聚合力。

3/ 工会主席应当具备哪些条件？

(1) 政治立场坚定，热爱工会工作，受到职工信赖。

(2) 具有与履行职责相应的文化程度、法律法规和生产经营管理知识。

（3）勤政务实、敢于担当、清正廉洁、作风民主，密切联系群众，热心为会员和职工服务。

（4）有较强的协调劳动关系和组织活动能力。

4 企事业单位工会主席应如何配备？

职工二百人以上的企业、事业单位工会依法配备专职工会主席。由同级党组织负责人担任工会主席的，应配备专职工会副主席。

国有、集体及其控股企业工会主席候选人，应由同级党组织和上级工会在充分听取会员意见的基础上协商提名。工会主席按企业党政同级副职级条件配备，是共产党员的应进入同级党组织领导班子。专职工会副主席按不低于企业中层正职配备。

私营企业、外商投资企业、港澳台商投资企业工会主席候选人，由会员民主推荐，报上一级工会同意提名；也可以由上级工会推荐产生。已建党组织的企业工会候选人须经党组织审核。工会主席享受企业行政副职待遇。

企业行政负责人、合伙人及其近亲属不得作为本企业工会委员会成员的人选。

工会主席、副主席可以由会员大会或会员代表大会直接选举产生，也可以由企业工会委员会选举产生。工会主席出现空缺，须按民主程序及时进行补选。

5 企业工会主席有哪些职权？

（1）负责召集工会委员会会议，主持工会日常工作。

（2）参加企业涉及职工切身利益和有关生产经营重大问题的会议，反映职工的意愿和要求，提出工会的意见。

（3）以职工方首席代表的身份，代表和组织职工与企业进行平等协商、签订集体合同。

（4）代表和组织职工参与企业民主管理。

（5）代表和组织职工依法监督企业执行劳动安全卫生等法律法规，要求纠正侵犯职工和工会合法权益的行为。

（6）担任劳动争议调解委员会主任，主持企业劳动争议调解委员会的工作。

（7）向上级工会报告重要信息。

（8）负责管理工会资产和经费。

6/ 基层工会干部工作中应注意哪些技巧与方法？

（1）突出重点

基层工会干部人员少、时间紧、任务重，在开展工作中必须突出重点，抓住主要矛盾问题。从履行工会职能讲，在全面履行工会各项社会职能中要突出维护职能，切实代表和维护职工群众的合法权益；从工会开展各项工作的过程讲，也要抓住主要矛盾，解决好突出问题。当前，各基层工会应把影响工会全局的工作作为重点，把工作薄弱环节作为重点，把建立健全协调劳动关系机制以及解决职工关心的热点、难点问题作为重点。

（2）互利双赢

工会工作只有贴近实际，做到企业与职工互利双赢，工会工作才有坚实的基础，才有生命，才能不断扩大工会影响，推动工会各项工作的深入开展。由于企事业单位种类不同，又由于各单位对工会工作认识和工会工作基础不一样，使工会工作的开展在不同单位差异很大。因此，工作基础好的基层工会，在开展各项工会工作中要继续把实现企事业与职工互利双赢作为工会工作中的亮点来抓；那些工作基础比较差的基层工会，更要把握好企事业与职工利益的结合点，要把企事业和职工都欢迎、对双方都有利的事作为工作突破口，从而不断扩大工会影响，推动工会各项活动的深入开展。要抓好工会的建设和教育职能，引导职工群众开展经济技术创新活动，开展丰富多彩的文体活动，激发职工的集体归属感和工作热情。及时解决职工群众的困难，化解劳资矛盾，创建和谐劳动关系。并要不断从企业实际情况出发，寻找更多的结合点，进一步拓宽工会工作的路。

（3）事先协商

工会工作的开展，需要企事业行政领导在人员、时间、经费上给予支持，也需要工会了解和掌握企事业情况，进一步从实际出发做好工作。通过事先协商，能使企事业领导认识、了解和支持工会工作，也使工会了解企业需要做什么，使工会工作更加贴近企业实际、贴近职工群众。

（4）自身做起

工会工作需要良好的外部条件，但更重要的是工会自身要努力做好工作。对于广大基层工会干部，一定要把工会工作看作分内事、硬任务，要切实做到认识到位、责任到位、工作到位，做到自强不息、有位有为，为推动工运事业的发展而努力奋斗。

（5）情感交流

工会在工作中，要坚持以人为本，按照人性化的要求做好工作。工会是群众团体，对领导、对相关部门、对职工只有以情感人、以理服人，工会工作才能被领导重视和支持，工会才能被职工所信赖、所拥护。因此，基层工会不但对企事业领导及有关部门要以诚相待，经常交流沟通，增进了解，而且对职工群众更要把尊重人、体贴人、关心人、理解人、帮助人、说服人作为工会干部的行动准则。

7 兼职工会干部如何处理与其他工作的关系？

（1）兼职工会干部必须充分认识所处的地位以及开展工作所受到的客观环境的限制

面对客观环境对工会工作的影响，兼职工会干部必须开创性地做好工会工作。一是必须学会营造较好的工作环境，使自己的工作处在很好的氛围中。二是必须尽可能提高本职工作的效率，使自己能够抽出时间来做工会工作。本职工作忙的情况下，即使有心做好工会工作，也会心有余而力不足，很难创新工会工作和主动组织活动，这也是兼职工会干部的苦恼。因此，兼职工会干部必须提高做好本职工作的水平，较好完成本职工作，才能得到领导的支持。三是必须通过工作成绩的体现，使自己赢得组织工会活动的条件。有所为才有所位。不仅本职工作要取得成绩，而且工会工作的成绩也要体现出来，兼职工会干部才可能有地位。

（2）兼职工会干部必须有过硬的思想作风

一是必须热爱工会工作，把工会的工作当作事业来完成。兼职工会干部在地位和待遇上都不高，尤其是基层兼职工会干部工作量大，条件艰苦，很难得到重视，如果对工会工作没有正确认识，工作起来就会有畏难情绪。因此，无论环境和条件如何，兼职工会干部都应在工会工作的岗位上发挥作用，立足于自身建设，提高自身能力，兢兢业业做好工会工作。二是必须有较强的责任心，认真对待工会的每一项活动。现在工会组织开展活动的难度大，如果兼职工会干部过多考虑其他工作压力，很多活动就会流于形式，起不到作用。所以，责任心非常重要，越是有压力越是对兼职工会干部的考验。三是必须发挥表率作用，在引导职工思想方面成为榜样。在基层工会委员会，兼职工会主席和委员的本职工作与其他职工基本相同，而且待遇问题和工会工作时间不能得到保证，不能因此在思想上质疑工会组织的作用，不能因为个人的情绪对工作造成负面影响。

（3）兼职工会干部必须在提高自身素质上下功夫

面对工会职能拓展，任务加重，难度加大的客观现实，工会干部要想适应新形势，迎接新挑战，真正履行好自己的职责，必须提高自身素质，提高工作能力和水平。一是解放思想，更新观念。要改变过去形成的封闭、保守的思维方式，培养开放、创新、务实的思维方式，用市场经济的竞争观念、效益观念、法制观念、信息观念、人才观念和权利义务观念取代落后的旧观念。二是勇于开拓创新。目前工会面临的许多新情况、新问题，仅凭过去的老经验是难以应对的，必须在实践中坚持创新，用创新的思维去解决问题，完成任务。要把有所发现、有所发明、有所创造、有所前进当作事业去追求。要敢于向陈规陋习、传统观念挑战，敢于提出新假设、新观点、新方法。三是熟悉和运用法律武器。工会干部要树立强烈的法律意识，做到言行都以法律、法规为依据。善于运用法律观点分析认识问题，用法律知识指导工作。在参与制定涉及职工切身利益的政策时，能够及时、准确、科学合理地提出法律依据。四是学会调查研究。调查研究是工会工作的重要方法和优良传统，作为工会干部要不断提高自己的观察能力和准确把握形势的能力，通过调查研究能够正确地反映事物的本质，准确把握事物发展规律，从而使我们的工作不致出现偏差，这也是我们做好工会工作的基本功之一。

8/ 做一个优秀的工会干部要做哪些努力？

（1）要认真学习马克思列宁主义、毛泽东思想、邓小平理论、“三个代表”重要思想和科学发展观，学习习近平新时代中国特色社会主义思想，学习经济、法律和工会业务知识。

（2）要执行党的基本路线和各项方针政策，遵守国家法律、法规，在改革开放和社会主义现代化建设中勇于开拓创新。

（3）要忠于职守，勤奋工作，廉洁奉公，顾全大局，维护团结。

（4）要坚持实事求是，认真调查研究，如实反映职工的意见、愿望和要求。

（5）要坚持原则，不谋私利，热心为职工说话办事，依法维护职工的合法权益。

（6）要作风民主，联系群众，自觉接受职工群众的批评和监督。

9/ 工会干部应掌握哪些法律法规知识？

与工会相关的法律法规主要有：《中华人民共和国宪法》《中华人民共和国工会法》《中华人民共和国劳动法》《中华人民共和国劳动合同法》《中华人民共和国劳动争议调解仲裁法》《中华人民共和国社会保险法》《中华人民共和国安全生产法》《中华人民共和国职业病防治法》等，以及与国家法律相配套的行政规章和部颁规章，如《工伤保险条例》《企业最低工资规定》《集体合同规定》等。

10/ 工会主席履职的保障措施有哪些？

（1）基层工会开展活动的保障。《工会法》第四十条规定："基层工会委员会召开会议或者组织职工活动，应当在生产或者工作时间以外进行，需要占用生产或者工作时间的，应当事先征得企业、事业单位的同意。基层工会的非专职委员占用生产或者工作时间参加会议或者从事工会工作，每月不超过三个工作日，其工资照发，其他待遇不受影响。"

（2）工会干部的任职保障。工会主席、副主席是由工会会员大会或会员代表大会选举出来的、主持工会工作的工会委员会负责人，必然要与各级政府部门或企业、事业单位行政就各种争议、纠纷或矛盾进行交涉、协商，依法维护职工的合法利益，为保证工会主席能依法行使应有的职权，有必要对其任职给予法律保障。《工会法》第十七条规定："工会主席、副主席任期未满时，不得随意调动其工作。因工作需要调动时，应当征得本级工会委员会和上一级工会的同意。罢免工会主席、副主席必须召开会员大会或者会员代表大会讨论，非经会员大会全体会员或者会员代表大会全体代表过半数通过，不得罢免。"《工会法》第十八条规定："基层工会专职主席、副主席或者委员自任职之日起，其劳动合同期限自动延长，延长期限相当于其任职期间；非专职主席、副主席或者委员自任职之日起，其尚未履行的劳动合同期限短于任期的，劳动合同期限自动延长至任期期满。但是，任职期间个人严重过失或者达到法定退休年龄的除外。"

（3）基层工会专职工作人员的待遇。《工会法》第四十一条规定：“企业、事业单位、机关工会委员会的专职工作人员的工资、奖励、补贴，由所在单位支付。社会保险和其他福利待遇等，享受本单位职工同等待遇。”

第五章
增强基层工会活力

本章重点思考

1.基层工会组织的职责是什么?
2.增强基层工会活力的举措有哪些?

1/ 如何组建工会？

企业、事业单位、机关和其他社会组织有会员二十五人以上的，应当建立基层工会委员会；不足二十五人的，可以单独建立基层工会委员会，也可以由两个以上单位的会员联合建立基层工会委员会，也可以选举组织员一人，组织会员开展活动。女职工人数较多的，可以建立工会女职工委员会，在同级工会领导下开展工作；女职工人数较少的，可以在工会委员会中设女职工委员。

企业职工较多的乡镇、城市街道，可以建立基层工会的联合会。

县级以上地方建立地方各级总工会。

同一行业或者性质相近的几个行业，可以根据需要建立全国的或者地方的产业工会。

全国建立统一的中华全国总工会。

基层工会、地方各级总工会、全国或者地方产业工会组织的建立，必须报上一级工会批准。

上级工会可以派员帮助和指导企业职工组建工会，任何单位和个人不得阻挠。

任何组织和个人不得随意撤销、合并工会组织。

基层工会所在的企业终止或者所在的事业单位、机关被撤销，该工会组织相应撤销，并报告上一级工会。

依前述规定被撤销的工会，其会员的会籍可以继续保留，具体管理办法由中华全国总工会制定。

2/ 基层工会的职责有哪些？

（1）执行会员大会或者会员代表大会的决议和上级工会的决定，主持基层工会的日常工作。

（2）代表和组织职工依照法律规定，通过职工代表大会、厂务公开和其他形式，参加本单位民主管理和民主监督。企业、事业单位工会委员会是职工代表大会工作机构，负责职工代表大会的日常工作，检查、督促职工代表大会决议的执行。

（3）参与协调劳动关系和调解劳动争议，与企业、事业单位行政方面建立协商制度，协商解决涉及职工切身利益问题。帮助和指导职工与企业、事业单位行政方面签订和履行劳动合同，代表职工与企业、事业单位行政方面签订集体合同或者其他专项协议，并监督执行。

（4）组织职工开展劳动竞赛、合理化建议、技术革新和技术协作等活动，总结推广先进经验。做好先进生产（工作）者和劳动模范的评选、表彰、培养和管理服务工作。

（5）对职工进行思想政治教育，鼓励支持职工学习文化科学技术和管理知识，开展健康的文化体育活动。推进企业文化、职工文化建设，办好工会文化、教育、体育事业。

（6）监督有关法律、法规的贯彻执行。协助和督促行政方面做好工资、劳动安全卫生和社会保险等方面的工作，办好职工集体福利事业，改善职工生活，对困难职工开展帮扶。依法参与劳动安全卫生事故的调查处理。

（7）维护女职工的特殊利益，同歧视、虐待、摧残、迫害女职工的现象作斗争。

（8）搞好工会组织建设，健全民主制度和民主生活。建立和发展工会积极分子队伍。做好会员的发展、接收、教育和会籍管理工作。加强职工之家建设。

（9）收好、管好、用好工会经费，管理好工会资产和工会的企业、事业。

3/ 如何加强对基层工会的指导？

（1）加强领导，认识到位。要把落实《企业工会工作条例》增强基层工会活力，作为各级工会的“一把手”工程，主要领导人亲自抓规划、抓部署、抓调研，遇到问题及时解决。分管领导直接负责，建立健全企业工会工作协调机构，形成共同服务企业工会的工作格局。

（2）强化措施，责任到位。地方工会要建立由相关部门组成的推进企业工会工作领导小组，明确各部门在推进企业工会工作方面的职责，共同参与、形成合力，互相配合、协力推进。一同调查研究、一同检查工作、一同总结经验、一同表彰典型。

（3）明确目标，落实到位。要制定企业工会工作发展规划，提出明确的工作思路和工作目标。针对不同所有制、不同规模企业工会工作的重点和要求，建立健全考核机制，把提高企业工会工作的水平作为考核各级工会领导机关工作成效的重要内容。

（4）转变作风，服务到位。转变工作作风，要做到工作重心下移，把主要工作精力、资金投向企业工会。指导、鼓励和支持企业工会创新实践，及时总结推广经验，加强示范引导。紧密结合企业工会工作的新情况，提出指导工会工作的新思路；紧密结合市场经济条件下工会工作的新变化，探索加强企业工会工作的规律；密切结合不同类型企业的工会工作新特点，富有针对性地予以指导；密切结合企业工会工作的新要求，努力为企业解决实际问题。

4/ 基层工会委员会名额如何分配？

根据2016年颁布的《工会基层组织选举工作条例》规定，基层工会委员会委员名额，按会员人数确定：不足25人，设委员3至5人，也可以设主席或组织员1人；25人至200人，设委员3至7人；201人至1000人，设委员7至15人；1001人至5000人，设委员15至21人；5001人至10000人，设委员21至29人；10001人至50000人，设委员29至37人；50001人以上，设委员37至45人。

大型企事业单位基层工会委员会，经上一级工会批准，可以设常务委员会，常务委员会由9至11人组成。

5/ 基层工会选举工作的组织和领导是怎样规定的？

根据2016年颁布的《工会基层组织选举工作条例》规定，选举工作应坚持党的领导，坚持民主集中制，遵循依法规范、公开公正的原则，尊重和保障会员的民主权利，体现选举人的意志。

选举工作在同级党组织和上一级工会领导下进行。未建立党组织的在上一级工会领导下进行。

基层工会委员会换届选举的筹备工作由上届工会委员会负责。新建立的基层工会组织选举筹备工作由工会筹备组负责。筹备组成员由同级党组织代表和职工代表组成，根据工作需要，上级工会可以派人参加。

6/ 基层工会委员会候选人的条件有哪些？

根据2016年颁布的《工会基层组织选举工作条例》规定，基层工会委员会的委员、常务委员会委员和主席、副主席的选举均应设候选人。候选人应信念坚定、为人民服务、勤政务实、敢于担当、清正廉洁，热爱工会工作，受到职工信赖。基层工会委员会委员候选人中应有适当比例的劳模（先进工作者）、一线职工和女职工代表。

单位行政主要负责人、法定代表人、合伙人以及他们的近亲属不得作为本单位工会委员会委员、常务委员会委员和主席、副主席候选人。

基层工会委员会的主席、副主席，在任职一年内应按规定参加岗位任职资格培训。凡无正当理由未按规定参加岗位任职资格培训的，一般不再提名为下届主席、副主席候选人。

7/ 基层工会委员会的选举程序是怎样规定的？

根据2016年颁布的《工会基层组织选举工作条例》规定，基层工会委员会的选举应遵循以下程序：

（1）制定选举工作方案和选举办法

基层工会组织实施选举前应向同级党组织和上一级工会报告，制定选举工作方案和选举办法。

（2）拟定候选人名单

基层工会委员会的常务委员会委员、主席、副主席候选人，可以由上届工会委员会或工会筹备组根据多数分会或工会小组的意见提出建议名单，报经同级党组织和上一级工会审查同意后提出；也可以由同级党组织与上一级工会协商提出建议名单，经工会分会或工会小组酝酿讨论后，由上届工会委员会或工会筹备组根据多数工会分会或工会小组的意见，报经同级党组织和上一级工会审查同意后提出。根据工作需要，经上一级工会与基层工会和同级党组织协商同意，上一级工会可以向基层工会推荐本单位以外人员作为工会主席、副主席候选人。

（3）公示候选人建议名单和报经批准

基层工会委员会委员候选人建议名单应进行公示，公示期不少于5个工作日。公示期结束，无异议后，基层工会委员会委员候选人建议名单在报经同级党组织和上一级工会审查同意后提出。

（4）介绍候选人

选举前，上届工会委员会或工会筹备组或大会主席团应将候选人的名单、简历及有关情况向选举人介绍。

（5）组织选举

①选举主持

召开会员大会进行选举时，由上届工会委员会或工会筹备组主持；不设委员会的基层工会组织进行选举时，由上届工会主席或组织员主持。

召开会员代表大会进行选举时，可以由大会主席团主持，也可以由上届工会委员会或工会筹备组主持。大会主席团成员由上届工会委员会或工会筹备组根据各代表团（组）的意见，提出建议名单，提交代表大会预备会议表决通过。

召开基层工会委员会第一次全体会议选举常务委员会委员、主席、副主席时，由上届工会委员会或工会筹备组或大会主席团推荐一名新当选的工会委员会主持。

②选举会议的召开

会员不足 100 人的基层工会组织，应召开会员大会选举；会员 100 人以上的基层工会组织，应召开会员大会或会员代表大会进行选举。

召开会员代表大会进行选举的，按照有关规定由会员民主选举产生会员代表。

③选举规则

组织选举时，无论是会员大会还是会员代表大会，参加选举的人数为应到会人数的三分之二以上时，方可进行选举。

基层工会委员会委员和常务委员会委员应差额选举产生，可以直接采用候选人数多于应选人数的差额选举办法进行正式选举，也可以先采用差额选举办法进行预选产生候选人名单，然后进行正式选举。委员会委员和常务委员会委员的差额率分别不低于 5% 和 10%。常务委员会委员应从新当选的工会委员会委员中产生。

④基层工会主席、副主席的选举

基层工会主席、副主席可以等额选举产生，也可以差额选举产生。主席、副主席应从新当选的工会委员会委员中产生，设立常务委员会的应从新当选的常务委员会委员中产生。先进行主席、副主席选举的，主席、副主席就是当然的工会委员会委员，设置常务委员会的，主席、副主席就当然是常务委员会的委员。

基层工会主席、副主席由会员大会或会员代表大会直接选举产生的，一般在经营管理正常、劳动关系和谐、职工队伍稳定的中小企事业单位进行。

⑤选举过程的监督

选举设监票人，负责对选举全过程进行监督。召开会员大会或会员代表大会选举时，监票人由全体会员或会员代表、各代表团（组）从不是候选人的会员或会员代表中推选，经会员大会或会员代表大会表决通过。

召开工会委员会第一次全体会议选举时，监票人从不是常务委员会委员、主席、副主席候选人的委员中推选，经全体委员会会议表决通过。

⑥投票方式

选举采用无记名投票方式。不能出席会议的选举人，不得委托他人代为投票。选票上候选人的名单按姓氏笔画为序排列。

选举人可以投赞成票或不赞成票，也可以投弃权票。投不赞成票者可以另选他人。

会员或会员代表在选举期间，如不能离开生产、工作岗位，在监票人的监督下，可以在选举单位设立的流动票箱投票。

⑦计票

投票结束后，在监票人的监督下，当场清点选票，进行计票。选举收回的选票，等于或少于发出选票的，选举有效；多于发出选票的，选举无效，应重新选举。

每张选票所选人数等于或少于规定应选人数的为有效票，多于规定应选人数的为无效票。

⑧当选的确定

被选举人获得应到会人数的过半数赞成票时，始得当选。获得过半数赞成票的选举人人数超过应选名额时，得赞成票多的当选。如遇赞成票数相等不能确定当选人时，应就票数相等的被选举人再次投票，得赞成票多的当选。

当选人数少于应选名额时，对不足的名额可以另行选举。如果接近应选名额且符合委员设置人数规定的，也可以由大会征得多数会员或会员代表的同意减少名额，不再进行选举。

（6）宣布选举结果

大会主持人应当场宣布选举结果及选举是否有效。

（7）报经上一级工会批准

基层工会委员会、常务委员会和主席、副主席的选举结果，报上一级工会批准。上一级工会自接到报告 15 日内应予批复。违反规定程序选举的，上一级工会不得批准，应重新选举。

基层工会委员会的任期自选举之日起计算。

8/ 基层工会委员会的任期、调动、罢免和补选是怎样规定的？

（1）任期

根据 2016 年颁布的《工会基层组织选举工作条例》规定，基层工会委员会每届任期三年或五年，具体任期由会员大会或会员代表大会决定。经选举产生的工会委员会委员、常务委员会委员和主席、副主席可连选连任。基层工会委员会任期届满，应按期换届选举。遇有特殊情况，经上一级工会批准，可以提前或延期换届，延期时间一般不超过半年。

上一级工会负责督促指导基层工会组织按期换届。

（2）调动

基层工会主席、副主席任期未满时，不得随意调动其工作。因工作需要调动时，应征得本级工会委员会和上一级工会的同意。

（3）撤换和罢免

经会员大会或会员代表大会民主测评和上级工会与党组织考察，需撤换或罢免工会委员会委员、常务委员会委员和主席、副主席时，须依法召开会员大会或会员代表大会讨论，非经会员大会全体会员或会员代表大会全体代表无记名投票过半数通过，不得撤换或罢免。

（4）补选

基层工会主席因工作调动或其他原因空缺时，应及时按照相应民主程序进行补选。补选主席，如候选人是委员的，可以由工会委员会选举产生，也可以由会员大会或会员代表大会选举产生；如候选人不是委员的，可以经会员大会或会员代表大会补选为委员后，由工会委员会选举产生，也可以由会员大会或会员代表大会选举产生。

补选主席的任期为本届工会委员会尚未履行的期限。

补选主席前应征得同级党组织和上一级工会的同意，可暂由一名副主席或委员主持工作，期限一般不超过半年。

9/ 基层工会经费审查委员会应怎样设置?

根据2016年颁布的《工会基层组织选举工作条例》规定，凡建立一级工会财务管理的基层工会组织，应在选举基层工会委员会的同时，选举产生经费审查委员会。基层工会经费审查委员会委员名额一般3~11人。经费审查委员会设主任1人，可根据工会需要设副主任1人。

基层工会的主席、分管财务和资产的副主席、财务和资产管理部门的人员，不得担任同级工会经费审查委员会委员。

基层工会经费审查委员会由会员大会或会员代表大会选举产生。主任、副主任可以由经费审查委员会全体会议选举产生，也可以由会员大会或会员代表大会选举产生。

基层工会经费审查委员会的选举结果，与基层工会委员会选举结果同时报上一级工会批准。

基层工会经费审查委员会的任期与基层工会委员会相同。

10/ 基层工会女职工委员会应怎样设置?

根据2016年颁布的《工会基层组织选举工作条例》规定，基层工会组织有女会员10人以上的建立女职工委员会，不足10人的设女职工委员。女职工委员会与基层工会委员会同时建立。

基层工会女职工委员会委员由同级工会委员会提名，在充分协商的基础上产生，也可以召开女职工大会或女职工代表大会选举产生。

基层工会女职工委员会主任由同级工会女主席或女副主席担任，也可以经民主协商，按照相应条件配备女职工委员会主任。女职工委员会主任应提名为同级工会委员会或常务委员会候选人。基层工会女职工委员会主任、副主任名单，与工会委员会选举结果同时报上一级工会批准。

11/ 企业工会委员会如何产生?

企业工会委员会由会员大会或会员代表大会差额选举产生，选举结果报上一级工会批准，每届任期三年或者五年。大型企业工会经上级工会批准，可设立常务委员会，负责工会委员会的日常工作，其下属单位可建立工会委员会。

企业工会委员会是会员大会或会员代表大会的常设机构，对会员大会或会员代表大会负责，接受会员监督。在会员大会或会员代表大会闭会期间，负责日常工作。

企业工会委员会根据工作需要，设立相关工作机构或专门工作委员会、工作小组。

工会专职工作人员一般按不低于企业职工人数的千分之三配备，具体人数由上级工会、企业工会与企业行政协商确定。根据工作需要和经费许可，工会可从社会聘用工会工作人员，建立专兼职相结合的干部队伍。

12/ 企业工会委员会的议事规则和职权是什么？

企业工会委员会实行民主集中制，重要问题须经集体讨论作出决定。

企业工会委员（常委）会一般每季度召开一次会议，讨论或决定以下问题：

（1）贯彻执行会员大会或会员代表大会决议和党组织、上级工会有关决定、工作部署的措施。

（2）提交会员大会或会员代表大会的工作报告和向党组织、上级工会的重要请示、报告。

（3）工会工作计划和总结。

（4）向企业提出涉及企业发展和职工权益重大问题的建议。

（5）工会经费预算执行情况及重大财务支出。

（6）由工会委员会讨论和决定的其他问题。

企业生产车间、班组建立工会分会、工会小组，会员民主选举工会主席、工会小组长，组织开展工会活动。

13/ 企业工会会员大会和代表大会应如何召开，行使哪些职权？

根据《基层工会会员代表大会条例》（总工发〔2019〕6 号）的规定，会员代表大会实行届期制，每届任期三年或五年，具体任期由会员代表大会决定。会员代表大会任期届满，应按期换届。遇有特殊情况，经上一级工会批准，可以提前或延期换届，延期时间一般不超过半年。会员代表大会每年至少召开一次，经基层工会委员会、三分之一以上的会员或三分之一以上的会员代表提议，可以临时召开会员代表大会。

会员大会或会员代表大会的职权：

（1）审议和批准工会委员会的工作报告。

（2）审议和批准工会委员会经费收支预算决算情况报告、经费审查委员会工作报告。

（3）开展会员评家，评议基层工会开展工作，建设职工之家情况，评议基层工会主席、副主席履行职责情况。

（4）选举和补选基层工会委员会和经费审查委员会组成人选。

（5）选举和补选出上一级工会代表大会的代表。

（6）罢免其所选举的代表、基层工会委员会组成人员。

（7）讨论决定工会工作其他重大问题。

会员大会或会员代表大会与职工代表大会或职工大会须分别行使职权，不得相互替代。

14 如何提高企业工会规范化运作水平？

（1）规范企业工会组织。要坚持“有工会、是工会、像工会”的标准。做到有牌子、有印章、有主席、有办公场所、有经费、有制度、有活动、有作用。

（2）规范制度建设。要积极探索建立适应企业工会实际的各项制度，形成规范有序、运转高效的工作秩序，使企业工会“建起来、转起来、活起来”。主要包括：依法建立健全劳动合同制度；依法建立完善平等协商集体合同制度；坚持发展职代会制度；建立规范厂务公开制度；依法督促企业设立职工董事监事制度；建立劳动法律监督检查制度；建立劳动关系协调预警机制；帮扶救助机制。

（3）规范领导和工作关系。企业工会接受同级党组织和上级工会的双重领导，以同级党组织领导为主。未建立党组织的企业，其工会由上一级工会领导。《企业工会工作条例》第五十五条规定，上级工会负有对企业工会指导和服务的职责，为企业工会开展工作提供法律、政策、信息、培训和会员优惠等方面的服务，帮助企业工会协调解决工作中的困难和问题。企业工会在履行职责遇到困难时，可请上级工会代行企业工会维权职责。第五十二条规定，企业工会与企业行政具有平等的法律地位，相互尊重、相互支持、平等合作，共谋企业发展。第五十四条规定，企业行政应依法支持工会履行职责，为工会开展工作创造必要条件。

企业工会与企业可以通过联席会、民主议事会、民主协商会、劳资恳谈会等形式，建立协商沟通机制。企业工会要支持企业依法行使经营管理权，动员和组织职工完成生产经营任务。督促企业按照有关规定，按职工工资总额的1%~2.5%、1%分别提取职工教育培训费用和劳动竞赛奖励经费，并严格管理和使用。企业行政应依法支持工会履行职责，为工会开展工作创造必要条件。

15/ 如何增强基层工会活力，发挥基层工会作用？

2016年，中华全国总工会发布了《关于增强基层工会活力发挥基层工会作用的实施意见》，《意见》的主要内容如下。

（1）创新基层工会组织形式和入会方式，有效扩大工会组织的覆盖面

①大力推进非公有制经济组织、社会组织组建工会。对于符合单独建会条件的非公有制经济组织、社会组织，大力推进其单独建立工会。集中力量突破非公有制企业建会难点，集中力量推进职工人数多、社会影响大的社会组织建立工会。针对非公有制经济组织、社会组织大力聚集于商务楼宇、产业园区、商圈市场的实际，探索建立联合基层工会，通过联合建立的楼宇工会、园区工会、商圈工会、市场工会等形式实现对中小微企业和各类社会组织的有效覆盖。

②切实加强乡镇（街道）、开发区（工业园区）、自由贸易区工会建设。

依法推进乡镇（街道）、开发区（工业园区）工会组织建设，承担地方工会和基层工会双重职责，充分发挥其承上启下、指导基层和促进区域劳动关系稳定的作用。继续夯实乡镇（街道）——村（社区）——企业“小三级”工会组织架构，延伸工作触角，扩大组织覆盖，带动乡镇（街道）工会工作的有效运转。创新自由贸易区工会组织形式，注重发挥功能区工会和行业工会的作用，建立符合自贸区特点的工会组织网络，形成可复制可推广的工会组建模式。

③规范建立区域（行业）基层工会联合会。推进区域（行业）基层工会联合会建设，实现对中小微企业的全覆盖。加强对联合会工作的指导，发挥其延伸工会工作领域、覆盖各类职工群体的作用。广泛开展“五个一”活动，即每年召开一次会员代表大会、一次职工代表大会，开展一次

工资集体协商、一次劳动竞赛、一项职工喜闻乐见的文体活动。

④着力做好农民工入会工作。开展农民工入会集中行动，继续把开发区（工业园区）、建筑项目、物流（快递业）、家庭服务业、农民专业合作组织等领域作为重点，把解决劳务公司建会难作为重要突破口，根据各地实际，积极拓展农民工入会领域。创新农民工入会方式，通过网上申请入会、在农民工集聚地设立流动服务窗口等多种形式，方便、快捷地组织农民工入会。

⑤改革创新会员发展和会籍管理工作。打通职工入会“最后一公里”，把科技工作者、青年职工、农民工、劳务派遣工、灵活就业人员等最大限度地组织到工会中来。开辟职工网上申请入会渠道，建立线上申请、线下办理的工作流程，为职工入会提供便捷服务。加强会员会籍管理，建立会员实名制数据库，实行动态管理，逐步实现会员会籍管理制度化、规范化、信息化。按照劳动（工作）关系在哪里、会员会籍就在哪里的原则，健全会员档案，规范会员关系接转，实行“一次入会、动态接转”，逐步建立城乡一体的会员管理和流动服务工作机制。

（2）创新基层工会活动方式和工作方法，增强工会组织的吸引力、凝聚力、战斗力

①打造工会网上工作平台。整合工会系统网络资源，搭建网上工作平台，让职工群众在网上找到工会组织、参加工会活动、表达利益诉求，形成网上网下深度融合、互联互动的工会工作格局。

②实施“互联网+”工会普惠性服务。以会员实名制为基础，打造“互联网+”工会普惠性服务互动平台，向工会会员发放服务卡，围绕职工医疗、职工就业、职业培训、法律援助、困难帮扶、职工文化等设立服务项目，使服务卡成为职工看得见、用得着、信得过的“连心卡”。扩大工作覆盖面和服务受众范围，实现工会服务从特惠到普惠的转变，实现服务对象全覆盖、服务时间全天候。按照“会、站、家”一体化思路，加强困难职工帮扶中心（职工服务中心）和站点建设，形成网上网下相互促进、有机融合的工会服务工作新格局，把党和政府的关怀和工会组织的温暖送到职工群众的心坎上。

③改进服务职工的方式方法。坚持统一性服务和差异化服务相结合，充实服务内容，改进服务方式，满足职工多样化需求。按照职工“生物钟”运转工作，开启“错峰服务”模式，在直接服务职工的工会工作站（点）实行错时上下班制度，把工会组织的服务延伸到8小时之外。通过

服务外包、项目外包方式引入社会力量，为职工提供专业化、高水平的服务。建立工会服务满意度评价机制。

④发挥工会枢纽型组织的作用。加强对劳动关系领域社会组织的政治引领、示范带动和联系服务，发挥桥梁和纽带作用。培育孵化工会直接领导的职工服务类社会组织和志愿者队伍，接长工作手臂，拓展服务链条。探索与共青团、妇联等群团基层组织合作建立社会组织，增强群众工作合力。通过项目招标、购买服务等市场化方式，引导社会组织为职工提供专业化的服务。通过组建社会组织工会联合会等方式，建立联系引导劳动关系领域社会组织的工作机制。

⑤做实叫响工会工作品牌。把为困难职工送温暖、五一劳动奖、大国工匠、工人先锋号、职工书屋等一批有影响的全国性工作品牌深深植根于基层，支持和鼓励各级工会努力创造职工欢迎、富有成效的新品牌，吸引职工群众参与活动设计和工作部署，提高职工群众的参与率和受益度。建立健全职代会、厂务公开、职工董事、职工监事等民主管理制度。广泛开展"争创模范职工之家、争做职工信赖娘家人"活动，不断提高基层工会组织职工、引导职工、服务职工、维护职工合法权益的能力，切实承担起引导职工群众听党话、跟党走的政治责任。

（3）打造绝对忠诚党的事业、竭诚服务职工群众的工会干部队伍，提升基层工会干部履职能力

①选优配强基层工会主席。选优配强基层工会带头人，是有效发挥基层工会作用的基础和关键。加强对基层工会选举工作的组织领导，始终坚持党的领导，坚持民主集中制，遵循依法规范、公开公正的原则，严格把握候选人产生环节，规范基层工会民主选举程序，真正把政治素质好、知职工、懂职工、爱职工的人选到工会主席岗位上来。强化激励机制，关心爱护基层工会主席，让他们在政治上有地位、经济上有补贴、履职上有保障、职业上有发展，不断增强工作积极性和职业荣誉感。

②优化基层工会干部队伍结构。建设一支专职、兼职、挂职相结合的基层工会干部队伍，不断壮大基层工会工作力量。按照《中国工会章程》的有关规定，配备专职工会主席和工会专职工作人员。推动和指导基层工会通过新增兼职、挂职副主席和工会干部的方式，优化基层工会干部队伍结构。

切实发挥兼职、挂职工会干部作用，健全议事规则，明确职责任务，使兼职、挂职工会干部组织上有身份、工作上有任务、肩膀上有责任。注

重在基层一线劳模（先进工作者）和优秀职工中选配工会干部，提高一线职工所占比例，完善基层工会委员会的人员构成。加强工会积极分子和志愿者队伍建设，使其成为基层工会开展工作的积极力量。

③建设工会社会工作专业人才队伍。按照社会化运作、契约化管理、专业化培训、职业化发展的思路，整合、优化、提升、发展现有的社会化工会工作者队伍，推动纳入国家社会工作专业人才队伍范围。积极争取政府有关部门的支持，明确工会社会工作专业人才的岗位设置，建立工会社会工作专业人才薪酬保障机制、评价激励制度和人才培养体系，促进工会社会工作专业人才队伍向专业化职业化方向发展，更好地满足职工群众多样化的社会服务需求。

④强化工会干部培训工作。改进培训的方式方法，用好大数据、“互联网＋”等技术手段，把实体培训和网络培训有机结合起来，为广大工会干部特别是基层工会干部提供优质的培训。增强培训工作的针对性、实效性，聚焦工会干部教育培训的主业主课，教育引导工会干部增强政治意识、大局意识、核心意识、看齐意识，切实做到忠诚、干净、担当，提升工会干部的能力素质。

（4）加强组织领导，不断提高基层工会工作保障水平

①加强组织领导。各级工会要高度重视、加强领导，在加强基层工会建设中，积极赋予改革内容，指导和鼓励基层工会从自身实际出发推进改革。各级地方工会主要领导为基层工会建设第一责任人，形成主要领导亲自抓、分管领导具体抓、职能部门共同抓、一级抓一级、层层抓落实的工作格局。大力推进“六有”工会建设（有依法选举的工会主席、有独立健全的组织机构、有服务职工的活动载体、有健全完善的制度机制、有自主管理的工会经费、有会员满意的工作绩效工会），不断提高基层工会工作规范化水平，切实发挥基层工会作用。建立职工群众评议工会干部、评价工会工作和下级工会评价上级工会制度，加强工作考核和督促检查，提高工会工作的执行力。

②注重分类指导。坚持从实际出发，实施精准化、差异化指导和服务，切实帮助解决基层工会工作中的困难和问题。根据不同地区、不同行业的基层工会在企业规模、组织形式、职工队伍、工作基础等方面的差异，因地制宜、因企制宜、分类施策，有针对性地提出目标任务和具体举措。运用法治思维和法治方式，依法建会、依法管会、依法履职、依法维权，不断提升工会工作法治化水平。尊重基层首创精神，善于发现和总结

基层和职工群众创造的鲜活经验并不断完善，发挥示范带动作用。

③强化经费保障。坚持工会经费使用进一步向基层倾斜，优化经费支出结构。将全国工会经费全年收入的95%留在地方和基层工会，基层工会的经费分成比例不低于60%，明确乡镇（街道）、开发区（工业园区）工会的经费分成比例。全总本级工会经费全年收入的70%用于对下级工会的补助，每年从对下补助经费中，安排专项资金（不低于补助总额的10%）用于乡镇（街道）工会、开发区（工业园区）工会的工作经费。省及省以下各级工会要加大对乡镇（街道）、开发区（工业园区）工会和基层工会经费投入力度，把更多经费直接用在职工群众身上，为基层工会开展工作、服务职工提供经费保障。

④改进工作作风。各级工会要把加强基层工会建设与改进工会干部工作作风结合起来，与开展“两学一做”学习教育结合起来，加强作风建设，提高工作水平，把工会组织建设得更加充满活力、更加坚强有力。坚持把党的群众路线作为工会工作的生命线和根本工作路线，牢记宗旨，不忘初心，认真践行“三严三实”要求，自觉抵制和纠正“四风”，防止和克服“四化”等脱离群众问题，带着对职工群众的深厚感情履职尽责。建立健全联系服务职工群众的长效机制，把工作重心放在最广大普通职工身上，通过蹲点调研、定期走访、结对帮扶等多种形式，经常同职工群众面对面、手拉手、心贴心地零距离接触，掌握第一手材料，解决职工群众亟须解决的问题，以热情、热忱的服务打动人心、温暖人心、影响人心、赢得人心，把广大职工群众始终团结凝聚在党的周围。

16/ 建设职工之家有哪些基本要求？

2010年中华全国总工会下发了《关于进一步加强建设职工之家工作充分发挥基层工会作用的意见》，该《意见》指出：要坚持在继承的基础上不断创新，与时俱进地赋予新内容，努力把基层工会组织建设成为组织健全、维权到位、工作规范、作用明显、职工信赖的名副其实的“职工之家”。基本要求如下：

（1）健全组织体系

基层工会委员会、经费审查委员会、女职工委员会组织健全，按时换届选举，单独设置工会工作机构，依法独立自主开展工作；依法进行工会法人资格或工会法人代表变更登记；工会主席（副主席）的产生、配备符合有关规定；加强工会积极分子队伍建设；加强会员会籍管理，提高职工（含农民工、劳务派遣工）入会率。

（2）促进科学发展

围绕加快经济发展方式转变，深入开展多种形式的争先创优建功立业活动，持续形成劳动竞赛热潮；深入开展以增强自主创新能力为重点、以合理化建议和“五小”活动为内容的职工技术创新活动和“我为节能减排作贡献”活动，推动经济又好又快发展；加强劳动模范（先进工作者）的培养、评选、表彰、宣传和管理，激励职工立足岗位、勇创佳绩。

（3）履行维权职责

建立和完善以职工（教工）代表大会为基本形式的民主管理制度，推行厂务（院务、校务）公开，公司制企业依照有关规定选举职工代表进入董事会和监事会，参与企业管理；深化“共同约定”行动，建立平等协商和签订集体合同制度，协商解决涉及职工切身利益的重大问题；指导和帮助职工签订劳动合同，依法妥善处理劳动争议纠纷，提供法律援助，构建和谐劳动关系；协助和督促企业落实国家各项涉及职工权益的法律法规，遵守劳动安全卫生等规定，安全生产无事故；维护女职工的特殊权益。

（4）提高职工素质

落实《全国职工素质建设工程五年规划》，发挥工会“大学校”作用，深入开展“共筑理想信念、共促科学发展”主题教育活动，弘扬中国工人阶级伟大品格，用社会主义核心价值体系引领职工群众；开展“创建学习型组织、争做知识型职工”活动，培育“四有”职工队伍；开展群众性精神文明创建和文化体育活动，满足职工群众精神文化需求，推动职工文化和企业文化建设。

（5）服务职工群众

以职工最关心最直接最现实的利益为重点，认真倾听职工呼声，积极反映职工意愿，提出政策建议和主张；关心职工生产生活问题，指导帮助职工就业，进一步叫响做实“职工有困难找工会”，努力为职工办实事、做好事、解难事；开展“送温暖”“金秋助学”等活动，履行帮扶困难职工“第一知情人”“第一报告人”“第一协调人”“第一监督人”的职责。

（6）加强自身建设

坚持民主集中制，密切联系群众，廉洁自律；健全各项组织制度、民主制度、工作制度，基础资料齐全；坚持会员（代表）大会制度，完善会员代表常任制，实行会务公开，接受会员群众民主评议和监督，保障会员民主权利；开展“创建学习型工会、争做知识型工会干部”活动，加强思想、作风、能力建设，提高工会自身建设科学化水平，建设学习型、服务型、创新型工会；建立单独工会财务账号，独立使用工会经费，收好管好用好工会经费，保护好工会资产；工会工作有创新、有特色。

第六章
会员发展和会籍管理

本章重点思考

1.如何创新入会方式，提高会籍管理水平？
2.为什么必须加强会员工会意识培育？

1/ 加入工会成为工会会员需要具备什么条件？

按照《中国工会章程》的要求，加入工会成为工会会员的前提条件是："凡在中国境内的企业、事业单位、机关和其他社会组织中，以工资收入为主要生活来源或者与用人单位建立劳动关系的体力劳动者和脑力劳动者，不分民族、种族、性别、职业、宗教信仰、教育程度，承认工会章程，都可以加入工会。"从这一规定可见，加入工会需具备三个条件：一是劳动者；二是"以工资收入为主要生活来源或者与用人单位建立劳动关系"；三是"承认工会章程"。军人、私营企业主等都不符合上述条件，所以不能加入工会。

劳动者加入工会，由本人自愿申请，经工会基层委员会批准并发给会员证。

2/ 职工的入会程序有哪些？

职工加入工会，由本人自愿申请，经工会基层委员会批准并发给会员证，通知申请人从何时起交纳会费。

针对目前职工特别是农民工流动性分散性强的特点，基层工会可以简化入会手续，采取集体登记入会、劳动力市场入会、街道和社区直接入会等方式，把职工最大限度地组织到工会中来。

3/ 外籍职工是否可以加入工会？

根据全总的意见，凡在我国厂矿企业、事业单位和学校从事体力或脑力劳动的外籍职工，自愿申请参加中国工会，符合会员条件的，可按照工会章程的规定同意其加入工会。但不公开宣传动员。在外籍职工回国时，收回会员证，不转会员的组织关系，可由省、市、自治区发给参加过中国工会的证明信。

4/ 如何组织劳务派遣工加入工会？

根据《中华全国总工会关于组织劳务派遣工加入工会的规定》，劳务派遣工应按以下规则加入工会：

（1）劳务派遣单位和用工单位都应当依法建立工会组织，吸收劳务派遣工加入工会，任何组织和个人不得阻挠和限制。

劳务派遣工应首先选择参加劳务派遣单位工会，劳务派遣单位工会委员会中应有相应比例的劳务派遣工会员作为委员会成员。劳务派遣单位没有建立工会组织的，劳务派遣工直接参加用工单位工会。

（2）在劳务派遣工会员接受派遣期间，劳务派遣单位工会可以委托用工单位工会代管。劳务派遣单位工会与用工单位工会签订委托管理协议，明确双方对会员组织活动、权益维护等的责任与义务。

（3）劳务派遣工的工会经费应由用工单位按劳务派遣工工资总额的百分之二提取并拨付劳务派遣单位工会，属于应上缴上级工会的经费，由劳务派遣单位工会按规定比例上缴。用工单位工会接受委托管理劳务派遣工会员的，工会经费留用部分由用工单位工会使用或由劳务派遣单位工会和用工单位工会协商确定。

（4）劳务派遣工会员人数由会籍所在单位统计。加入劳务派遣单位工会的，包括委托用工单位管理的劳务派遣工会员，由劳务派遣单位工会统计，直接加入用工单位工会的由用工单位工会统计。

（5）劳务派遣单位工会牵头、由使用其劳务派遣工的跨区域的用工单位工会建立的基层工会联合会，不符合建立区域性、行业性基层工会联合会的规定，应予纠正。

（6）上级工会应加强督促检查，切实指导和帮助劳务派遣单位和用工单位工会做好劳务派遣工加入工会和维护权益工作。

51 如何做好建筑业农民工的入会工作并保障好他们的权益？

建筑业是农民工最集中的产业。在全国进城务工人员总数中接近一半，在施工一线工人中占据了90%的份额。不仅人员高度集中、流动性大、劳动关系多样化，还具有自身文化、技术素质偏低、维权意识薄弱等特点。在劳动工资、劳动安全卫生以及生产和生活条件等应享有的合法权益上经常受到侵害。因此，做好建筑业进城务工人员“组织起来，切实维权”的工作，对于工会的全局工作至关重要。加强建筑产业农民工入会工作，主要应从以下几个方面入手：

（1）发挥产业工会优势，推动建筑业进城务工人员工会组建工作的开展

一是要充分利用行政和工会的组织体系，对本地区和外来建筑劳务承包企业基本情况、建筑业进城务工人员队伍基本情况做到心中有数，准确掌握信息，结合各自实际，制定组建工作计划和实施方案。

二是充分发挥各地建设系统劳动关系三方协调机制组织的作用。既要把进城务工人员工会组建工作纳入议事日程，又要将维护进城务工人员合法权益作为协调劳动关系的重要内容。通过三方的力量，有效做好工作。

三是与建设主管部门紧密配合，对建筑业进城务工人员工会组建工作要实行全行业的管理、监督和指导。对于不同规模、不同类型的建筑劳务承包企业，要紧密结合实际，注重实效，有针对性地培养典型，总结经验，分类指导。

（2）坚持从实际出发、各方配合，多渠道完善建筑业进城务工人员工会组建工作

要按照建筑劳务队伍“谁使用谁主管、谁帮助协调建会”的原则，从实际出发，坚持多种形式并举，多渠道开展工作。各级工会组织要主动配合建设主管部门，指导、支持建筑劳务企业搞好工会组建工作。

一要从源头入手，把好输出关。各省、市产业工会要在地方总工会领导下，重点抓好县和乡镇两级建筑劳务承包企业的工会组建工作，使其能够有组织、整建制地进入城市。

二要在输入地把好准入关。对接受外来建筑劳务队伍的地区，产业工会与建设主管部门要密切协作，对拟进入各城市或地区的建筑劳务队伍进行严格的检查监督，坚持整建制引进劳务承包队伍。对未建立工会组织的，可借鉴北京、天津、宁波等地经验，采取相应措施，建立准入机制。

三要充分发挥各省市建设主管部门驻外埠建管工作机构的作用，在所辖劳务企业建立工会的基础上，规范、完善对外出队伍工会工作的指导。

四要调动建筑总承包企业和建筑劳务承包企业两方面的积极性，把工会组织建立到项目上。重点是从工程项目入手抓好已进入施工企业的零散队伍建会工作。由工程总承包公司工会负责，指导帮助进入各工程项目的劳务队伍建立工会组织，并以总承包公司设在工程项目的工会组织为主体，建立工程项目工会联合会，纳入总承包公司工会组织序列统一开展工作。

五要根据进城务工人员分布、数量以及施工周期等具体情况，坚持从实际出发，以劳务承包企业或工程项目为单位，建立进城务工人员工会委

员会、工会分会。坚持民主选举产生工会委员会，选举结果报输出地地方工会批准，并报输入地地方工会或用人单位工会备案。要杜绝劳务企业经营者或亲属担任工会主要领导。

六要针对建筑业人员流动性较大，季节性用工较强的特点，切实做好进城务工人员工作流动中工会会籍的衔接，对因故中断工作的，凭会员证在新的工作单位续接工会会籍。

（3）突出重点，切实维护建筑业进城务工人员合法权益

要坚持从建筑业进城务工人员最关注、最突出的问题入手，重点抓好三个方面工作。

一要保证进城务工人员工资按时足额发放。要依照《劳动法》，积极探索在建筑业进城务工人员中推行月工资制度。通过全面推进和完善建筑业进城务工人员签订劳动合同、集体合同的形式，把工资制度作为一项重要内容，并建立相应的监督检查制度。

二要进一步加强进城务工人员安全生产、劳动保护工作。各级工会要积极配合建设主管部门，认真贯彻落实国务院《建设施工安全生产管理条例》、落实《建筑安全工会检查标准》，努力抓好进城务工人员安全生产、劳动保护工作。加强安全生产宣传和培训工作，提高广大进城务工人员安全生产意识和自我防护能力，加强对施工安全生产的监督检查，建立完善有效的安全生产防护体系，努力把伤亡事故率降到最低点。

三要积极改善进城务工人员生产生活条件和环境。各级工会要切实关心并帮助他们解决实际问题，积极配合行政，在贯彻落实建筑企业文明施工标准的基础上，解决好进城务工人员的住宿、食堂、饮水、厕所、洗浴等基本生活设施，要做到整洁、卫生、方便。为进城务工人员营造一个安全、舒适、健康的良好生活环境。

（4）全面提高建筑业进城务工人员队伍整体素质

要有针对性地对建筑业进城务工人员进行思想教育、法治教育、科学文化教育和职业安全卫生、技能的培训，使他们提高文化知识和劳动技能，树立职业道德，增强法治观念。要积极创造条件，开办进城务工人员夜校，学习文化和技术，组织各类的文艺活动，丰富他们的业余文化生活。同时，结合企业和工程项目的实际，围绕施工生产的重点，组织进城务工人员开展学技术、比贡献的岗位练兵以及合理化建议活动，以项目或工种举行劳动竞赛活动，为施工一线培养生产技术骨干，提升进城务工人员的“建筑职业”“建筑工人”意识，充分调动他们的积极性、创造性，

继承发扬中国工人阶级的光荣传统和优良作风，使建筑业进城务工人员整体素质得到全面提高。

如何推动农民工入会？

（1）农民工入会的重点区域及行业：以市级以上开发区（工业园区），农民工集中的建筑项目、物流（快递）、农业专业合作组织等为重点。

（2）推动市级以上开发区（工业园区）全部建立工会组织，依法依规推动区域内企业普遍建立工会组织，发挥这一区域和基层工会组织农民工入会的主渠道作用。

（3）推动大型在建项目规范建立工会组织。创新工会组织形式，通过项目工会联合会，实现对小型在建项目的全覆盖。

（4）推动全国十大重点快递公司（顺丰、申通、圆通、中通、韵达、汇通、联邦快递、中外运敦豪、UPS、TNT）规范建立工会组织，发挥示范效应，最大限度地将包括农民工在内的一线快递员组织到工会中来。

（5）推动全国百强家庭服务企业规范建立工会组织，探索在家庭服务业组建工会和发展农民工会员的有效途径，发挥示范效应，实现工会对规模以上家庭服务企业的组织覆盖。

（6）推动农业合作社加工示范单位等企业建立工会组织，创新农业专业合作组织建会模式，使之成为农民工入会的新领域。

会员组织关系如何接转，会员退会和开除会籍如何处理？

（1）会员接转程序

会员劳动（工作）关系发生变化后，由调出单位在《工会会员证》“组织关系接转”栏目中填写有关内容，并加盖公章，会员的《工会会员登记表》随个人档案一并移交。会员以会员证或会员卡证明其工会会员身份，新的用人单位工会应予以接转登记。

（2）会员接转管理

接转工会会员组织关系，一般由基层工会组织直接办理。联合基层工会的会员会籍接转工作由联合基层工会负责。区域（行业）工会联合会的会员会籍接转工会由会员所在基层工会负责。企业破产未安置就业或其就业单位未建工会的，会员组织关系移交到其居住地工会管理。

（3）退会

《中国工会章程》第六条规定："会员有退会自由。"会员退会应由本人提出申请，工会组织应做好思想工作。对坚持退会者，由所在基层工会讨论后，宣布其退会，报上级工会备案，并通知本人收回会员证或会员卡。

会员无正当理由连续六个月不交纳会费、不参加工会组织生活，经教育拒不改正，应视为自动退会。

（4）开除会员会籍

对严重违法犯罪并受到刑事处分的会员，开除会籍。开除会员会籍经会员所在工会小组讨论提出意见，由所在基层工会委员会决定，并报上级工会备案，同时收回其会员证或会员卡。

8/ 离退休、失业人员的会籍如何处理？

会员离休、退休和失业，可保留会籍。保留会籍期间免交会费。工会组织要关心离休、退休和失业会员的生活，积极向有关方面反映他们的愿望和要求。

9/ 会员会籍如何管理？

（1）会员档案管理

基层工会组织应建立会员档案，实行会员实名制，动态管理会员信息，保障会员信息安全。

基层工会组织应对所管理的会员情况进行统计、登记、建立名册，及时掌握会员流动情况，按时统计上报。各级工会分级负责本单位本地区的会员统计工作。农民工会员由输入地工会统计。劳务派遣工会员由劳务派遣单位工会统计，加入用工单位工会的由用工单位工会统计。保留会籍的人员不列入会员统计范围。

（2）保留会籍

保留会员会籍的几种情况：

第一，会员退休包括提前退休后，在原单位工会办理保留会籍手续。退休后再返聘参加工作的会员，保留会籍不作变动。

第二，内部退养的会员，其会籍暂不作变动，待其按国家规定正式办理退休手续后，办理保留会籍手续。

第三，会员失业的，由原单位办理保留会籍手续。原单位关闭或破产的，可将其会籍转至居住地的乡镇（街道）或村（社区）工会。重新就业后由其本人及时与新单位接转会员会籍。

第四，已经加入工会的职工，在其服兵役期间保留会籍。服兵役期满，复员或转业到用人单位并建立劳动关系的，应及时办理会员会籍接转手续。

第五，临时借调到外单位工会的会员，其会籍一般不作变动。如借调时间六个月以上，借调单位已建立工会的，可以将会员关系转到借调单位工会管理。借调期满后，会员关系转回所在单位。

第六，会员离开工会岗位进行脱产学习的，如与单位仍有劳动（工作）关系，其会员会籍不作变动。

保留会籍的程序：办理保留会籍由会员所在工会小组或车间（科室）工会书面报告基层工会委员会核准，并在会员登记表和会员证备注栏内注明时间，由工会小组或车间（科室）工会负责通知本人何时起停止交纳会费。

保留会籍会员不享有选举权、被选举权和表决权。

10/ 工会会员有哪些权利？

（1）选举权、被选举权和表决权。

（2）对工会工作进行监督，提出意见和建议，要求撤换或者罢免不称职的工会工作人员。

（3）对国家和社会生活问题及本单位工作提出批评与建议，要求工会组织向有关方面如实反映。

（4）在合法权益受到侵犯时，要求工会给予保护。

（5）工会提供的文化、教育、体育、旅游、疗休养、互助保障、生活救助、法律服务、就业服务等优惠待遇；工会给予的各种奖励。

（6）在工会会议和工会媒体上，参加关于工会工作和职工关心问题的讨论。

保留会籍的人员不再享有上述权利。

11 工会会员有哪些义务？

（1）认真学习习近平新时代中国特色社会主义思想，学习政治、经济、文化、法律、科学、技术和工会基本知识等。

（2）积极参加民主管理，努力完成生产和工作任务，立足本职岗位建功立业。

（3）遵守宪法和法律，践行社会主义核心价值观，弘扬中华民族传统美德，恪守社会公德、职业道德、家庭美德、个人品德，遵守劳动纪律。

（4）正确处理国家、集体、个人三者利益关系，向危害国家、社会利益的行为作斗争。

（5）维护中国工人阶级和工会组织的团结统一，发扬阶级友爱，搞好互助互济。

（6）遵守工会章程，执行工会决议，参加工会活动，按月交纳会费。

第七章
职工民主管理工作

本章重点思考

1.为什么新时代职工民主管理职能只能加强不能减弱?
2.非公企业实行民主管理的路径有哪些?

1/ 职工民主管理的基本形式是什么？

1988 年《全民所有制工业企业法》第五十一条规定，职工代表大会是企业实行民主管理的基本形式，是职工行使民主管理权力的机构。2009 年修订的《工会法》第三十五条也规定，国有企业职工代表大会是企业实行民主管理的基本形式，是职工行使民主管理权力的机构。2012 年 2 月 13 日，中共中央纪委、中共中央组织部、国务院国有资产监督管理委员会、监察部、中华全国总工会、中华全国工商业联合会联合发布了《企业民主管理规定》，其第三条规定：职工代表大会（或职工大会，下同）是职工行使民主管理权力的机构，是企业民主管理的基本形式。

企业应当按照合法、有序、公开、公正的原则，建立以职工代表大会为基本形式的民主管理制度，实行厂务公开，推行民主管理。

2/ 为什么职工代表大会是职工民主管理的基本形式？

职工代表大会是职工民主管理的基本形式的原因在于以下几个方面。

（1）职工代表大会具有广泛的代表性

首先，在职工代表的基本条件上，1986 年国务院颁布的《全民所有制工业企业职工代表大会条例》规定，按照法律规定享有政治权利的企业职工，均可当选为职工代表。其次，职工代表的组成结构具有广泛代表性。职工代表必须由本单位各个群体的代表组成。根据 1986 年颁布的《全民所有制工业企业职工代表大会条例》规定，职工代表中应当有工人、技术人员、管理人员、领导干部和其他方面的职工。其中企业和车间、科室行政领导干部一般为职工代表总数的五分之一。青年职工和女职工应当占适当比例。为了吸收有经验的技术人员、经营管理人员参加职工代表大会，可以在企业或者车间范围内，经过民主协商，推选一部分代表。最后，职工代表的选举必须经过规范的民主程序，经选区职工群众民主选举产生，具有较强的群众基础。

（2）职工代表大会是具有法定权力的组织

职工代表大会是具有法定权力的组织，这是它区别于其他民主管理形式的重要特征。如我国《宪法》第十六条规定，国有企业依照法律规定，通过职工代表大会和其他形式，实行民主管理；《全民所有制工业企业法》

第五十一条规定，职工代表大会是企业实行民主管理的基本形式，是职工行使民主管理权力的机构；《劳动法》第八条规定，劳动者依照法律规定，通过职工大会、职工代表大会或其他形式，参与民主管理或者就保护劳动者合法权益与用人单位进行平等协商；《工会法》第三十五条规定，国有企业职工代表大会是企业实行民主管理的基本形式，是职工行使民主管理权力的机构，依照法律规定行使职权。

(3) 职工代表大会具有健全的组织制度和工作制度

职工代表大会具有完善的组织机构和组织制度，如主席团作为职工代表大会会议召开期间的领导和主持机构，负责职代会召开期间的领导工作；根据工作需要而设置、对职工代表大会负责的专门委员会（小组），如生产经营委员会（小组）、生产经营管理委员会（小组）、提案审查委员会（小组）、干部评议委员会（小组）、生活福利委员会（小组）、职工奖惩委员会（小组）、劳动保护委员会（小组）、规章制度委员会（小组）等，完成职代会交办的有关事宜；在闭会期间为解决临时性重大问题而召开的职工代表大会团（组）长和专门委员会（小组）负责人联席会议等；再如，工会作为职工代表大会的工作机构，负责职工代表大会的日常工作。

3/ 区域（行业）职工代表大会的职责是什么？

根据2010年中华全国总工会《关于推行区域（行业）职工代表大会制度的意见（试行）》（总工发〔2010〕47号）规定，区域（行业）职工代表大会的职责主要包括以下几个方面。

(1) 听取区域（行业）执行国家有关劳动法规政策情况报告，区域（行业）劳动关系状况报告，并提出意见和建议；

(2) 讨论区域（行业）内企业有关劳动报酬、工作时间、休息休假、劳动安全卫生、保险福利、职工培训、劳动纪律以及劳动定额管理等直接涉及职工切身利益的重大问题，提出意见和建议；

(3) 讨论通过区域（行业）集体合同草案和专项集体合同草案；

(4) 审议监督区域（行业）内企业执行劳动法律法规和区域（行业）职工代表大会决定事项情况，签订和履行劳动合同、集体合同情况，缴纳社会保险费情况，实行厂务公开情况等；

(5) 审议决定区域（行业）职工代表大会的其他事项。

4/企业职工代表大会的职权有哪些？

由于我国存在着不同所有制类型的企业，《企业民主管理规定》对于职工代表大会的职权采用了概括规定和特别规定的方式。其中第十三条概括规定了所有类型的企业的职工代表大会都享有的职权，包括下列职权：

（1）听取企业主要负责人关于企业发展规划、年度生产经营管理情况，企业改革和制定重要规章制度情况，企业用工、劳动合同和集体合同签订履行情况，企业安全生产情况，企业缴纳社会保险费和住房公积金情况等报告，提出意见和建议；审议企业制定、修改或者决定的有关劳动报酬、工作时间、休息休假、劳动安全卫生、保险福利、职工培训、劳动纪律以及劳动定额管理等直接涉及劳动者切身利益的规章制度或者重大事项方案，提出意见和建议；

（2）审议通过集体合同草案，按照国家有关规定提取的职工福利基金使用方案、住房公积金和社会保险费缴纳比例和时间的调整方案，劳动模范的推荐人选等重大事项；

（3）选举或者罢免职工董事、职工监事，选举依法进入破产程序企业的债权人会议和债权人委员会中的职工代表，根据授权推荐或者选举企业经营管理人员；

（4）审查监督企业执行劳动法律法规和劳动规章制度情况，民主评议企业领导人员，并提出奖惩建议；

（5）法律法规规定的其他职权。

上述规定明确非公有制企业的职工代表大会的职权，主要涉及与职工利益密切相关的事项，以满足职工的知情权、表决权和监督权。

5/国有企业职工代表大会的特别职权有哪些？

对国有企业职工代表大会的职权，《企业民主管理规定》第十四条规定，国有企业和国有控股企业职工代表大会除行使一般企业职工代表大会的职权外，还行使下列职权：

（1）听取和审议企业经营管理主要负责人关于企业投资和重大技术改造、财务预决算、企业业务招待费使用等情况的报告，专业技术职称的评聘、企业公积金的使用、企业的改制等方案，并提出意见和建议；

（2）审议通过企业合并、分立、改制、解散、破产实施方案中职工的裁减、分流和安置方案；

（3）依照法律、行政法规、行政规章规定的其他职权。

除满足国有企业职工在与自身利益密切相关事项的表决权、知情权和监督权之外，对国有企业职工代表大会职权的特别规定，意在充分发挥职工在监督国有资产的管理、使用和处置方面的监督作用，以防止国有资产的流失。

6/ 集体所有制企业职工代表大会的职权有哪些？

《城镇集体所有制企业条例》规定了集体所有制企业职工代表大会的职权。其中第八条规定："集体企业的职工是企业的主人，依照法律、法规和集体企业章程行使管理企业的权力。"因而，集体企业的职工是以主人的身份实行民主管理。在重大问题的决策上是做主决策而非参与决策，这有别于其他性质的企业。

《城镇集体所有制企业条例》第二十八条规定，集体企业的职工（代表）大会在国家法律、法规的规定范围内行使下列职权：

（1）制定、修改集体企业章程；

（2）按照国家规定选举、罢免、聘用、解聘厂长（经理）、副厂长（副经理）；

（3）审议厂长（经理）提交的各项议案，决定企业经营管理的重大问题；

（4）审议并决定企业职工工资形式、工资调整方案、奖金和分红方案、职工住宅分配方案和其他有关职工生活福利的重大事项；

（5）审议并决定企业的职工奖惩办法和其他重要规章制度；

（6）法律、法规和企业章程规定的其他职权。

7/ 选举职工代表的一般程序是什么？

职工代表的选举可概括为以下程序：

（1）制定选举方案。根据企业人数和单位设置状况，确定代表总数及名额分配方案，划分选区，制定选举办法。选区的划分，一般以班组或工段为单位，大型企业也可以车间（分厂、子公司、分公司）为单位。企业召开职工代表大会的，职工代表人数按照不少于全体职工人数的百分之五确定，最少不少于三十人。职工代表人数超过一百人的，超出的代表人数可以由企业与工会协商确定。职工代表大会的代表由工人、技术人员、管理人员、企业领导人员和其他方面的职工组成。其中，企业中层以上管理人员和领导人员一般不得超过职工代表总人数的百分之二十。有女职工和劳务派遣职工的企业，职工代表中应当有适当比例的女职工和劳务派遣职工代表。

（2）进行宣传和发动。企业工会应通过多种形式，广泛宣传职工代表大会的性质、意义、职权、任务和选好职工代表的重要性，组织职工学习企业民主管理的有关文件，明确职工代表的权利和义务，把选举职工代表的过程转为向职工进行民主管理教育的过程，使全体职工以高度负责的态度选好职工代表。

（3）酝酿职工代表候选人。在宣传发动的基础上，企业工会应组织职工以选区为单位，发扬民主，充分酝酿职工代表候选人。

（4）选举职工代表。各选区按照分配的代表名额，组织职工进行直接选举。选举采用无记名投票方式差额选举。职工代表应当以班组、工段、车间、科室等为基本选举单位由职工直接选举产生。规模大管理层次多的企业可以由下一级职代会的职工代表选举。企业领导人应分到选区，以普通职工的身份参加选举。总之，要充分体现选举人的意志，不允许有任何“当然代表”和“指定代表”。

（5）职工代表资格审查委员会（小组）对选出的职工代表进行资格审查。审查内容为：是不是享有政治权利的本企业职工；是不是严格按照民主程序选举产生的，即选举时是否有本单位三分之二以上的职工参加，是否获得本单位全体职工过半数的同意票，是否有不正当的竞选行为等。对不符合规定的，应取消其代表资格。

（6）职工代表选出后，应按选举单位的隶属关系组成代表团（组）。代表团（组）长由本团（组）的职工代表民主推选产生。

8/ 职工代表的权利和义务有哪些？

根据《企业民主管理规定》的相关规定，职工代表的权利和义务主要包括以下几个方面：

（1）职工代表的权利

①在职工代表大会上，有选举权、被选举权和表决权。

②有权参加职工代表大会及其工作机构组织的民主管理活动，对企业执行职工代表大会决议和提案落实情况的检查。

③有权参加对企业行政领导人员的评议和质询。

④职工代表履行职责受法律保护，任何组织和个人不得压制、阻挠和打击报复。

⑤职工代表在法定时间内依法参加职工代表大会及其组织的各项活动，企业应当正常支付职工代表劳动报酬，不得降低其工资和其他福利待遇。

（2）职工代表的义务

①遵守法律法规、企业规章制度，提高自身素质，积极参与企业民主管理。

②依法履行职工代表职责，听取职工对企业生产经营管理等方面的意见和建议，以及涉及职工切身利益问题的意见和要求，并客观真实地向企业反映。

③参加企业职工代表大会组织的各项活动，执行职工代表大会通过的决议，完成职工代表大会交办的工作。

④向选举单位的职工报告参加职工代表大会活动和履行职责情况，接受职工的评议和监督。

⑤保守企业的商业秘密和与知识产权相关的保密事项。

9/职工代表的工作流程是什么？

（1）参加职工代表大会

①会前工作。一是熟悉材料，认真阅读领导的工作报告（讨论稿）和各项拟审议讨论的方案等有关文件，了解和掌握大会的中心议题；二是调查研究，围绕中心议题，广泛听取周围群众的意见和建议，并加以综合整理；三是反映意见，将综合整理好后的意见和建议，以口头或书面形式反映给所在职工代表团（组）；四是提出提案，在征求群众意见的基础上，提出职工代表的提案，提案应有实际内容，提案是职工代表行使民主权利的一种表现，因此，提案的内容应该具体，要提出意见和要求，还要提出解决问题的办法和整改的措施。

②会中工作。一是参加预备会议，听取并审议职工代表大会主席团名单、大会秘书长名单、代表资格审查委员会关于代表资格的审查报告（换届大会）、大会日程和其他需要确认的事项；二是认真听取领导或有关领导在职代会上所作的工作报告、方案、说明；三是做好讨论发言的准备，有条件的最好写出发言提纲；四是积极参加各项方案的讨论，在讨论会上，要畅所欲言，充分发表意见；五是根据职代会的议程，经过充分思考，认真行使表决权和选举权。

③会后工作。一是向所在单位职工群众汇报、宣传职工代表大会所通过的决议或作出的决定，对群众不清楚的问题做好解释工作；二是收集周围群众对职工代表大会通过的各项决议、决定的意见，并向所在职工代表团反映；三是以实际行动影响和带动职工群众贯彻落实职工代表大会的决议和决定。

（2）参加日常的民主管理活动

职工代表通过参加日常的民主管理活动来发挥作用的主要渠道有：

①根据职代会通过的年度生产经营目标，积极组织和带动周围群众踊跃参加劳动竞赛和合理化建议活动。

②及时反映生产经营中出现的问题，对各种损害国家、企业和群众利益的现象提出批评，或向有关部门反映，督促纠正和解决。

③参加职工代表团（组）组织的职工代表视察活动，积极提出问题，对重要问题要做好记录。

④参加职工代表大会有关专门小组组织的民主质询、民主对话及其活动。

⑤参加职工代表大会决议贯彻落实情况的检查监督工作。

⑥在车间、班组民主管理中发挥骨干作用。

10/ 召开职工代表大会的程序是什么？

（1）召开职工代表大会预备会议

预备会议是职工代表大会正式召开前为大会做好各项准备工作的会议，为了开好预备会议，应将大会的有关事项会前向代表通报。

①工会主席汇报职工代表大会的筹备情况（如代表比例、代表人数、提案征集等）。

②通过代表资格审查小组的代表资格审查情况的报告。

③提出本次职工代表大会的议题和议程，征求职工代表意见。

④选举大会主席团成员（其中一线职工、科技人员、管理人员应超过二分之一）。

⑤决定大会其他有关事项。

（2）正式职工代表大会的召开程序

开好职工代表大会是职工代表依法行使民主管理权力的重要保证。因此，大会主席团要严格按照预备会议通过的议程，依照规定的民主程序，认真主持好大会。

① 核实出席大会的职工代表人数。到会代表必须超过全体代表总数的三分之二，才可宣布开会。开幕词应简要讲清本次大会的目的、意义、中心议题和主要任务，此后宣布大会议程。

②由单位的法人代表（厂长、董事长或总经理）作工作报告。

③由企业行政有关负责人做专题议案的报告。

④由工会主席及职工代表大会专门小组负责人就上次职工代表大会决议落实情况、职工代表提案处理情况、集体合同执行情况等向大会作出报告。

⑤企业工会主席就职工代表大会闭会期间，职工代表团（组）长和专门小组负责人联席会议处理的重大事项，向大会作出说明，提请大会确认。

⑥以职工代表团（组）为单位，就以上报告、议案分组进行讨论。

⑦各代表团（组）应指定专人认真记录职工代表的讨论发言，整理归纳后，将讨论意见向主席团汇报。

⑧大会发言。安排时间让代表在大会上发言，可由各代表团（组）推选代表，在大会上陈述本团（组）讨论审议的意见和建议，也可让职工代表自由发言。

⑨选举。根据有关决定和实际需要，选举参加董事会、监事会、劳动争议调解委员会的职工代表，参加工资协商的职工代表和企业领导人等；根据大会主席团的提名，表决通过职工代表大会专门小组的人选；表决通过其他需经职工代表大会选举的人员。

⑩对会议的各项议题、方案和决议，进行表决。

⑪致闭幕词，宣布大会结束。

11/ 职代会在用人单位制定规章制度中应发挥什么作用?

《劳动合同法》第四条规定：用人单位应当依法建立和完善劳动规章制度，保障劳动者享有劳动权利、履行劳动义务。用人单位在制定、修改或者决定有关劳动报酬、工作时间、休息休假、劳动安全卫生、保险福利、职工培训、劳动纪律以及劳动定额管理等直接涉及劳动者切身利益的规章制度或者重大事项时，应当经职工代表大会或者全体职工讨论，提出方案和意见，与工会或者职工代表平等协商确定。在规章制度和重大事项决定实施过程中，工会或者职工认为不适当的，有权向用人单位提出，通过协商予以修改完善。用人单位应当将直接涉及劳动者切身利益的规章制度和重大事项决定公示，或者告知劳动者。

工会应在规章制度的制定和修改中组织开好职代会。因规章制度的制定程序合法性直接影响规章制度的合法性，所以，职代会的召开程序应当合法。工会应当组织职工对规章制度进行充分的酝酿讨论，提出方案和意见，并选出平等协商代表与单位行政方通过平等协商确定。职代会召开和平等协商的文字、图片档案应当保存入档。规章制度通过后应通过合适的方式向职工公示。

12/ 工会在职工代表大会中的主要职责是什么?

企业工会委员会是职工代表大会的工作机构，负责职工代表大会的日常工作，履行下列职责：

（1）提出职工代表大会代表选举方案，组织职工选举职工代表和代表团（组）长；

（2）征集职工代表提案，提出职工代表大会议题的建议；

（3）负责职工代表大会会议的筹备和组织工作，提出职工代表大会的议程建议；

（4）提出职工代表大会主席团组成方案和组成人员建议名单，提出专门委员会（小组）的设立方案和组成人员建议名单；

（5）向职工代表大会报告职工代表大会决议的执行情况和职工代表大会提案的办理情况、厂务公开的实行情况等；

（6）在职工代表大会闭会期间，负责组织专门委员会（小组）和职工代表就企业职工代表大会决议的执行情况和职工代表大会提案的办理情况、厂务公开的实行情况等，开展巡视、检查、质询等监督活动；

（7）受理职工代表的申诉和建议，维护职工代表的合法权益；

（8）向职工进行民主管理的宣传教育，组织职工代表开展学习和培训，提高职工代表素质；

（9）建立和管理职工代表大会工作档案。

13 为什么要深入推进非公有制企业民主管理工作？

中华全国总工会《关于深入推进非公有制企业民主管理工作的意见》（总工发〔2016〕20号）指出，改革开放30多年来，我国非公有制经济持续快速发展，已成为社会主义市场经济的重要组成部分和社会主义现代化建设的重要推动力量，非公有制企业已成为社会主义市场经济中数量最多、从业人员最广的市场主体。实践证明，在构建中国特色和谐劳动关系进程中，非公有制企业发挥了重要作用。深入推进非公有制企业民主管理工作是保障职工主体地位、贯彻落实党的全心全意依靠工人阶级根本方针的具体体现，是扩大职工有序参与、加强基层民主政治建设的重要途径，是支持职工参与管理、推动企业改革发展的内在需要，是维护职工合法权益、构建中国特色和谐劳动关系的有效措施。各级工会要进一步增强紧迫感、责任感和使命感，加大工作力度，创新工作举措，扎实推动非公有制企业民主管理工作实现新突破、取得新发展。

14 如何推进非公有制企业民主管理制度化、规范化建设？

（1）建立健全职代会制度

指导企业根据自身实际，制定职代会实施细则或操作办法，完善职工代表选举制度、提案制度、表决制度、各专门委员会（工作小组）工作制度和决议落实制度等。规范选举职工代表，鼓励和探索职工代表竞选制度。职工代表中应当有适当比例的女职工、农民工、劳务派遣工代表。规范职代会提案的征集、办理、反馈环节。落实职代会职权，对重要事项应当采用无记名投票方式分项表决。充分发挥各专门委员会（工作小组）在职代会闭会期间的作用，组织职工代表巡视检查，推动职代会决议的贯彻落实。在经济开发区、工业园区、高新技术园区和乡镇（街道）等中小微型企业集中的区域和产业集群，大力推行区域（行业）职代会制度。逐步规范区域（行业）职代会的职权内容、工作制度、组织制度，使区域（行业）职代会在构建和谐劳动关系中有效发挥作用。

（2）推进厂务公开制度

指导和推动企业制定厂务公开具体实施办法、健全组织机构、明确工作职责，完善监督检查、意见反馈、考核评估、责任追究等工作制度。在强化职代会主渠道的同时，拓宽公开方式，通过厂情通报会、厂务公开栏、企业内部网站、电子信箱、手机短信、微博、微信等途径，及时、真实、全过程公开企业改革发展中的重大问题和职工关心的热点难点问题，广泛征求职工的意见建议。

（3）推行职工董事、职工监事制度

指导和推动设立董事会、监事会的公司建立职工董事、职工监事制度。职工董事、职工监事应由职代会以无记名投票方式差额选举，经全体代表过半数同意方可当选。职工董事、职工监事要向公司职代会报告工作，接受职代会监督、质询和民主评议。在董事会、监事会研究决定公司重大问题时，职工董事、职工监事应按照职代会的相关决议发表意见，维护职工和公司的合法权益。

（4）鼓励非公有制企业创新民主管理实现形式

指导企业结合自身实际，畅通民主参与渠道，采取民主管理委员会、民主议事会、劳资恳谈会、民主协商会、总经理信箱、总经理接待日等行之有效的民主形式，搭建职工参与管理、与企业沟通协商的平台，并与职代会、厂务公开、职工董事职工监事制度有效衔接、相互促进，形成推进企业民主管理工作的制度合力。

15 工会加强企业民主管理制度建设应从哪些方面着手？

（1）健全企业民主管理制度

完善以职工代表大会为基本形式的企业民主管理制度，丰富职工民主参与形式，畅通职工民主参与渠道，依法保障职工的知情权、参与权、表达权、监督权。推进企业普遍建立职工代表大会，认真落实职工代表大会职权，充分发挥职工代表大会在企业发展重大决策和涉及职工切身利益等重大事项上的重要作用。针对不同所有制企业，探索符合各自特点的职工代表大会形式、权限和职能。在中小企业集中的地方，可以建立区域性、行业性职工代表大会。

（2）推进厂务公开制度化、规范化

进一步提高厂务公开建制率，加强国有企业改制重组过程中的厂务公开，积极稳妥推进非公有制企业厂务公开制度建设。完善公开程序，充实公开内容，创新公开形式，探索和推行经理接待日、劳资恳谈会、总经理信箱等多种形式的公开。

（3）充分发挥职工董事、职工监事制度的重要作用

按照《公司法》的规定，在公司制企业建立职工董事、职工监事制度。依法规范职工董事、职工监事履职规则。在董事会、监事会研究决定公司重大问题时，职工董事、职工监事应充分发表意见，反映职工合理诉求，维护职工和公司合法权益。

16/ 什么是厂务公开制度，为什么要实行厂务公开制度？

厂务公开是指企事业单位依照有关法律法规规定，将与本单位发展和广大职工切身利益相关的问题，通过适当形式向广大职工公开，吸收广大职工参与决策、管理和监督的民主管理制度。

厂务公开是企业民主管理的一种重要形式，是职工代表大会制度的延伸和发展。

（1）加强企业厂务公开，有利于扩大职工民主参与，强化企业的科学管理。

（2）加强企业厂务公开，有利于密切企业党群、干群关系，调动干部、职工的积极性。

（3）加强企业厂务公开，有利于加强职工群众民主监督，推进企业的党风廉政建设。

（4）加强企业厂务公开，有利于坚持和完善职工代表大会制度，加强企业民主建设。

17/ 厂务公开的内容包括哪些？

企业应当向职工公开下列事项：

（1）经营管理的基本情况；

（2）招用职工及签订劳动合同的情况；

(3)集体合同文本和劳动规章制度的内容;

(4)奖励处罚职工、单方解除劳动合同的情况以及裁员的方案和结果,评选劳动模范和优秀职工的条件、名额和结果;

(5)劳动安全卫生标准、安全事故发生情况及处理结果;

(6)社会保险以及企业年金的缴费情况;

(7)职工教育经费提取、使用和职工培训计划及执行的情况;

(8)劳动争议及处理结果情况;

(9)法律法规规定的其他事项。

国有企业、国有控股企业及其他公有制企业除公开上述事项外,还应当公开下列事项:

(1)投资和生产经营管理重大决策方案等重大事项,企业中长期发展规划;

(2)年度生产经营目标及完成情况,企业担保,大额资金使用、大额资产处置情况,工程建设项目的招投标,大宗物资采购供应,产品销售和盈亏情况,承包租赁合同履行情况,内部经济责任制落实情况,重要规章制度制定等重大事项;

(3)职工提薪晋级、工资奖金收入分配情况,专业技术职称的评聘情况;

(4)中层领导人员、重要岗位人员的选聘和任用情况,企业领导人员薪酬、职务消费和兼职情况,以及出国出境费用支出等廉洁自律规定执行情况,职工代表大会民主评议企业领导人员的结果;

(5)依照国家有关规定应当公开的其他事项。

18/ 厂务公开的实现形式有哪些?

(1)向职工代表大会公开。厂务公开的主要载体是职工代表大会。

(2)设置定点公开栏。厂务公开的日常形式还应包括厂务公开栏,定期或不定期公布有关情况,凡涉及让职工直接了解的内容,都要及时在公开栏张榜公布。

(3)厂情发布会、党政工联席会。

(4)企业内部信息网络、广播、电视、厂报、墙报等,并可根据实际情况不断创新。

在公开后应注意通过意见箱、接待日、职工座谈会、举报电话等形式，了解职工的反应，不断改进工作。

19 工会在厂务公开中应着重做好哪些工作？

工会应提高认识，明确任务，发挥作用，要努力做好以下几个方面的工作：

（1）在党委统一领导下尽职尽责地做好工作

推行厂务公开，涉及面广、政策性强，各级工会在参与推行厂务公开中，要及时向党委汇报工作，向行政通报情况，主动争取同级党委领导和行政的支持，并与党政有关部门加强联系，密切配合；要运用各种宣传形式特别是工会的宣传阵地，加大宣传力度，使广大职工群众加深对实行厂务公开目的、意义的认识，不断增强支持和参与这项工作的积极性和责任感。

（2）切实承担起推行厂务公开日常工作的任务

工会是职工代表大会的法定工作机构，因此，工会要积极主动地承担起推行厂务公开的日常工作。从当前看，最重要的是加强职工代表大会制度建设，保证这一厂务公开的基本载体发挥积极作用，同时，还要注意运用多种形式，采取灵活、简便、易行的方式，推行厂务公开。

（3）加强教育和培训工作

基层工会要加强对职工代表的教育和培训工作，不断提高职工代表和职工队伍素质。既要教育引导广大职工关心企业的改革和发展，增强他们的责任感、使命感和行使民主管理、民主监督权利的能力，又要教育职工尊重企业经营管理者的管理权威，支持他们依法行使职权。

20 为什么说职代会是厂务公开最主要的载体？

厂务公开的主要载体是职代会，这是由厂务公开的目的、任务以及职代会的宗旨和性质决定的。

（1）厂务公开和职代会的实质都是企业民主管理

厂务公开的目的不仅仅是公开，而是要吸收广大职工参与决策、管理和监督，其实质同职代会一样是企业民主管理。职代会是企业民主管理的基本形式，有广泛的代表性、政策性、权威性，能更好地体现厂务公开的本质特征。因此，确定由职代会作为厂务公开的主渠道是符合实际需要的。

（2）职代会依法行使职权、发挥作用是厂务公开的可靠保证

按照有关法律法规和制度规定，企业重大决策问题、企业经营管理方面的重要问题、职工生活福利方面的重要问题，以及评议领导干部等必须在职代会上进行公开，并由职代会依法行使职权。按规定应提交职代会审议且由于客观原因不能召开职代会的情况下，可通过职工代表团（组）长和专门小组负责人联席会议实行公开，如需要形成决议，必须经过到会者协商一致，而且事后必须按规定向职代会报告，予以确认。

（3）职代会相关制度规定也是实行厂务公开的有效形式

为切实保证职代会行使职权，发挥作用，职代会条例中还就建立职代会专门小组、职工代表团（组）长与专门小组联席会议，以及车间班组民主管理作出规定。这些既是职代会的重要补充形式和辅助形式，也是厂务公开的有效形式。还有职代会民主评议企业领导人制度，集体合同草案提交职代会讨论通过，企业业务招待费使用情况、企业领导人廉洁自律情况、集体合同履行情况等企业重要事项向职代会报告制度等，既是职工参与管理的重要制度，也是厂务公开的有效形式。可以根据厂务公开的内容与要求，适当选择运用这些形式实行厂务公开。

第八章
集体协商与集体合同制度

本章重点思考

1.集体合同对工会维权工作有何意义?
2.当前集体协商和集体合同的发展进入何种状态?

1/ 什么是集体合同，其法律依据何在？

集体合同又称团体协议、集体协议，是个人劳动合同的对称，它是指工会或者劳动者代表与用人单位或用人单位团体之间签订的，以改善劳动条件、确定劳动标准及协调劳动关系为内容的书面协议。

我国1995年1月1日开始实施的《劳动法》对集体合同作了概括性规定，劳动和社会保障部于2004年1月10日公布的《集体合同规定》详细地规定了集体合同制度。2008年1月1日起开始实施的《劳动合同法》设专章对集体合同作了进一步的规定，首次规定了行业性、区域性集体合同。此外，全国许多省、自治区和直辖市也通过地方立法规制集体合同。

2/ 什么是集体协商，集体协商应遵循哪些原则？

集体协商是指用人单位工会或职工代表与用人单位代表围绕有关调整劳动关系事宜和集体合同的订立开展的商谈活动。集体协商是一种法律行为，根据我国法律的规定，集体协商是集体合同的前提和必经程序，没有集体协商也就没有集体合同的签订，集体合同是集体协商的结果，两者是不可分的。

集体协商应遵循以下原则：

（1）合法原则。

（2）相互尊重，平等协商原则。

（3）诚实守信，公平合作原则。

（4）兼顾双方合法权益原则。

（5）不得采取过激行为的原则。

3/ 平等协商、集体合同制度有什么作用？

（1）有利于维护职工合法权益

平等协商和集体合同制度是工会运动的直接结果，是工人通过工会维护自己权益的手段，也是近代劳工立法的最主要的内容。市场经济国家一百多年的实践证明：以集体合同为载体实现以组织的力量与资本相抗衡，是维护劳动者合法权益的有效选择。在社会主义市场经济条件下，国家不再直接干预劳动关系的建立，而是由用人单位与劳动者协商确定。由于劳动者个体在劳动关系中处于弱势地位，因此在企业中劳动者组织起来，通过工会或职工代表与企业方在法律地位平等的基础上进行协商和签订集体合同，改善劳动者的劳动条件和福利待遇，可以有效避免劳动行为的随意性，从而有利于职工合法权益的实现和维护。

（2）有利于建立和谐劳动关系

企业和谐的劳动关系是社会和谐的基础，构建和谐稳定的劳动关系也是我国经济发展和企业深化改革的必要条件，而劳动关系的和谐与稳定有赖于制度化的调整机制。在社会主义市场经济的条件下，企业在市场竞争和经营发展中有时会出现这样或那样的问题，这些问题的出现势必会对企业的劳动关系造成影响，甚至在一些企业中出现劳动关系紧张的情况，需要劳动关系双方进行协商，以寻找解决问题的途径。平等协商和集体合同制度正适应了我国不断发展的市场经济中劳动关系需要不断调整的需求。当劳动关系双方出现分歧时，双方可以依据集体合同就彼此之间共同关心的问题进行平等的交涉，寻找双方利益分配的最佳契合点，及时达成共识，以有利于企业劳动关系的和谐和稳定，同时也促进了社会的和谐和稳定。

（3）有利于弥补劳动立法和劳动合同的不足

通常情况下，劳动法规定的劳动标准和劳动条件适用于所有劳动者，是最基本的底限标准。集体协商可以根据行业、地区的特点和差异，制定高于劳动法规定的标准，这就起到弥补劳动立法不足的作用。同时，集体合同还可以矫正劳动者个人在订立劳动合同时，由于个人谈判力量不足、谈判经验缺乏等导致的个人权益受损的情况，起到调整和救济个别劳动合同的作用。

4 集体协商的程序有哪些？

（1）发出要约

集体协商任何一方均可就签订集体合同或专项集体合同以及相关事宜，以书面形式向对方提出进行集体协商的要求。一方提出进行集体协商要求的，另一方应当在收到集体协商要求之日起20日内以书面形式给予回应，无正当理由不得拒绝进行集体协商。

（2）协商前的准备工作

①协商代表在协商前应该熟悉与集体协商内容有关的法律、法规、规

章和制度。

②在不违反法律、法规规定和不涉及企业商业秘密的前提下，协商双方应向对方提供与集体协商有关的情况和资料，特别是企业方应在平等协商会议召开前向职工方提供企业上一年度的企业销售收入、利润、资产负债和企业职工人数、工资总额、职工平均工资等有关资料。协商代表要收集用人单位和职工对协商意向所持的意见。

③双方拟定平等协商议题，平等协商议题可由提出协商一方起草，也可由双方指派代表共同起草，但双方首席代表应将拟协商的事项通知对方。

④双方要商定平等协商的时间、地点、谈判议程安排等事项。

⑤双方共同确定一名非协商代表担任集体协商记录员，负责记录协商会议的内容和过程，整理双方协议，受首席代表委托起草有关文件。记录员应保持中立、公正，并为集体协商双方保密。

（3）正式协商

平等协商采取会议或其他形式进行。协商会议由双方首席代表轮流主持。召开协商会议时，按下列程序进行：

①宣布议程和会议纪律。

②一方首席代表提出协商的具体内容和要求，另一方首席代表就对方的要求作出回应。

③协商双方就商谈事项发表各自意见，开展充分讨论。

④双方首席代表归纳意见。达成一致的，应当形成集体合同草案或专项集体合同草案，由双方首席代表签字。

⑤平等协商未达成一致意见或出现事先未预料的问题时，经双方协商，可以中止协商。中止期限及下次协商时间、地点、内容由双方商定。一般来讲，协商终止期限最长不超过60天。

5/ 集体协商代表怎样确定，如何更换？

集体协商代表，是指按照法定程序产生并有权代表用人单位或者劳动者利益进行平等协商的人员。如果平等协商的双方意见达成一致的话，其结果就是签订集体合同，因此平等协商的代表一般来说就是签订集体合同的代表。

平等协商和签订集体合同的双方主体一方是职工方，另一方是用人单位方。职工方指的是平等协商和集体合同效力范围内的全体职工；用人单位方，指的是单个用人单位或用人单位团体所代表的全体用人单位。用人单位方的主体可以是具有法人资格的企业和实行企业化管理的事业单位，也可以是不具有法人资格的企业或企业法人根据情况授权委托的分支机构；可以是单个的雇主也可以是雇主代表组织；也可以是区域性、行业性企业联合组织。

平等协商双方的代表人数应当对等，每方至少 3 人，具体人数根据用人单位情况和实际需要，由双方自行商定，并各确定 1 名首席代表。集体协商双方首席代表可以书面委托本单位以外的专业人员作为本方协商代表，委托人数不得超过本方代表的三分之一。首席代表不得由非本单位人员代理。用人单位协商代表与职工协商代表不得相互兼任，协商代表履行职责的期限由被代表方确定。双方也可以依法更换协商代表，协商代表因更换、辞任或遇有不可抗力等情形造成空缺的，应在空缺之日起 15 日内依法产生新的代表。

用人单位一方的协商代表，由用人单位法定代表人指派，首席代表由单位法定代表人担任或由其书面委托的其他管理人员担任。

职工一方的协商代表由本单位工会选派，工会选派职工协商代表要经相应的民主程序认定。其产生方式有两种：一种是工会选派，经工会委员会会议、工会会员代表大会或职工代表大会等形式确认；另一种是工会提名候选人，经工会会员代表大会或职工代表大会民主选举产生。未建立工会的，由本单位职工民主推荐，并经本单位半数以上职工同意。职工一方的首席代表由本单位工会主席担任。工会主席可以书面委托其他职工协商代表代理首席代表。工会主席空缺的，首席代表由工会主要负责人担任。未建立工会的，职工一方的首席代表从协商代表中民主推举产生。

工会可以更换职工一方协商代表；未建立工会的，经本单位半数以上职工同意可以更换职工一方协商代表。企业法定代表人可以更换企业一方协商代表。

6/ 集体协商代表有哪些职责？

（1）参加平等协商。

（2）接受本方人员质询，及时向本方人员公布协商情况并征求意见。

（3）提供与平等协商有关的情况和资料。

（4）代表本方参加平等协商争议的处理。

（5）监督集体合同或专项集体合同的履行。

（6）法律、法规和规章规定的其他职责。

7/ 集体协商争议怎样协调处理？

集体协商过程中发生争议，双方当事人不能协商解决的，当事人一方或双方可以书面向劳动保障行政部门提出协调处理申请；未提出申请的，劳动保障部门认为必要时，也可以进行协调处理。

劳动保障部门应当组织同级工会和企业组织等三方面的人员，共同协调处理集体协商争议。协调处理集体协商争议，应当自受理协调处理申请之日起30日内结束协调处理工作。

期满未结束的，可以适当延长协调期限，但延长期限不得超过15日。

协调处理集体协商争议应当按照以下程序进行：

（1）受理协调处理申请。

（2）调查了解争议的情况。

（3）研究制定协调处理争议的方案。

（4）对争议进行协调处理。

（5）制作《协调处理协议书》。

《协调处理协议书》应当载明协调处理申请，争议的事实和协调结果，双方当事人就某些协商事项不能达成一致的，应将继续协商的有关事项予以载明。《协调处理协议书》由集体协商争议协调处理人员和争议双方首席代表签字盖章后生效，争议双方均应遵守生效后的《协调处理协议书》。

8/ 集体合同生效需要经过哪些程序？

（1）职工代表大会审议

职代会的审议程序包括：

①审议前的准备工作。工会要在召开职代会前一周将集体合同草案发到全体职工代表手中，使之提前熟悉和研究集体合同的内容，并听取所在单位职工意见，事先准备好修改意见。

②向职代会报告。说明集体合同产生过程、集体合同涉及的内容及其制定的依据，进行协商的情况。

③组织职工代表讨论。请职工代表进一步修改和完善集体合同草案。

④职代会或职工大会表决通过。集体合同草案应经职工代表大会审议通过，对于还没建立职代会制度的企业，应召开全体职工大会审议通过。

（2）双方首席代表签字

集体合同经职代会审议通过后，要由双方首席代表签字。这是集体合同的必要手续，不履行这个手续集体合同是无效的。

（3）报送登记

集体合同正式签字后10日之内，企业行政应将集体合同文本一式三份报送当地政府劳动行政部门，工会也应将集体合同文本报送上级工会。集体合同报送的主要内容有：企业基本情况及法人资格证明；双方协商代表材料、首席代表的基本情况及代表资格证明材料；平等协商记录；职代会审议意见；集体合同文本；协商和签订过程和对集体合同的说明；集体合同附件。

根据《劳动合同法》的规定，劳动行政部门在收到集体合同文本15日内，未提出异议的，集体合同即行生效。劳动行政部门如提出修改意见，双方要认真研究，经过协商，对有关条款进行修改，待修改后重新报送。企业和工会如对劳动行政部门的意见有异议，可申明理由和情况，提请劳动行政部门复议；也可请企业主管部门和上级工会予以协调。

（4）生效公布

劳动行政部门在收到集体合同文本后15日内没有提出异议，集体合同生效。

（5）集体合同的监督履行

工会应就集体合同的履行情况进行监督，促进集体合同全面、准确地履行。

9/ 集体合同变更的一般程序是什么？

（1）一方提出建议，向对方说明需要变更或解除集体合同条款，并提供相关证据材料，说明理由；

（2）双方协商，达成一致后交职代会或职工大会审议，经讨论表决，过半数通过，然后签字、报送。变更集体合同的程序与签订集体合同的程序相同；

（3）解除集体合同的，企业应自解除之日起10天内报劳动行政部门。

10 工会推进集体协商应从哪些方面入手？

（1）积极争取党政重视、社会支持，形成社会共识和工作合力

推动政府在集体协商制度建设上发挥主导作用。争取企业对集体协商的理解和支持。提高职工对集体协商制度的认识，调动职工参与集体协商的积极性。

（2）工会上下高度重视，将集体协商摆上工会工作重要位置

平等协商和签订集体合同是工会调整劳动关系的重要法律手段。抓好这个手段就会全面提高工会维护职工合法权益的力量和水平。

（3）开展集中要约行动，形成集体协商工作声势

2008年中华全国总工会发布了《中华全国总工会关于开展集体协商要约行动的意见》，其中指出：开展集体协商要约行动，应立足当前，着眼长远，提高集体合同建制率，扩大覆盖面。工会开展集体协商要约行动重点在以下企业进行。

①没有开展集体协商和签订集体合同的；

②集体合同已经到期需要续签或重新签订的；

③没有开展工资集体协商并签订工资协议的；

④企业职工工资长期不增长、低增长，或50%职工工资低于当地职工平均工资50%的；

⑤实行年薪制的国有和国有控股、集体企业。

（4）抓住规模企业，充分发挥集体协商示范效应

以非公企业为重点，提高企业对集体协商重要性的认识。在企业内部形成规范的协商制度，扎实平稳地向前推进。企业工会取得与企业行政相对平等的地位是集体协商的有效推进的前提。因而，工会协商代表必须取得职工的支持。强化工会的群众化、民主化建设，有利于提高工会的代表性，从而获得职工的支持。

（5）发挥行业集体协商的重要作用

尽管我国《劳动合同法》将行业性集体协商限定在县级以下区域。但在实践中，行业性集体协商已经突破了这个限制，适当提高协商的层级有利于扩大集体协商的覆盖面。行业性的集体协商要重点关注中小企业。要创新协商的方式、深化协商的内容。行业性集体协商要警惕企业之间形成价格联盟。

11 在集体协商时工会可以采取哪些方法与技巧？

（1）把握重点，突出中心。在掌握丰富资料和充分准备的基础上，抓住主要问题，然后集中力量解决，避免在一些次要问题上纠缠不休，浪费精力。

（2）真诚合作，协调一致。工会在协商中要尊重对方，认真倾听企业方的意见，深入阐明工会的意见，取得对方的理解和认同。当出现重大分歧僵持不下时，工会应主动提出休会，缓解矛盾。

（3）留有余地，有进有退。工会在设定协商目标时要给双方留有一定的空间，不仅给本方要留有余地，也应给企业方留有余地。

（4）有张有弛，以退为进。当协商中有些议题不能即时达成一致意见或意见分歧较大时，工会方要保持冷静，缓和气氛，避免言辞过激，出现僵局。可按照事前准备的对策，对某些问题作出退让，或寻求其他方式来达到同一目标。

12 什么是工资集体协商？

工资集体协商，是指职工代表与企业代表依法就企业内部工资分配制度、工资分配形式、工资收入水平等事项进行平等协商，在协商一致的基础上签订工资协议的行为。已订立集体合同的，工资协议作为集体合同的附件，与集体合同具有同等效力。这一概念的含义包括：工资集体协商的主体是用人单位和本单位职工，职工方由工会代表或由职工民主推荐代表，企业方由企业法定代表人和其指定的其他人员；工资集体协商的内容主要是与工资有关的事项；工资集体协商必须坚持在平等合作、协商一致的基础上签订工资协议；工资集体协商是一种法律行为，其内容和程序必须符合法律法规的规定，受法律保护并承担相应的法律责任和义务。

工资是劳动关系的核心内容，也是当前职工最关心、最直接、最现实的突出问题。而集体合同期限一般为 1 至 3 年，而工资报酬则应随着企业经济效益和当地物价指数、工资指导价位等因素的变化每年有所调整。推行工资集体协商、签订工资专项集体合同，符合现实协调稳定劳动关系，维护职工合法权益的客观要求，符合平等协商集体合同工作的实际需要，对于增强平等协商集体合同工作的针对性和实效性，更好地服从于服务于党和国家的工作大局，具有重要意义。

13/ 影响工资集体协商关于工资的因素有哪些？

（1）内部因素主要有：企业经济效益；企业劳动生产率；劳动者的劳动状况和工作岗位；企业人工成本；企业职工工资总额和职工平均工资水平。

（2）外部因素主要有：劳动力市场供求关系；生活费用水平；企业对工资的负担能力；工会促使企业付酬的能力；地区或行业工资水平；劳动力的潜在替代物。

14/ 什么是工资指导线制度？

工资指导线制度也叫工资增长指导线，是指在市场经济体制下，地方政府为保证宏观经济目标的实现，依据当地社会经济发展水平和居民消费价格指数、劳动力供求水平以及其他社会经济指标确定的工资增长水平，指导工资分配的一种宏观调控形式。它也是建立工资集体协商制度的重要前提条件。工资指导线由政府发布，是指导企业合理确定工资增长水平的依据。

15/ 工会在工资集体协商中应注意把握哪些问题？

要制定切实可行的工资集体协商的工作目标；上级工会要加强对企业开展工资集体协商工作的协调、指导和服务；要建立一支懂业务、会谈判的工资集体协商指导员、谈判员队伍；必须坚持妥善处理各方利益关系。

16/ 工会如何拟定工资集体协商方案？

（1）工会通过不同形式的座谈会等途径，广泛听取职工对工资集体协商的意见和建议，以及不同职务、岗位、工种的基本工资的意愿。在此基础上，整理出基本工资要求清单，以此来确定基本协商立场和协商重点。

（2）工会要了解国家、地方和企业等各方面有关劳动工资政策、统计以及财务部门提供的资料，分析企业的效益状况和承受能力，还要注意本行业的工资水平。

(3) 工会要了解本地区劳动部门发布的工资指导线、劳动力市场工资指导价位及最低工资标准。同时考虑本地区城镇消费价格指数，拟定适当的工资集体协议草案。

(4) 协商双方都有按对方要求及时提供有关工资协商的信息和资料的义务，如企业实现利税情况、企业净产值、劳动生产率、工资利税率、资本收益率，以及损益表、资本负债表等。

(5) 在正式开始协商前，双方还可就协商中将要涉及的重点问题，先行进行交流，以联络感情，沟通思想，了解要求，为下一步正式进行协商做好准备工作。在充分收集和研究分析有关资料的基础上，研究制定工资协商议题和方案，一般应准备三套工资协商方案，即最高方案、中间方案和最低方案，做到争取最好结果，坚守协商底线。

17 工资集体协商可以采取的策略有哪些?

(1) 集体协商过程中，无论采取什么样的策略，都必须符合法律规定。

(2) 对已收集和掌握的市场与企业相关经济信息进行充分的分析、整理和论证，并作出多种方案组合，使之服务于集体协商策略的制定和运用。

(3) 充分了解工会的近期与远期目标。只有了解了工会的近期与远期目标，才能在集体协商策略的制定中，高瞻远瞩，统筹谋划，不致因小失大、顾此失彼。

(4) 分析对方的目标以及可能采取的策略。策略运用的结果如何，并不取决于一方，而取决于双方的较量，知己知彼才能应对自如，从而居于协商的主动和主导地位。

第九章
劳动法律

本章重点思考

1.工会指导职工签订劳动合同的实践要注意哪些问题?
2.工会如何帮助职工处理劳动争议?

1/ 《劳动法》《劳动合同法》的适用范围有哪些?

（1）用人单位适用范围

①中华人民共和国境内的企业、个体经济组织、民办非企业单位等组织（以下称用人单位）与劳动者建立劳动关系，订立、履行、变更、解除或者终止劳动合同，适用《劳动法》《劳动合同法》。

②国家机关、事业单位、社会团体和与其建立劳动关系的劳动者，订立、履行、变更、解除或者终止劳动合同，依照《劳动合同法》执行。

③依法成立的会计师事务所、律师事务所等合伙组织和基金会，属于劳动合同法规定的用人单位，适用《劳动合同法》。

（2）劳动者的界定

《劳动法》《劳动合同法》中的“劳动者”是指达到法定年龄、具有劳动能力，以从事某种社会劳动获取收入为主要生活来源的自然人。劳动者一般包括三层含义：

①职工是被录用（雇用）的人员；

②职工是在用人单位（雇主）管理下从事劳动的人员；

③职工是以工资为劳动收入的人员。

（3）下列人员不属于《劳动法》《劳动合同法》中的“劳动者”，不适用《劳动法》《劳动合同法》：

①公务员和比照实行公务员制度的事业组织和社会团体的工作人员；

②从事农业劳动的劳动者；

③现役军人；

④家庭自雇保姆；

⑤没有劳动报酬的义务劳动者；

⑥不以工资收入为主要生活来源的其他人员。

2/ 怎样订立劳动合同?

（1）根据《劳动合同法》的规定，建立劳动关系，应当订立书面劳动合同。

（2）已建立劳动关系，未同时订立书面劳动合同的，应当自用工之日起一个月内订立书面劳动合同。

（3）用人单位与劳动者在用工前订立劳动合同的，劳动关系自用工之日起建立。

（4）用人单位自用工之日起超过1个月不满1年未与劳动者订立书面劳动合同的，应当向劳动者每月支付两倍的工资，并与劳动者补订书面劳动合同。用人单位向劳动者每月支付两倍工资的起算时间为用工之日起满一个月的次日，截止时间为补订书面劳动合同的前一日。

（5）自用工之日起一个月内，经用人单位书面通知后，劳动者不与用人单位订立书面劳动合同的，用人单位应当书面通知劳动者终止劳动关系，无须向劳动者支付经济补偿，但是应当依法向劳动者支付其实际工作时间的劳动报酬。

（6）自用工之日起超过1个月不满1年，劳动者不与用人单位订立书面劳动合同的，用人单位应当书面通知劳动者终止劳动关系，并依照《劳动合同法》第四十七条的规定支付经济补偿。

（7）用人单位自用工之日起满一年未与劳动者订立书面劳动合同的，自用工之日起满一个月的次日至满一年的前一日应当依照《劳动合同法》第八十二条的规定向劳动者每月支付两倍的工资，并视为自用工之日起满一年的当日已经与劳动者订立无固定期限劳动合同，应当立即与劳动者补订书面劳动合同。

3/ 用人单位单方解除劳动合同的情形有哪些？

根据《劳动合同法》的规定，用人单位单方解除劳动合同的情形包括即时解除、预告解除和经济性裁员三种情形。

（1）即时解除

即时解除是指用人单位在劳动者存在一定过失的情况下，无须预告即可以解除劳动合同的行为。即时解除，用人单位无须提前通知，也无须支付经济补偿金。

劳动者有下列情形之一的，用人单位可以解除劳动合同：

①在试用期间被证明不符合录用条件的；

②严重违反用人单位的规章制度的；

③严重失职，营私舞弊，给用人单位造成重大损害的；

④劳动者同时与其他用人单位建立劳动关系，对完成本单位的工作任务造成严重影响，或者经用人单位提出，拒不改正的；

⑤因本法第二十六条第一款第一项规定的情形致使劳动合同无效的；

⑥被依法追究刑事责任的。

（2）预告解除

预告解除是指在劳动者无过错的情况下，由于主客观情况的变化而导致劳动合同无法履行时，用人单位在提前30日通知劳动者或额外支付1个月工资后解除劳动合同的行为。

①劳动者患病或者非因工负伤，在规定的医疗期满后不能从事原工作，也不能从事由用人单位另行安排的工作的；

②劳动者不能胜任工作，经过培训或者调整工作岗位，仍不能胜任工作的；

③劳动合同订立时所依据的客观情况发生重大变化，致使劳动合同无法履行，经用人单位与劳动者协商，未能就变更劳动合同内容达成协议的。

（3）经济性裁员

经济性裁员是指用人单位由于生产经营状况出现重大危机而劳动力过剩时单方解除与部分劳动者的劳动合同的行为. 有下列情形之一，需要裁减人员二十人以上或者裁减不足二十人但占企业职工总数百分之十以上的，用人单位提前三十日向工会或者全体职工说明情况，听取工会或者职工的意见后，裁减人员方案经向劳动行政部门报告，可以裁减人员：

①依照企业破产法规定进行重整的；

②生产经营发生严重困难的；

③企业转产、重大技术革新或者经营方式调整，经变更劳动合同后，仍需裁减人员的；

④其他因劳动合同订立时所依据的客观经济情况发生重大变化，致使劳动合同无法履行的。

裁减人员时，应当优先留用下列人员：

①与本单位订立较长期限的固定期限劳动合同的；

②与本单位订立无固定期限劳动合同的；

③家庭无其他就业人员，有需要扶养的老人或者未成年人的。

用人单位依照本条第一款规定裁减人员，在六个月内重新招用人员的，应当通知被裁减的人员，并在同等条件下优先招用被裁减的人员。

4 用人单位不得单方解除劳动合同的情形有哪些?

劳动者有下列情形之一的，用人单位不得预告解除和经济性裁员。但劳动者有严重过失，用人单位可以直接辞退。

①从事接触职业病危害作业的劳动者未进行离岗前职业健康检查，或者疑似职业病病人在诊断或者医学观察期间的；

②在本单位患职业病或者因工负伤并被确认丧失或者部分丧失劳动能力的；

③患病或者非因工负伤，在规定的医疗期内的；

④女职工在孕期、产期、哺乳期的；

⑤在本单位连续工作满十五年，且距法定退休年龄不足五年的；

⑥法律、行政法规规定的其他情形。

5 劳动合同终止的事由有哪些?

有下列情形之一的，劳动合同终止：

①劳动合同期满的；

②劳动者开始依法享受基本养老保险待遇的；

③劳动者死亡，或者被人民法院宣告死亡或者宣告失踪的；

④用人单位被依法宣告破产的；

⑤用人单位被吊销营业执照、责令关闭、撤销或者用人单位决定提前解散的；

⑥法律、行政法规规定的其他情形。

我国立法关于劳动合同终止的情形实行法定主义，因而用人单位与劳动者在法律规定之外另行约定的终止情形没有法律约束力。

6 我国立法关于工作时间是怎样规定的?

我国立法针对岗位的不同特点规定了三种不同的工作时间制度：

(1) 标准工时制：是指法律规定的在正常情况下普遍实行的法定工作日。1995 年国务院修订了《关于职工工作时间的规定》，发布了工作时间，规定职工每日工作 8 小时，每周工作 40 小时。

（2）不定时工作制：是指因工作性质和工作职责的原因，劳动者的工作时间无固定和标准时间要求的工时制度。目前，我国对不定时工作制的工种尚无具体规定，由各地人民政府、产业部门、企业主管部门自行规定。

1995 年 1 月 1 日，劳动部在颁布实施《关于企业实行不定时工作制和综合计算工时工作制的审批办法》中规定，企业对符合下列条件之一的职工，可以实行不定时工作制：①企业中的高级管理人员、外勤人员、推销人员、部分值班人员和其他因工作无法按标准工作时间衡量的职工；②企业中的长途运输人员、出租汽车司机和铁路、港口、仓库的部分装卸人员以及因工作性质特殊，需机动作业的职工；③其他因生产特点、工作需要，适用不定时工作日。

对于实行不定时工作制的职工，企业应根据《劳动法》的有关规定，在保障职工身体健康并充分听取职工意见的基础上，采用集中工作、集中休息、轮休调休、弹性工作时间等适当方式，确保职工的休息休假权利和生产、工作任务的完成，企业实行不定时工作制的，应报劳动保障行政部门审批。

（3）综合计算工时工作制：是指分别以周、月、季为周期计算工作时间，其平均日工作时间和平均周工作时间与法定标准时间基本相同的一种工作时间制度。适用范围包括：

①交通、铁路、邮电、水运、航空、渔业等行业中因工作性质特殊，需连续作业的职工；

②地质及资源勘探、建筑、制盐、制糖、旅游等受季节和自然条件限制的行业的部分职工；

③其他适合实行综合计算工时工作制的职工。

对于实行不定时工作制的职工，企业应根据劳动法的有关规定，在保障职工身体健康并充分听取职工意见的基础上，采用集中工作、集中休息、轮休调休、弹性工作时间等适当方式，确保职工的休息休假权利和生产、工作任务的完成，企业实行不定时工作制的，应报劳动保障行政部门审批。《中华人民共和国劳动法》第三十八条规定：“用人单位应当保证劳动者每周至少休息一日。”

《〈国务院关于职工工作时间的规定〉的实施办法》第六条规定：任何单位和个人不得擅自延长工作时间。企业由于生产经营需要而延长工作时间的应按《劳动法》第四十一条规定“用人单位由于生产经营需要，经与工会和劳动者协商后可以延长工作时间”执行。

7/ 用人单位单方解除合同时，是否需要通知工会？

根据《劳动合同法》的规定，用人单位单方解除劳动合同，应当事先将理由通知工会。用人单位违反法律、行政法规规定或者劳动合同约定的，工会有权要求用人单位纠正。用人单位应当研究工会的意见，并将处理结果书面通知工会。该规定表明：通知工会是用人单位单方解除劳动合同的必备程序，缺少通知程序将导致解除无效。劳动者既可以以违法解除为由要求用人单位承担赔偿责任，也可以要求确认解除无效。

8/ 企事业单位发生停工、怠工事件，工会应怎么做？

企业、事业单位发生停工、怠工事件，工会应当代表职工同企业、事业单位或者有关方面协商，反映职工的意见和要求并提出解决意见。对于职工的合理要求，企业、事业单位应当予以解决。工会协助企业、事业单位做好工作，尽快恢复生产、工作秩序。

9/ 工会在劳动争议案件的处理中发挥什么作用？

（1）发生劳动争议，劳动者可以与用人单位协商，也可以请工会或者第三方共同与用人单位协商，达成和解协议。

（2）地方劳动争议仲裁组织应当有同级工会代表参加。劳动争议仲裁委员会由劳动行政部门代表、工会代表和企业方面代表组成。劳动争议仲裁委员会组成人员应当是单数。

（3）工会参加企业的劳动争议调解工作。企业劳动争议调解委员会由职工代表和企业代表组成。职工代表由工会成员担任或者由全体职工推举产生，企业代表由企业负责人指定。企业劳动争议调解委员会主任由工会成员或者双方推举的人员担任。因而工会在企业劳动争议调解委员会中不是中间人，而是职工一方的代表。

10/ 企业违反法律规定或集体合同约定，侵犯职工劳动权益的，工会应怎么做？

（1）企业、事业单位违反劳动法律、法规规定，有下列侵犯职工劳动权益情形，工会应当代表职工与企业、事业单位交涉，要求企业、事业单位采取措施予以改正；企业、事业单位应当予以研究处理，并向工会作出答复；企业、事业单位拒不改正的，工会可以请求当地人民政府依法作出处理：

①克扣职工工资的；

②不提供劳动安全卫生条件的；

③随意延长劳动时间的；

④侵犯女职工和未成年工特殊权益的；

⑤其他严重侵犯职工劳动权益的。

（2）企业违反集体合同，侵犯职工劳动权益的，工会可以依法要求企业承担责任；因履行集体合同发生争议，经协商解决不成的，工会可以向劳动争议仲裁机构提请仲裁，仲裁机构不予受理或者对仲裁裁决不服的，可以向人民法院提起诉讼。

（3）职工认为企业侵犯其劳动权益而申请劳动争议仲裁或者向人民法院提起诉讼的，工会应当给予支持和帮助。

（4）工会发现企业违章指挥、强令工人冒险作业，或者生产过程中发现明显重大事故隐患和职业危害，有权提出解决的建议，企业应当及时研究答复；发现危及职工生命安全的情况时，工会有权向企业建议组织职工撤离危险现场，企业必须及时作出处理决定。

（5）工会有权对企业、事业单位侵犯职工合法权益的问题进行调查，有关单位应当予以协助。

11/ 工会对用人单位的劳动条件和安全卫生设施条件是否应当监督？

工会依照国家规定对新建、扩建企业和技术改造工程中的劳动条件和安全卫生设施与主体工程同时设计、同时施工、同时投产使用进行监督。对工会提出的意见，企业或者主管部门应当认真处理，并将处理结果书面通知工会。

工会组织依法履行劳动保护监督检查职责，建立劳动保护监督检查制度，对安全生产工作实行群众监督，维护职工的合法权益。

工会劳动保护监督检查员代表工会组织行使下列职权：

（1）参与劳动安全卫生法律法规、标准和重大决策、措施的制定，监督劳动安全卫生法律法规和政策的贯彻执行。

(2) 监督检查本地区、行业和企事业的劳动安全卫生工作，对劳动安全卫生状况进行分析，对危害职工劳动安全与健康的问题进行调查，向政府及有关部门、企事业单位反映需要解决的问题，提出整改治理的建议。

(3) 制止违章指挥、违章作业。在监督检查时，发现存在事故隐患、职业危害和违反国家劳动安全卫生法律法规的问题，有权要求企事业进行整改，监督企事业采取防范事故和职业危害的措施；发现严重存在事故隐患或职业危害的，提请所隶属的工会组织向企事业单位发出书面整改建议，并督促企事业单位解决；对拒不整改的，提请政府有关部门采取强制性措施。

(4) 在生产过程中发现明显重大事故隐患和严重职业危害，并危及职工生命安全的紧急情况时，有权向企事业行政或现场指挥人员要求采取紧急措施，包括立即从危险区内撤出作业人员。同时支持或组织职工采取必要的避险措施并立即报告。

(5) 依法参加职工伤亡事故的调查和处理，监督企事业单位采取防范措施，对造成伤亡事故和经济损失的责任者，提出处理意见。对触犯刑律的责任者，建议追究其法律责任。

(6) 参加新建、扩建和技术改造工程项目劳动安全卫生设施的设计审查和竣工验收，对劳动条件和安全卫生设施存在的问题提出意见和建议。

(7) 监督和协助企事业单位严格执行国家劳动安全卫生规程和标准，建立、健全劳动安全卫生制度；监督检查劳动安全卫生设施；监督检查技术措施计划的执行及经费投入、使用的情况；监督检查企事业单位的安全生产状况。

(8) 支持基层工会劳动保护监督检查委员开展工作，在劳动保护业务上给予指导。

12 工会应如何维护农民工权益?

关于维护农民工权益，全总多次发文推进维护农民工合法权益。重点从以下几个方面入手：

(1) 强化源头入会机制，完善会籍管理机制

坚持源头入会，在农民工输出地的乡镇和村建立工会组织，努力从源头上尽最大可能把进城务工的农民工组织到工会中来。简化农民工入会手

续，创新农民工入会组织形式，大力推行劳动力市场建会，在困难职工帮扶中心开设农民工入会窗口，畅通农民工入会和工会会员关系持证接转的渠道。

进一步落实“双措并举、二次覆盖”工作。继续加强区域性、行业性基层工会联合会建设，推进聘用社会化职业化工会工作者的幅度不断增长。加强乡镇（街道）、村（社区）工会组织建设，充分发挥基层工会联合会在组织农民工加入工会中的重要作用。

适应农民工流动性大、职业身份变化快的特点，推广完善农民工“一次入会、持证接转、全国通用、进出登记”的工会会员会籍管理制度。健全城乡一体的农民工流动会员管理服务工作制度，督促返乡农民工及时将会籍转移到所在乡镇（街道）工会、村（社区）工会，保证农民工会员流动不流失，失业不失会籍。建立双向维权机制。农民工输出地和输入地工会要建立城际间工会双向维权机制，以输入地为主、输出地为辅，两地联手，加强协调，相互配合，联合互动，合力维权，共同承担维护农民工权益的职责。

（2）完善就业指导培训机制

工会职业介绍机构和培训基地要免费为农民工提供政策咨询、就业信息、岗位培训、职业指导和职业介绍服务，通过组织对口劳务协作、举办招聘会等方式，为农民工提供就业岗位，开展就业服务。加强农民工输出输入地劳务对接，开展企业用工需求和农村劳动力外出务工情况专项调查，逐步实现就业服务招聘信息互联互通和共享发布，降低农民工就业门槛。积极利用工会职工教育培训和就业培训基地，通过开办农民工夜校等各种途径，对农民工进行职业技能培训。加强农民工培训——就业——维权“三位一体”工作模式。

推动第三产业吸纳农民工就业。深入开展“家政服务工程”；大力推动餐饮住宿、商业贸易、旅游观光、文化体育、家庭服务、运输物流等第三产业吸纳农民工就业创业；参与制定发展家政服务，加强家政服务人员培训，鼓励农民工进城从事家政服务。积极扶持农民工自主创业。逐步规范工会创业培训、项目扶持、小额贷款、创业跟踪服务的运作体系，以创业带动就业。

（3）工资支付保障机制

健全农民工工资支付保障机制，建立健全工资保证金、欠薪应急周转金制度。在建筑企业逐步推行农民工工资支持一卡通制度。配合政府有关部门部署开展全面治理农民工工资拖欠问题专项行动，推动欠薪问题根本解决。

推动企业普遍建立集体合同制度。切实把农民工纳入工资集体协商覆盖范围内，推动农民工与企业其他职工同工同酬、同岗同薪、同质同价。在中小企业、劳动密集型企业等农民工相对集中的行业，着力推动以劳动定额、工时工价为重点的行业性工资集体协商，形成包括农民工在内的企业职工合理的工资正常增长机制，保障农民工参与工资分配和获取劳动报酬的权益。

（4）社会保障促进机制

工会要督促和协助劳动保障部门和企业将采矿、建筑、危险化学品和烟花爆竹等高风险行业的农民工纳入工伤保险范围，督促各类用人单位特别是劳务派遣企业依法为其招用的农民工参加社会保险按时足额缴费；帮助发生工伤事故的农民工办理工伤认定申请和工伤保险待遇的申领，确保其按照《工伤保险条例》的规定享受各项待遇。协助劳动部门做好农民工工伤疗养康复。

配合劳动保障部门开展以解决大病医疗保障为重点的农民工参加医疗保险专项服务行动，逐步将农民工纳入医疗保险制度范围；将女性农民工生育保险纳入社会保险体系；积极推动建立适合农民工参加的低费率、广覆盖、可转移并与现行办法相衔接的养老保险制度。积极开展适合农民工特点的职工医疗互助互济工作。争取企业每年为农民工进行一次健康体检。

推动进一步完善医疗社会保险关系转移接续政策，促进城镇职工、居民基本医疗保险和新农合各项制度之间的衔接，协助政府做好宣传、服务工作，帮助跨地区农民工实现养老保险和医疗保险关系转移接续；督促政府抓紧建立异地就医结算机制，加快实现统筹区域内和省内医疗费用异地即时结算；推动加大发放医保就医“一卡通”工作力度，方便参保农民工就医。积极参与失业保险、生育保险法规政策的制定与完善，维护农民工平等享有参加失业保险、生育保险待遇的权利。

（5）劳动安全卫生监督机制

加大农民工安全生产和劳动保护力度。督促用人单位加大农民工安全生产培训工作力度。支持有条件的培训机构把农民工职业安全卫生培训与农村劳动力转移培训和职业技能培训结合起来。严格执行高危行业农民工持证上岗或培训合格上岗制度。监督企业落实安全生产责任，推进企业安全生产标准化和岗位达标工作，督促企业尤其是高危行业企业加大安全投入。

促进政府有关部门加大对农民工相对集中的中小企业和劳务承包单位的安全生产监管力度，并开展针对中小企业的职业安全健康专项治理行动。加强农民工职业病防治和职业健康保护，严格职业卫生监管执法，督促各地区深入开展粉尘与高毒物品危害治理专项行动。认真履行涉及农民工伤亡事故和严重职业危害事件的调查处理职责。

积极做好农民工职业病防治工作。宣传贯彻《职业病防治法》，依法履行对职业病防治工作进行监督的法定职责，加大职业病防治群众监督力度，构建维护农民工安全健康权益长效机制。加大职业病防治监管和惩治力度，积极参与重点行业职业危害专项整治，组织职工开展作业场所危害源点排查，并跟踪监督整改。开展安全生产年活动。加大伤害农民工的事故查处力度，坚决遏制重特大安全事故，依法保障农民工职业卫生和生产安全。

(6) 帮扶关爱机制

围绕解决农民工最关心最直接最现实的利益问题，做好事、办实事、解难事，将农民工作为工会开展送温暖活动的重点对象。工会困难职工帮扶中心同时也是困难农民工帮扶中心，各地帮扶中心要开设农民工救助窗口，及时帮助农民工解决生活、就业、医疗、子女上学等方面遇到的实际困难。要充分发挥工会“12351”职工维权热线的作用，帮助农民工排忧解难。要加快扶贫超市的建设和会员优惠基地建设，更好地为农民工服务。各地工会要与铁路、公路和民航部门加强协调，充分利用工会组织的网络体系，帮助农民工解决春运期间返乡、回城购票难的问题。组织农民工集中的企业通过团体购票、组织专列、专车、专机等方式为农民工集体返乡提供便利，并形成制度，确保农民工有序、平安、顺利地返乡、回城。

各级工会要深入农民工集中的企业和工地，为农民工送温暖、送岗位、送安全、送法律、送清凉、送图书、送电影、送文化等，更好地为农民工服务，不断满足农民工的精神文化需求，维护农民工的权益。

(7) 民主权利保障机制

要充分利用工会的宣传阵地，积极协调主流媒体大力宣传农民工为城市发展所作的贡献和应当享有的民主权利。积极推动政府将农民工纳入公共财政和公共服务的范围，促进在城市稳定就业、居有住所、贡献突出的农民工享有同城市民同等待遇，逐步实现向市民的转变。推动各级人大、政协补选和增加农民工代表和委员。协调有关部门和用人单位在农民工入党、入团、评选劳模、职务晋升以及评定技术职称等方面，与城镇职工一视同仁。职工代表大会、会员代表大会中要有一定比例的农民工代表。进一步建立健全保障农民工民主权利的各项制度，畅通农民工利益诉求渠道，保障农民工在参与政治、经济、文化和社会建设中各项民主权利的落实，保障参与本单位民主决策、民主管理和民主监督权利的实现。维护农民工平等参加企业职工代表大会和参与企业民主管理的权利。注重在优秀农民工中发展党员，积极推荐优秀农民工代表担任各级人大代表、政协委员，提高农民工在劳动模范评选表彰中的比例。

(8) 用工诚信评价机制

各地工会要建立企业劳动用工诚信监督体系，定期就当地企业签订劳动合同、集体合同、支付工资、缴纳社会保险、安全生产等情况进行监督检查，通过网络、电视、报刊等媒体将结果予以公布。工会所属的困难职工帮扶中心、职业介绍机构等场所要建立企业诚信评价窗口，建立企业用工侵权黄牌、黑名单制度，定期公布企业用工相关信息和诚信情况，提示农民工不要到用工诚信差的企业工作，以免受到侵害。积极建议政府将用工诚信作为招商引资、招标投标的条件，对不讲诚信、侵害农民工合法权益严重的企业通过媒体予以曝光，使其没有市场或退出市场。

(9) 法律援助机制

①从源头上维护农民工的合法权益。主动参加地方党委、政府农民工工作协调领导机构，通过三方协调会议、政府与工会的联席会议、产业工会与相应产业部门的联席会议等途径，反映农民工利益诉求，提出工会的主张和建议，推动相关法律法规政策的制定和落实。

加强对维护农民工合法权益工作的领导，建立健全农民工维权工作协调领导机构，研究制定维护农民工合法权益的工作计划，统筹协调维护农民工权益工作。

②建立法律援助机构，开展法律援助服务。全国所有地市以上工会都要建立法律援助机构，暂不具备单独设立工会法律援助机构条件的，可在困难职工帮扶中心开设法律援助服务窗口，加挂法律援助机构牌子，配备专人负责此项工作。充分利用工会法律援助中心、职工帮扶服务中心和工会法律援助律师团等，免费为农民工提供法律服务，帮助他们依法处理因裁员、欠薪、断保等引发的劳动争议。进一步加强对农民工法律服务工作

的指导，降低工会农民工法律援助门槛，建立健全法律援助服务网络，健全完善农民工法律援助案件异地协作制度，方便农民工及时获得法律服务。

③建立维权联动机制。要与司法部门协调配合，充分发挥工会公职律师和工会法律援助志愿人员的作用，帮助农民工追讨工资、打官司。与司法、劳动、法院等有关方面加强协调配合，建立联动机制，按照“鼓励和解、加强调解、快速仲裁、裁审衔接”的要求，简化程序、提高效率，推动建立完善农民工劳动争议快调快裁的绿色通道。及时、快捷地为合法权益受到侵犯的农民工提供法律援助，快速解决劳动争议案件。

④加大法律援助经费投入。县以上地方总工会要进一步加大对工会法律援助工作的经费投入，设立专项资金，确保工会法律援助工作的正常开展。

⑤完善劳动争议调解仲裁机制。指导和督促使用农民工较多的企业建立有农民工代表参加的劳动争议调解组织。在规模小、人数少、劳动争议多的小企业集中的乡镇（街道）、工业（经济）园区等，建立区域性调解组织，并做到全覆盖。同时向小企业集中的村和社区延伸。在建筑、出租车、餐饮服务等劳动争议多发行业推广建立行业劳动争议调解组织，重点调处所属企业涉及农民工的劳动争议。积极配合有关部门发挥劳动争议调解组织和劳动争议仲裁机构作用，依法简化程序、提高效率，对用人单位恶意欠薪等引发的争议快速裁决、先予执行。积极开展工会劳动法律监督，畅通农民工举报投诉渠道，反映农民工劳动权益方面存在的问题，协调解决农民工劳动权益问题。

⑥加强法治宣传，增强农民工的法律意识。要在农民工中普遍开展以提高自我维权意识为主要内容的法治宣传教育活动，通过学习相关法律法规，树立珍爱安全、珍爱岗位、珍爱知识、珍爱权利、珍爱团结的“五珍爱”意识，更好地维护自身合法权益。要将农民工作为工会法律援助和服务的重点对象，教育、引导职工运用法律武器维护自己的合法权益。

13 什么是劳动争议，其包括哪些方面的内容？

劳动争议是指劳动关系当事人之间因行使劳动权利和履行劳动义务产生分歧而发生的争执。劳动争议当事人一方为用人单位，一方为劳动者。

依照《劳动争议调解仲裁法》的规定，劳动争议的内容主要包括：

(1) 因确认劳动关系发生的争议；

(2) 因订立、履行、变更、解除和终止劳动合同发生的争议；

(3) 因除名、辞退和辞职、离职发生的争议；

(4) 因工作时间、休息休假、社会保险、福利、培训以及劳动保护发生的争议；

(5) 因劳动报酬、工伤医疗费、经济补偿或者赔偿金等发生的争议；

(6) 法律、法规规定的其他劳动争议。

根据职工当事人人数多少，劳动争议分为个人争议和集体争议。个人争议是指劳动者个人与用人单位之间发生的劳动争议；集体劳动争议是指发生劳动争议的职工一方在 10 人以上（含 10 人）并有共同请求的争议。工会代表职工与用人单位因签订、履行集体合同发生的争议属于集体争议。

劳动争议发生后，当事人可以依法通过协商、调解、仲裁和诉讼程序解决。

14 工会怎样帮助职工处理劳动争议？

(1) 工会代表职工与用人单位协商。工会参与劳动争议协商的做法有：

一是接受职工当事投诉，就解决劳动争议与用人单位交涉、协商，提出处理意见，促进劳动争议在较短时间、较小范围内，经双方共同努力，求得较为圆满的解决。

二是发现劳动争议后工会主动参与协商，自觉代表职工当事人与用人单位进行协商，使争议及时化解。

三是通过企业劳动争议调解委员会进行协商。对发生劳动争议特别是集体合同争议，工会要及时与用人单位沟通情况，召开协商会议，对争议进行分析，提出处理意见，共商解决办法。

(2) 工会主持劳动争议调解。工会参与劳动争议调解的做法有：

一是审查劳动争议当事人的调解申请，决定是否受理。对属于劳动争议受理范围且双方当事人同意调解的，应当在 3 个工作日内受理。对不属于劳动争议受理范围或者一方当事人不同意调解的，应当做好记录，并书面通知申请人。

二是指派调解委员对有关事实进行全面调查，了解双方当事人的意见和要求，讨论确定调解方案，做好调解准备。

三是召开调解会议，听取双方当事人陈述，公布调解结果，提出调解意见，组织当事人协商。

四是经调解达成协议的，制作调解协议书，督促双方当事人自觉履行。

五是调解委员会调解劳动争议，应当自受理调解申请之日起15日内结束。但双方当事人同意延期的可以延长。当事人不愿调解或者调解不成的，调解委员会应当做好记录，由双方当事人签名或者盖章，并书面告知当事人可以向仲裁委员会申请仲裁。

(3) 工会参加劳动争议仲裁。工会参加劳动争议仲裁的做法有：

一是担任劳动争议仲裁委员会主任和委员，参与处理所辖范围内的劳动争议案件。

二是应聘担任兼职仲裁员，办理劳动争议案件。

(4) 工会在劳动争议诉讼中的作用。工会在劳动争议诉讼中的做法有：

一是支持帮助职工当事人起诉给予职工法律帮助，有利于案件依法及时解决。

二是接受职工当事人委托担任诉讼代理人。为不服仲裁裁决的职工当事人提供法律咨询和建议，代写起诉状；对职工当事人不服一审判决或裁定提起上诉的，在法定上诉期为其代写上诉状；为不服终审判决或裁定的职工当事人代写申诉状，申请再审；代理职工当事人参加法庭调解，促成双方当事人和解等。

三是督促生效法律文书的履行。

四是代表职工参加集体合同争议诉讼。

第十章

工会经济技术创新与工匠精神

本章重点思考

1.新时代工会经济技术创新工作的发力点在哪里？

2.怎样把握工匠精神的内涵与学习价值？

1/ 工会经济技术工作的主要内容有哪些？

工会经济技术工作是在劳动竞赛的基础上发展起来的，它是工会组织开展的旨在激发职工主人翁精神，调动职工积极性，团结动员职工投身国家经济建设的一系列活动。其内容包括：劳动竞赛、合理化建议、职工技协、劳模工作、班组工作以及技术革新、技术攻关、技术比武、技术培训、岗位练兵等活动。

2/ 工会开展经济技术工作有什么意义？

（1）工会经济技术工作是工会贯彻以人为本科学发展观的具体体现。落实科学发展观，工会组织必须组织动员广大职工积极投身改革和发展，通过各种形式的劳动竞赛和技术创新活动，提高职工的素质，促进产业结构调整和改变经济增长方式，凝聚广大职工的积极性和创造性，实现经济社会的全面、协调、可持续发展。

（2）工会开展经济技术工作是坚持走特色社会主义工会发展道路，坚持服从服务于党和国家工作大局的内在要求。发展是党执政兴国的第一要务，全面建设小康社会是全党全国人民在新世纪新阶段的历史任务，是党和国家的工作大局，是新时期工人运动的主题。工会要通过开展经济技术工作，把职工的智慧和力量凝聚到实现国家经济发展的目标上来，促进经济的快速发展。

（3）工会开展经济技术工作是工会履行建设职能的重要手段。工会履行建设职能，就是要围绕经济建设，在职工中广泛开展劳动竞赛、合理化建议、技术革新、技术协作、发明创造和评选表彰先进等一系列活动，目的在于激发广大职工的积极性，提高经济效益，为推动经济发展贡献力量。

（4）工会开展经济技术工作体现了“两个维护”的统一。工会开展经济技术工作有利于提高职工素质，调动和发挥职工的积极性和创造性，促进经济发展，有利于从根本上维护职工的利益。工会开展经济技术工作，必将促进企业的发展，企业的发展又为维护职工具体利益奠定了坚实的物质基础；而且，职工参与经济技术活动，提高了素质，提升了竞争力，也是维护职工的具体利益，体现了“两个维护”的统一。

3/ 什么是劳动和技能竞赛，其可分为哪些类型？

劳动和技能竞赛是工会组织开展的旨在激发职工主人翁精神、调动职工积极性、团结动员职工投身国家经济建设的一系列活动的总称。劳动和技能竞赛是工会的一项传统工作，无论在民主革命时期，还是在社会主义建设时期，都发挥了极大作用，当前更是工会劳动和经济工作的重要内容。

根据竞赛内容的不同，劳动和技能竞赛可分为生产型竞赛、智能型竞赛、技能型竞赛。

生产型竞赛也叫生产竞赛，是旨在调动职工积极性、促进某一生产任务完成而开展的竞赛活动。

智能型竞赛是旨在开发职工智能、促进技术进步和加强经验管理而开展的竞赛活动，包括合理化建议、技术攻关、技术革新和发明创造等，又称为职工技术创新活动。

技能型竞赛，是旨在帮助职工掌握操作法、促进职工技能水平普遍提高而开展的竞赛，包括岗位练兵、技能比赛等活动，又称职工技能素质提升活动。

智能型竞赛和技能型竞赛是当前劳动和技能竞赛的重点。

4/ 开展劳动和技能竞赛必须抓好哪些基本环节？

中国工会十七大报告强调，要围绕高质量发展深化劳动和技能竞赛。把握稳中求进工作总基调，树立新发展理念，引导职工以国家重大战略、重大项目、重点产业等为主攻方向，以“当好主人翁、建功新时代”为主题，广泛深入持久开展多种形式的劳动和技能竞赛。具体来说，新时代工会开展劳动和技能竞赛要注意抓好以下几个问题：

（1）拓展竞赛的领域与内容

工会在组织劳动和技能竞赛时，不能再以产值、产量的增长指标幅度为主要内容，而是要从过去注重车间、班组的纵向生产领域的竞赛，发展拓宽到经营销售、技术、设计、质量、市场、管理、服务等多层次的横向环节，体现参赛人员的群众性、参赛领域的广泛性、竞赛内容的多样性。特别是在国家重大战略、重大项目、重点产业建设中组织劳动竞赛，更要求丰富竞赛的领域、内涵、方式、机制，突出竞赛的时代特征、区域特色、行业特性和单位特点。积极探索在新产业新业态新组织中开展竞赛，提升职工参与率和受益度。

（2）灵活竞赛的方法与形式

在竞赛的方法上，一定要遵循“企业需要、职工欢迎”的原则，争取不断出新、出奇。劳动和技能竞赛的形式按参赛者可分为个人、班组、车间之间的竞赛；按竞赛内容可分为单项（如安全生产竞赛）和综合（如优质、高产、低耗、安全等多项指标的竞赛）；按赛程可分为全过程赛和阶段赛；按评比方式可分为达标式、夺魁式、创新式、创优式、创先式等。不管采取何种竞赛方式与形式，都要把推动企业发展和提高职工素质、分享发展成果有机结合起来，实现企业发展和职工利益保障的有机统一。

（3）创新竞赛的体制与机制

健全劳动和技能竞赛的组织领导体制，形成有党、政、工共同参加的劳动竞赛委员会或领导小组，有各职能部门支持、合作的竞赛组织领导体制；完善劳动和技能竞赛的约束管理机制，应包括竞赛目标管理制度、组织竞赛的工作制度、竞赛统计核算制度、竞赛检查考证制度、考评奖励制度等；培养竞赛组织开发专门人才，不断提高竞赛组织专业化科学化规范化水平。

相关链接

2018 年 4 月 25 日，全国总工会正式下发《重大工程建设劳动和技能竞赛工作指南》，《指南》分为 6 章、22 条，涵盖劳动和技能竞赛的有关概念、类别、法律依据，重大工程竞赛的组织体系和工作职责，竞赛开展的形式、方法、体系、内容、考核，竞赛的日常管理和评估，竞赛表彰奖励方法等方面，对开展重大工程劳动和技能竞赛具有重要指导意义。

5/ 什么是“合理化建议”？

（1）合理化建议的概念

合理化建议是指有关企业、事业管理的组织、制度、方法和手段等方面，带有改进、创新因素的，经实施后对提高企业素质、管理效能、经济效益或社会效益有明显作用和成效的办法和措施。无实际改进措施的一般意见，不能称为合理化建议。

（2）合理化建议的内容

合理化建议的内容包括：一是在管理理论、管理技术上有创建，对提高生产经营管理、科研、教学设计水平，提高经济效益和社会效益有指导作用。二是在管理组织、制度、机构等方面提出改革办法和改进方案，对提高工作效率和应变能力或服务能力有显著效果。三是应用国内外现代化管理手段和技术，取得经济效益和社会效益。

61 工会在合理化建议活动管理中应关注哪些重点工作？

工会应协助行政建立合理化建议委员会或评审委员会。

（1）前期工作的重点是发起和征集工作

征集方法主要包括：

①竞赛激励法。把合理化建议活动纳入劳动竞赛，开展合理化建议精神活动。

②定时活动法。以开展合理化建议月、建议周、建议日等活动方式，集中时间，发动职工提合理化建议。

③目标管理法。提出合理化建议目标值，作为企业经营管理目标之一，与经济责任挂钩，层层分解落实，严格考核，保证实现。

④现场服务法。领导干部和合理化建议工作者深入现场，面对面地向职工征集合理化建议，为职工提建议提供更方便的条件。

⑤会议征询法。召开各种会议征集合理化建议。

⑥定向引导法。针对工作业务、生产技术和经营管理中的难题，提出合理化建议的方向或课题，引导职工瞄准目标献计献策。

（2）中期工作重点是评审和实施

①申报。凡提出合理化建议者都要填写合理化建议申报表，将建议理由、改进的方法和措施、预期的效果等填写清楚，然后送交本单位负责合理化建议工作的部门和人员。

②登记。负责合理化建议工作的部门和人员把征集上来的建议进行分类登记，符合条件的作为建议立案，提出初审意见后，转送到归口部门。

③评审。归口部门接到建议后，组织有关专业人员对建议逐条进行可行性分析，论证建议价值，作出采纳与否的决定。对于未被采纳的建议，

要及时反馈，如本人有不同意见，可以酌情重新评审。

④实施。对于被采纳的项目建议，实行分级管理实施制度。属于小型改革项目，企业提供条件，由提建议职工自己实施，或由班组协助进行。重大建议和较大的革新项目，由企业编制实施计划，责成有关部门实施，限期完成。有些重大项目，也可由企业组成联合攻关小组，或与外单位合作以及向技术市场招标等多种方式予以实现。对某些科技含量较高且经济效益也较高的改造项目，可借助社会力量实施，采用“产研学”三结合。对某些具有普遍推广价值的合理化建议，及时组织交流推广，具备申请专利条件的申请专利。也可实行有偿转让的方式，以提高建议成果的经济效益和社会效益。对需试验或试制的项目，要给予时间和物质上的保证。对不尽完善的建议，可组织有关人员帮助改进。对认识不统一或不能作出定论的建议，可进一步听取职工和建议人的意见后再作决定。对某些确实不能采纳的建议，要向建议人做好解释工作，以保护职工的积极性，使合理化建议活动继续发扬光大。

（3）后期工作的重点是总结和奖励

对已实施并取得直接或间接经济效益的建议项目，要按照国务院颁布的《合理化建议和技术改进奖励条例》的规定，按创造实际价值的等级给予相应的奖励，并授予奖状和相应的荣誉称号，还可以进行记功、表彰，将其业绩记入档案，作为评先进、考核晋级、评定职称的依据。

总结推广先进经验也是重要的环节，通过应用成果的价值实现，扩大活动的影响力，不断创新合理化建议活动，推动合理化建议活动的深入发展。

7 什么是技术攻关、技术革新活动，工会如何做好这项活动？

技术攻关，是指组织人员集中力量解决在设计、生产或工艺加工过程中所遇到的技术关键问题；技术革新，是指企业为更好地实现生产经营目标，在技术方面进行局部改革与创新的活动。

工会在技术攻关、技术革新活动中应着重从以下几个方面入手：

（1）以技术骨干为核心，充分发动广大职工群众积极参加。

（2）有组织、有领导地进行，厂和车间要列入议事日程，有专人负责。

（3）技术革新规划目标要明确，抓住生产关键和薄弱环节，把重点突破和日常革新结合起来。

（4）落实技术革新所需要的资金、设备、材料和人力。

（5）采取各种方式，如组织职工学习先进技术、举办技术展览、召开技术研讨会和举行技术讲座等，促进技术革新活动的持续发展。

（6）做好技术成果奖励工作。2003年中华全国总工会设立了职工技术成果奖，并下发了《职工技术成果奖励暂行办法》。该《办法》规定：具备下列条件之一的，可以申报职工技术成果奖：一是发明创造具有新颖性、先进性和实用性，并在本行业产生重要影响；二是创新技术、设计和改进工艺取得显著成效；三是研制开发新产品、新工具具有国内先进水平，并取得显著成效；四是对现有设备进行技术改造取得显著成效；五是创新操作法，使劳动生产率、产品质量显著提高或在节能降耗等方面取得显著成绩；六是创新技术，在职业安全与卫生和环境保护等方面起到显著作用。

8/工会如何做好职工技术创新工作?

（1）广泛开展职工技术创新活动，夯实大众创业、万众创新的群众基础

工会要引导广大职工树立创新发展理念，立足现场、岗位、班组开展技术创新、服务创新和管理创新。不断增强职工创新意识和创新能力，形成基础广泛、人才集聚、成果丰富的群众性创新网络，融入企业研发链条和国家创新体系。继续引导鼓励职工广泛开展各式各样的职工技术创新活动，深化劳模创新工作室、创新示范岗创建工作，大力开展职工创新项目孵化、成果评选、展示交流活动，不断激发广大职工创新才智、创造潜能、创业热情。

（2）大力实施职工素质建设工程，努力培养知识型、技术型、创新型技术工人队伍

工会要发挥工会“大学校”作用，实施职工素质建设工程，通过岗位练兵、技能比赛、技术培训、技术交流等活动，培育造就更多的“大国工匠”。继续广泛深入开展职工职业技能竞赛，积极配合政府、企业行政，开展技能培训、师带徒等活动，总结推广绝招绝技和先进操作法，建立金蓝领职工技能培训示范点，培养造就高素质技术工人。充分利用多种工作载体和方法，开展大国工匠选树活动，引导更多技术工人投身创新活动中，在创新实践中成长成才。

（3）突出非公企业，做实班组建设，推动职工技术创新工作不断向广度和深度发展

工会要结合不同地区、不同行业、不同类型企业和职工队伍实际，借鉴国有企业的好经验好做法，积极探索非公企业开展职工技术创新活动的新途径、新模式，让职工技术创新活动在非公企业蓬勃开展。注重从非公企业一线职工中培养、选树劳动模范，在认真总结经验的基础上，推出一批非公示范企业和示范班组。深入开展以创建“工人先锋号”为载体的班组（科室、团队）创新竞赛，使广大职工切实参与到职工技术创新活动中来，为实现企业发展目标作贡献。

（4）加强机制建设，保障职工技术创新活动扎实有效开展

加大工作力度，做强做大基层，完善工作机制，不断提高职工技术创新活动的针对性和实效性。建立健全劳动竞赛绩效评估机制，强化竞赛过程监督和管理。发挥职工创新补助资金的杠杆作用，带动企业和社会各界加大对职工创新的资金投入，为开展职工创新活动提供更加有力的资金支持、技术支持和专业服务。

9/ 什么是职工创新工作室？

职工创新工作室是以在技术研发、专业技能等方面具有一定理论水平、工作经验和创新能力的知名劳模、高技能人才、技术技能领军人物为负责人，以本企业、本行业技能人才和优秀职工为主要成员，以提高自主创新能力和职工素质为目的，围绕生产经营、技能人才培养和企业重点、难点问题开展技术创新、管理创新活动的职工团队。

职工创新工作室是大力推进产业工人队伍建设的有力抓手。通过职工创新室这一平台充分发挥劳动模范和高技能人才的示范引领作用，使其带领团队开展技术革新、技术攻关、名师带徒和技术交流等活动，及时解决企业经营和生产一线的技术难题，引导职工立足岗位进行创新。

10/ 职工创新工作室创建的标准是什么？

职工创新工作室的创建主要在企事业单位展开，凡拥有一定专业技术水平的市级以上劳模、省级以上五一劳动奖章获得者、高级及以上职业技能资格等级的高技能人才的企事业单位，都可以建立职工创新工作室。职工创新

工作室的创建要从本地区、本企业的实际出发，着重把握以下标准：

（1）标志明显。职工创新工作室牌匾、组织机构、人员组成、工作职责、目标任务等标志显著，位置醒目。

（2）场所规范。职工创新工作室有适当面积和固定办公活动场所，可供办公学习、研究和成果、荣誉展示。

（3）设施齐全。配备必要的专业资料、器材工具、信息网络、办公设备、实验仪器等设施。

（4）制度完善。活动开展、学习研究、技术攻关、成果转化、奖励激励、内部管理等制度完善、规范。

（5）经费保障。职工创新工作室所在单位设有专项经费用于开展技术攻关和创新活动。

（6）台账翔实。创新活动有准确、翔实的资料。有成员档案，有能全面反映工作室工作流程和工作状态的资料，有工作计划、工作目标、近期创新项目、创新成果、活动及活动记录等相关资料。

（7）成效明显。围绕本单位生产实践开展技术攻关等取得明显的经济和社会效益，做好职工创新工作室创新成果的推广应用工作。

11 怎样申报创建职工创新工作室？

职工创新工作室由各基层工会每年向上级工会申报。申请需要上报的材料通常包括：

（1）职工创新工作室申报表一式三份。

（2）所在单位的推荐材料。内容包括该工作室近年来的工作内容、研究项目和取得的成绩、设立工作室后的工作计划和工作请示。

（3）工作室的工作制度、管理办法和组织机构。

（4）反映该工作室近年来的工作内容和成绩的照片，有条件的可提供相关视频。

（5）其他必要的材料。

12 当前职工技协的重点工作是什么？

职工技协是工会领导的职工自愿结成的开展群众性科技活动的社会团体。职工技协属于专业性、非营利性社会组织，它拥有完整的组织体系，是工会开展群众性科技创新活动的重要社团组织。

2015年5月国务院印发《中国制造2025》，明确9项战略任务和重点，规划在2025年迈入制造强国行列。这是我国实施制造强国战略第一个十年行动纲领。2017年10月召开的党的十九大报告也指出，要加快建设创新型国家，推动经济发展质量变革、效率变革、动力变革，不断增强我国经济创新力和竞争力；建立以企业为主体、市场为导向、产学研深度融合的技术创新体系，加强对中小企业创新的支持，促进科技成果转化。迈向制造强国，建设创新型国家，是职工技协当前的重要任务。具体来说有以下几个重点工作：

（1）参与推进产业工人队伍建设改革

2017年4月，中共中央、国务院正式印发了《新时期产业工人队伍建设改革方案》，为加快建设一支高素质的产业工人队伍作出了整体规划。产业工人是工人阶级中发挥支撑作用的主体力量，是创新驱动发展的骨干力量，是实施制造强国战略的有生力量。职工技协作为提升职工技术技能素质、培养高技能人才的社会组织，必须聚焦基层一线，突出示范引领，通过职工职业技能大赛带动培育一大批学习型班组和创新型企业，实现高端劳动、梯次发展、整体提升；建设好劳模和工匠人才创新工作室，更好地发挥“领头雁”作用；整合资源，发挥职工技能实训基地作用，推动工会院校向技能培训拓展，为技术工人培训夯实资源基础。

（2）深入开展职工技术创新活动

组织职工积极参与职业技能比赛，推动比赛科学化、规范化、常态化，科学合理地设置大赛工种，并向新兴产业（行业）所需和科技含量高的工种拓展；组织开展职工创新活动，全面推广职工的技术创新成果；搭建并完善中国职工技术协会技能人才库和创新成果库，为企业和职工开展技术创新、技术交流、成果转化提供信息平台。

（3）发挥好服务指导作用

逐步建立由专业技术人员和能工巧匠组成的专业技术委员会，指导职工的创新实践，为职工提供技术咨询、创新指导、专利申请、知识产权等服务；发挥产业职工技协作用，解决行业技术难题，推动产业转型升级。

13 什么是工匠精神？

工匠精神，是指工匠对自己的产品精雕细琢，精益求精、更完美的精神理念。工匠们喜欢不断雕琢自己的产品，不断改善自己的工艺，享受着产品在双手中升华的过程。工匠精神的目标是打造本行业最优质的产品，其他同行无法匹敌的卓越产品。概括起来，工匠精神就是追求卓越的创造精神、精益求精的品质精神、用户至上的服务精神。

2016年3月5日，国务院总理李克强在十二届全国人大四次会议上作政府工作报告时说，鼓励企业开展个性化定制、柔性化生产，培育精益求精的工匠精神，增品种、提品质、创品牌。“工匠精神”出现在政府工作报告中，让人耳目一新，有媒体将其列入“十大新词”予以解读。古语云：“玉不琢，不成器。”工匠精神不仅体现了对产品精心打造、精工制作的理念和追求，更是要不断吸收最前沿的技术，创造出新成果。

14 如何大力弘扬工匠精神？

工匠精神和劳模精神、劳动精神一样，是广大劳动群众在从事社会生产劳动实践中锤炼形成的，是工人阶级和广大劳动群众弥足珍贵的精神财富。全面建成小康社会，实现中华民族伟大复兴的中国梦，必须要依靠劳动、依靠广大劳动者。党的十九大明确提出：“建设知识型、技能型、创新型劳动者大军，弘扬劳模精神和工匠精神，营造劳动光荣的社会风尚和精益求精的敬业风气”，这一部署凝聚了全社会崇尚劳模精神、追求工匠精神的广泛共识。

（1）弘扬工匠精神，是深化供给侧结构性改革的必然要求。当前，有效供给不足与供需错配在我国经济中并存，导致消费外溢，其主要原因就是我国企业及其产品的市场竞争力不强。而企业及其产品的竞争力很大程度上取决于劳动者的竞争力，人的质量决定着产品的质量。因此，激发广大劳动者弘扬工匠精神，提升全社会的勤奋作为、创新发展意识，为培育更多的优秀企业和名优产品奠定坚实基础，对推进供给侧结构性改革有着重要的战略价值。

（2）弘扬工匠精神，是从中国制造到中国智造、中国创造的现实需要。没有劳模群体，难育大国工匠；没有大国工匠，难有大国重器。当下，面对复杂的国际形势，我们在进一步扩大开放的同时，更要练好内功，培育工匠精神，增厚国之底蕴。

（3）培树工匠精神首先要转变社会价值观念。针对当前社会上浮躁化、逐利化的思想，需要加大宣传引导力度，用好网络新媒体平台，树立工匠典型，在全社会形成尊重劳动、崇尚劳动的良好氛围，让工匠精神深入人心、深入基层、深入企业文化，使劳动光荣、技能宝贵、创造伟大成为社会主流价值观，这也是弘扬工匠精神的必要条件。

（4）要大力发展职业教育。技术工人短缺是目前我国各行业面临的首要问题，劳动力供给不足，工匠型人才更是缺乏。这也充分说明了我们的职业教育欠发达，重学历轻能力、重知识轻技能的现象比较普遍。要加快发展与技术创新和社会需求相适应、与工匠精神深度融合的现代职业教育体系，鼓励高校和职业技术学校与行业企业互动合作，建立产学研一体化的良性培养机制，为社会输送更多的高素质职业人才。

（5）健全完善体制机制。建立技能培训制度，发挥行业企业、人力资源保障部门的作用，定期组织选派优秀骨干参加培训、对外交流，培养一大批适应技术进步、生产方式变革的技术型、创新型、复合型技能人才。健全激励保障制度，对各行业涌现的技术创新人才加大表彰奖励力度，提高薪酬待遇，引导广大劳动者精益求精钻研技术，用勤劳和智慧创造更多社会财富和美好人生。

第十一章
工会宣传教育工作

本章重点思考

1.如何以社会主义核心价值观引领广大职工群众?
2.工会十七大对工会宣传教育工作有什么要求?

1/ 当前工会思想政治工作的重点任务是什么？

中国工会十七大报告明确了当前工会思想政治工作的重点任务是：统一思想、凝聚力量。工会十七大报告要求：坚持以社会主义核心价值观引领职工，深化“中国梦·劳动美”主题宣传教育，大力弘扬伟大民族精神和中国优秀传统文化，加强以职业道德为重点的“四德”建设，培育担当民族复兴大任的时代新人。加强宪法学习宣传教育，维护宪法法律权威。创新思想政治工作方式方法，充分运用职工喜欢和熟悉的时尚元素、话语体系，加快工会传统媒体与新媒体如何发展，提高思想引领水平，掌握工会意识形态工作主导权。加强职工文化建设，深化群众性精神文明创建活动，发挥工会报刊、出版社、职工书屋、职工文艺舞台等文化阵地作用，多提供思想精深、制作精良的文化产品，形成健康文明、昂扬向上的职工文化。

2/ 如何以社会主义核心价值观引领广大职工？

党的十八大首次提出：“倡导富强、民主、文明、和谐，倡导自由、平等、公正、法治，倡导爱国、敬业、诚信、友善，积极培育社会主义核心价值观。”社会主义核心价值观是当代中国精神的集中体现，凝聚着全体人民的共同的价值追求。面对新时代新要求，工会必须站在巩固党执政的阶级基础和群众基础的高度，以培养担当民族复兴大任的时代新人为目标，在广大职工中持续深入开展培育和践行社会主义核心价值，夯实共同奋斗的思想基础。

（1）找准切入点和着力点

一是大力弘扬伟大民族精神。习近平总书记阐述的伟大民族精神包括“伟大的创造精神”“伟大的奋斗精神”“伟大的团结精神”“伟大的梦想精神”，“这种伟大精神是一代一代中华儿女创造和积淀出来的，也需要一代一代传承下去”。工会引导广大职工发扬伟大的创造精神，在勤学中打牢创新创造的根柢，增进敢为人先、敢开风气之先的锐气，磨砺勇于超越的雄心；让广大职工自觉传承和发扬伟大的奋斗精神，以不懈地向前向上，开拓进取、顽强拼搏；要发扬伟大的团结精神，胸怀大局、心有大我，汇聚同心同德、同向同行的力量；要发扬伟大的梦想精神，时刻不停下逐梦而行、向心而行的脚步，既做逐梦人，更做圆梦人，在上下求索中将美好的理想转化为真切的现实。

二是要加强宪法学习宣传教育。引导广大职工增强法治观念、规则意识，自觉维护宪法法律权威，以实际行动成为社会主义法治的忠实崇尚者、自觉遵守者、坚决捍卫者。

三是要加强职业道德教育。工会要引导职工爱岗敬业、诚实劳动、勤恳工作、奉献社会，在平凡岗位上争一流、书写光彩人生。

（2）强化载体建设

“中国梦·劳动美”主题宣传教育是工会进行社会主义核心价值观教育的主要载体。必须坚持这一工作品牌，善于利用生活化的场景、日常化的活动、具体的载体，把思想性、知识性、趣味性有机统一起来，真正使主题宣传教育成为凝聚人心、提升素质、促进发展的助推剂。充分发挥工会院校、报刊、出版社、工人文化宫（俱乐部）、职工书屋、职工文艺舞台等文化宣传阵地作用，把社会主义核心价值观融入精神文化产品创作传播各环节，潜移默化地增进职工群众对社会主义核心价值观的认同和践行。

（3）创新方式方法

当前我们正处于互联网时代，互联网已经成为信息传递和舆论斗争的主战场。工会要适应互联网快速发展形势，善于利用网络传播规律，加快工会传统媒体与新媒体融合发展，运用生动活泼“接地气”的方式，建设社会主义核心价值观的网上传播阵地，弘扬时代主旋律，传播正能量，推进社会主义核心价值观如春风化雨般融入职工生活和工作，使他们成为社会主义核心价值观的践行者。

3/ 工会职工思想政治教育工作的主要内容有哪些？

工会开展职工思想政治教育工作必须适应时代发展的需要，紧贴职工群众的思想实际，并努力把职工思想政治教育渗透和贯穿于工会各项工作的全过程。

（1）开展理想信念教育

理想信念教育要以为人民服务为中心，以集体主义为原则，以爱祖国、爱人民、爱劳动、爱科学、爱社会主义为基本要求。

①用党的创新理论武装职工头脑，引领广大职工听党话、跟党走。党

的十八大以来，以习近平同志为核心的党中央高度重视党的理论创新和理论建设，形成了习近平新时代中国特色社会主义思想，成为新时代中国改革开放的重要指导思想。工会组织要把深入学习贯彻习近平新时代中国特色社会主义思想作为开展职工理想信念教育的重大政治任务，引导广大职工深刻领会中国特色社会主义的总依据、总布局、总任务，增强中国特色社会主义道路自信、理论自信、制度自信、文化自信，把思想个人理想与实现伟大的中国梦结合起来，为决胜全面建成小康社会、夺取新时代中国特色社会主义伟大胜利、实现中华民族伟大复兴的中国梦贡献智慧和力量。

②大力弘扬和培育民族精神，巩固广大职工团结奋斗的共同思想基础。民族精神是一个民族共同的思想品格、价值取向和道德规范的综合体现。以爱国主义为核心的团结统一、爱好和平、勤劳勇敢、自强不息的伟大民族精神，是工会职工思想政治教育工作的重要任务。

③加强形势政策和民主法治教育，自觉维护社会政治稳定和职工队伍的团结统一。工会要大力宣传党的方针政策和各项改革措施，经常进行国际、国内形势的教育，引导职工群众正确认识我国前进中有利条件和不利因素；正确处理个人利益和集体利益、局部利益和整体利益、当前利益与长远利益的关系。加强民主和法治教育、普及《宪法》《劳动合同法》《工会法》等法律知识，引导职工增强法治观念，自觉维护安定团结的大好局面，自觉维护工人阶级队伍的团结稳定。

（2）从实际出发，做好日常职工思想政治工作

①制定相关文件。根据工会工作实际，制定加强职工思想政治工作的意见，进一步完善职工思想政治工作的指导思想、目标原则、职责任务、方法手段和机制制度等，加强对职工思想政治工作的宏观指导，大力推动职工思想政治工作的深入开展，协助党政组织做好职工思想政治工作。

②进行职工思想状况调查研究。建立职工思想动态网络，及时了解、掌握职工的思想情况和意见要求，研究分析职工存在思想问题的原因，找出症结所在，及时向工会机关和党政有关部门报告职工思想动态，反映职工的呼声，提出有针对性的政策建议，从源头上维护职工的合法权益。

③解疑释惑，理顺职工思想情绪。针对职工存在的思想问题，通过深入调查研究，进而做出有分量、有深度、实事求是、有说服力的回答，帮助职工深刻理解认识构建和谐社会的战略思想和任务要求，准确理解党和国家解决职工切身利益问题的各项措施，解疑释惑，化解矛盾，因势利

导，教育职工识大体、顾大局，正确对待改革中各种利益关系的调整，支持党和政府的各项改革措施，维护职工队伍的稳定，营造安定团结的政治局面。

（3）加强职工职业道德建设

①职工职业道德建设的基本内涵。职工职业道德是指从事一定职业的职工在职业活动过程中应当遵循的职业行为规范，涵盖了从业人员与服务对象、职工与职工、职工与职业之间的关系。开展职工职业道德建设，有助于职工养成健康良好的职业行为习惯，引导职工在职业岗位上确立具体的生活目标，选择具体的生活道路，形成具体的职业理想和道德品质。

②职工职业道德建设的主要内容。一是爱岗敬业：爱岗就是安心、热爱本职工作，敬业是爱岗的升华，表现为对工作的兢兢业业、一丝不苟。爱岗敬业是职工职业道德的基础和核心，是职业道德所倡导的首要规范。二是诚实守信：无论是从事哪个职业的职工，在职业交往中都要自觉做老实人、说老实话、办老实事，用诚实劳动获得合法利益；讲信用，重信誉，守诺言，以信立业；平等竞争，以质取胜，童叟无欺，反对弄虚作假、坑蒙拐骗、假冒伪劣。三是办事公道：要求职工在职业行为中按照本职工作岗位所制定的行为准则办事，不以私害公，不出卖原则。四是服务群众：每位职工无论从事什么职业，都要自觉听取群众意见，了解群众需求，为群众排忧解难；端正服务态度，改进服务措施，提高服务质量，为群众工作和生活提供便利。五是奉献社会：每位职工都要树立强烈的社会责任感，为国家发展多尽一分心，多出一分力，承担社会义务。

4 工会开展职工思想政治教育工作的方法和途径有哪些？

工会职工思想政治教育工作，要坚持以习近平新时代中国特色社会主义思想为指导，坚持以人为本，紧密结合改革开放实际和根据当前工会工作环境、任务、内容和对象发生的新变化，进一步开阔视野，积极探索新方式、新手段、新途径、新渠道、新载体。

（1）充分发挥新闻媒体的导向作用

报刊、广播、电视、网络、“两微一端”等新闻媒体，每天向社会提供大量信息，与职工群众的思想、工作和生活密切相连，对社会舆论乃至社会政治、经济、文化生活的各个方面产生广泛而深刻的影响，也是工会对职工进行思想政治教育的重要渠道。

（2）开展形式多样的主题教育活动

职工主题教育活动是以活动为载体，在职工中开展的一种专题性教育实践活动。这类活动紧密围绕党的中心工作和重大任务，围绕工会工作全局，具有鲜明的主题，组织职工群众参与其中，寓教于具体活动，寓教于职工实践，使职工在实践中深化对主题的认识和理解。如演讲活动、知识竞赛、辩论赛、读书活动等。

（3）以群众性精神文明创建活动为重要载体

群众性精神文明创建活动是对职工群众进行思想政治教育、提高职工文明程度的有效途径。

（4）重视和发挥文化的教育功能

图书、报纸杂志、音像制品、文艺演出等都是实现以优秀的作品鼓舞人的重要方式。要充分发挥工会文化教育阵地的教育功能，弘扬主旋律，提倡多样化，促进优秀精神文化产品的生产，广泛开展丰富多彩、健康有益的职工文化体育活动。

（5）注重运用先进典型影响带动职工群众

涌现出来的先进集体和先进人物，体现了时代精神，是职工群众的楷模。要采取多种形式，大力宣传他们的感人事迹和高尚品质。

5/ 工会职工科学素质教育工作的目标、任务和主要工作是什么？

（1）工会职工科学素质教育工作的目标、任务

倡导人人学习、终身学习的理念，营造和形成浓厚的学习氛围和学习风气，使学习成为职工工作和生活的重要内容；在学习型社会的建设中，积极推动职工教育培训体系和培训机制的建立和完善，最大限度地挖掘工会系统文化教育资源，充分发挥工会在职工教育中的重要作用；以学习能力、职业技能和技术创新能力为重点，加强教育培训，推动创建一大批学习型组织，培养数以千计的知识型职工，为“造就数以亿计的高素质劳动者、数以千万计的专门人才和一大批拔尖创新人才”目标的实现作出应有的贡献。

（2）工会职工科学素质教育工作的主要内容

①参与职工教育管理和监督，维护和保障职工的学习权利。工会参与宣传国家有关职工教育方针、政策和法规，参与研究制定实施方案，并协助和督促政府有关部门贯彻执行；参与制定有关职工教育的法规、制度、

条例和规划、计划；参与职工教育的检查、考核、评估工作和评比、表彰、奖励的组织和领导工作；调查研究职工教育中带有普遍性、政策性和倾向性的问题，了解职工群众的意愿、要求，向有关部门反映并提出建议，督促解决存在的问题，维护保障职工的学习权利和相应的待遇。

②办好工会各类学校。工会职工学校和职业培训机构是工会的一项重要事业，是工会履行教育职能、密切联系职工群众、扩大工会影响、提高职工队伍素质的重要场所。

③组织开展“创建学习型组织，争做知识型职工”活动。这是培养造就“四有”职工队伍，全面提高职工队伍素质，发挥工人阶级全面建设小康社会主力军作用的重要举措。

6/ 工会开展职工科学素质教育工作的方法和途径有哪些？

工会职工科学素质教育工作的内容和任务不同于政府和行政部门，这就要求工会必须从工会组织的实际出发，既要继承发扬工会多年来形成的传统和优势，又要结合新时期的特点有所发展和创新，形成自己的特色。

（1）把职工科学素质教育列入工会参与国家、政府社会政治管理的内容。工会通过与政府召开联席会议，利用工会在各级人大、政协的代表提案等渠道，直接反映职工教育的热点、难点以及具有普遍性的问题。加强与各方的联系与合作，建立相互发送职工教育的文件、资料等工作制度，共同研究解决问题的办法和措施。

（2）把职工科学素质教育纳入企业民主协商、民主管理内容。主要是通过职工代表大会定期讨论、审议职工教育重大问题，建立平等协商集体合同和职工代表监督检查等制度，保证职工教育工作及有关问题的落实和解决。

（3）办好工会各类职工学校。职工学校坚持为企业发展、为职工学习、为工会建设需要服务的指导思想，以职工和市场需求为导向，大力开展不同层次的文化技术教育，开展各种类型的岗位培训、继续教育和专业技能培训、实践培训。

（4）开展读书自学、岗位成才、技术创新、岗位练兵、技术比武等群众性学习培训活动。

（5）配合行政部门开展岗位技能培训活动。职工岗位培训主要由行政业务部门负责，工会主要是协助做好组织发动和管理服务等工作。

（6）积极协助政府和企业对转岗转业职工进行再就业培训和创业培训，并不断加大培训力度。

7 工会开展“创建学习型组织，争做知识型职工”活动的主要方法和途径有哪些？

（1）学习型组织和知识型职工的基本内涵

①学习型组织

学习型组织指的是组织内的所有成员全身心投入学习，形成了勤奋好学氛围的组织；是一个学习资源和学习成果共享，促进所有成员不断学习的互动组织；是一个通过不断学习，调动成员积极性、发挥成员创造性，调整和改造组织自身以适应环境变化、求得生存和持续发展的组织；是一个凭借学习，将每个成员的学习成果转化为生产或服务价值，真正体现个人价值，进而大幅度提高组织绩效，实现共同理想的组织。

②知识型职工

知识型职工是指在不同行业、不同经济性质的组织（机关、企业、事业单位）、不同岗位上工作，具有学习和应用知识能力，并通过自身创造性劳动，为组织带来效益和知识资本增值，为社会作出有益贡献的劳动者。

（2）开展“创争”活动的总体目标

开展“创争”活动的总体目标是：倡导终身学习理念，提高职工的学习能力和实践能力，着力提高职工的创新能力；营造尊重劳动、尊重知识、尊重人才、尊重创造的社会环境，形成全员学习、全程学习、团队学习和工作学习化、学习工作化的氛围和机制；努力建设各类学习型组织，为职工创造更多的学习机会和成才机会；促进人才队伍建设，为各类人才不断涌现和充分发挥作用奠定坚实基础，努力造就一支有理想、有道德、有文化、有纪律的职工队伍。

（3）开展“创争”活动的主要方法和途径

①开展形式多样的主题教育活动

要在广大职工中深入进行以为人民服务为核心，以集体主义为原则，以爱祖国、爱人民、爱劳动、爱科学、爱社会主义为基本要求的理想信念教育，增强爱国主义、集体主义和社会主义思想，帮助广大职工树立正确的世界观、人生观、价值观。

②创新群众性学习活动载体，构筑职工学习平台

要针对不同行业、不同类型组织以及不同层面职工群体的特点，加强教育培训阵地建设，充分利用各类职业学校、职工学校、培训机构、职工之家等阵地，设计丰富多彩的活动载体，寓学习于工作中，寓教育于活动中，为职工学习创造条件，吸引职工群众广泛参加。要结合实施国家高技能人才培训工程和技能振兴行动，通过学校教育培养、企业岗位培训、个人自学提高等方式，加快高技能人才培养。要按照市场经济的要求和企事业单位的发展需要，借助各种形式和载体，科学规划，做好职业教育和岗位培训工作。要面向基层，立足班组，大力开展技术创新、岗位练兵、技术比武、技能竞赛活动，加强职工技能训练，激发、调动广大职工获取知识、更新知识、提高技能的积极性、主动性和创造性。

③继续深入开展职工读书自学活动

读书自学是创建学习型组织的重要形式，也是职工获取知识、提高技能、增长才干的主要途径。要在新形势下不断丰富读书自学活动的内容，创新读书自学活动的载体，拓宽读书活动的领域，激励更多的职工岗位成才、自学成才。

④充分利用各类社会教育资源

要进一步整合包括工会教育培训资源在内的各类教育资源，加大对职工的职业教育培训和职业技能开发的力度，满足职工群众日益增长的学习和发展需求。要推动中小型企业与大中型企业培训机构、社会教育培训机构建立合作伙伴关系，充分运用网络教育、电化教育、远程教育等各种现代化的教育培训手段，拓展教育培训的广度和深度，创新职工教育培训工作的形式和载体，培养急需的高技能人才。

8/ 工会新闻宣传工作的基本职责和主要任务是什么？

（1）组织协调有关工人阶级和工会工作的新闻宣传

工会的宣传教育工作机构负责组织宣传工人阶级和工会的重大活动、重要会议和重点工作，对内通报工会工作重要信息，对外发布工会工作重要新闻，并与新闻单位合作办好与职工和工会相关的专栏和专题节目，收集和整理有价值的事件、人物及活动情况，精心组织和策划好新闻报道。

（2）把握正确舆论导向

根据党和政府对新闻宣传工作的指导方针和各个不同时期新闻工作的

具体要求，结合实际，指导工会自身新闻媒体和宣传舆论阵地，把握工会新闻宣传的工作方向。

（3）总结、推广工会新闻宣传工作的经验

工会宣传教育工作部门担负着及时总结和交流工会新闻系统的新闻宣传的先进经验和典型的事例，如组织“五一新闻奖”的评比表彰等。

（4）加强对工会新闻出版的管理

工会所属新闻出版部门是工会新闻宣传工作的重要渠道和载体，工会宣传教育部门行使对本系统新闻出版的行政管理职能，实施对工会新闻、报刊、图书及音像出版部门的指导、服务、检查、协调和管理方法。

9/ 工会新闻宣传工作的主要工作方法有哪些?

（1）工会新闻通气会、发布会

工会新闻宣传部门要定期或不定期就涉及职工和工会的重大问题和重点工作向工会内部举办通气会，向工会外部举办新闻发布会，及时沟通工会内外的信息。

（2）日常新闻宣传

工会宣传教育工作应以工会重点工作和职工关心的热点问题为日常宣传报道的核心，对有价值的人物和事件经过筛选、加工和整理，向工会内外的新闻单位输送，力争及时准确报道。

（3）重大事件、突发事件的报道

工会宣传教育工作要对涉及国家、民族、各阶层群众及工运事业等发生的重大事件及时表明主张和态度，组织、协调对职工和工会相关的突发事件和社会问题的深入调查和审慎宣传报道，正确把握工作的舆论导向。

（4）主办、协办与职工和工会相关的专栏和专题节目

工会宣传教育工作部门要主动与新闻单位合作，办好专栏和专题节目，组织编写、创作和刊播宣传工人阶级和工会的文章、歌曲、影视、戏剧等文艺作品，营造有利于工人阶级和工会组织生存和发展的舆论环境。

（5）重要节日和重要会议的新闻宣传

工会宣传教育工作部门要抓住重要节日，如五一劳动节、七一建党节、十一国庆节、元旦、春节和人大、政协、工会代表大会等有利时机，充分宣传职工和工会的业绩，反映职工特别是一线职工和基层工会的声音。

10 职工文化体育工作的主要任务、主要途径和方式是什么？

（1）职工文化体育工作的主要任务

①积极传播和弘扬具有时代特征和工会特色的先进文化，充分发挥示范导向作用，根据职工群众不同层次的精神文化需求，开展丰富多彩的职工文化活动，倡导健康文明的生活方式，满足职工群众日益增长的精神文化需要。

②适应新形势要求，以发展主题，以体制创新为重点，加强工会文化阵地建设，稳步推进工人文化宫俱乐部、工会图书馆等工会文化阵地的改革与发展。

③充分发挥各类协会的作用。以中国职工文化体育协会为龙头，发挥各类职工文化协会和组织的作用，运用协会自愿结合、方式灵活、市场运作、讲究实效的特点，为职工群众提供更多适应市场需求的文化产品和文化服务。

（2）职工文化体育工作的主要途径和方式

①建立职工文化体育工作体系。以中国职工文化体育协会为龙头，整合工人文化宫俱乐部、各类职工文化体育组织和团队、各种职工文化体育活动节、奖、赛和各类职工文化体育活动积极分子及工作力量，以及可借用的社会文化体育资源，形成工作体系。建立全国职工文化体育活动网络和协调各方的有效工作机制，制定职工文化体育发展规划，有计划地推进各项活动。

②开展丰富多彩的职工文体活动。职工文体活动的开展，分为全国、地区和基层等不同层次。

一是全国性活动，主要是大型示范性职工文体活动，如全国总工会举办的历次大型“五一”晚会、全国工人运动会、中国职工艺术节、城市职工歌手邀请赛、全国职工小品比赛以及全国职工健身操（舞）展示大会等，都是激发职工斗志、体现职工自我、检验职工文体工作成果、展示职工群众精神风貌，并具有重大社会影响和指导示范作用的活动。一般采取工会主办、与相关部门合办、企业支持、多方参与等市场运作方式进行。

二是地方性活动，主要是省、市、县（区）级工会结合当地经济社会发展的需要和职工的需求，围绕不同阶段的中心任务所开展的职工文体活动。由于这些活动能够结合当地的实际，贴近职工，贴近企业，并采取职工喜闻乐见的活动形式进行，因此能够在当地长盛不衰地开展下去。

三是基层活动，主要是基层单位开展的职工文体活动，其特点为参与的广泛性、经常性和形式的多样性。活动形式主要有本企业的职工运动会、职工艺术节等综合性项目和各种职工兴趣爱好小组、业余文艺体育团队开展的各种单项活动。它是职工文体活动广泛开展的基础，也是培养职工文体骨干的重要渠道。

③进行评比表彰。评比表彰是促进职工文体工作的重要手段之一。其核心是通过评比表彰，调动基层开展职工文体活动的积极性，推动优秀精神文化产品的创作和生产，逐步增加职工文化体育精品在国家品牌奖项中的份额，从而扩大工会文体工作的社会影响，促进工会文体工作整体水平的提高。

第十二章
工会劳动保护工作

本章重点思考

1.新时代工会劳动保护工作的重点在哪里？
2.怎样深化“安康杯”竞赛的方式方法？

1/ 什么是工会劳动保护工作？

工会劳动保护是指工会依据法律赋予工会的职权，监督企业和有关方面贯彻国家有关劳动安全卫生的法律法规，发动职工参与企业安全生产工作，督促企业不断改善劳动条件，维护职工在生产劳动过程中的安全健康的合法权益。

工会劳动保护的对象是全社会从事职业活动的劳动者。只要是中华人民共和国境内依靠劳动取得工资收入的劳动者，都是工会劳动保护的对象。

工会劳动保护的主要目的是预防和减少伤亡事故与职业病的发生，维护职工群众在生产过程中的安全与健康，保障企业生产顺利进行，促进国民经济快速、稳定、健康发展。

工会开展劳动保护工作是法律赋予工会的一项重要职责。党和国家的性质决定了劳动者享有安全和健康工作的权利，法律赋予工会表达和维护劳动者合法权益的职责。我国《劳动法》《工会法》《安全生产法》《职业病防治法》等相关法律对工会劳动保护的权利作出了明确的规定。

“加强劳动保护，改善劳动条件”是载入我国宪法的神圣规定。工会劳动保护工作在整个劳动保护管理体制中属于群众监督的范畴，我国现行的劳动保护管理体制是：“国家监察、行业管理、企业负责、工会监督。”工会组织的广泛性和群众性，能够密切联系职工群众，深入安全生产监督第一线，在国家安全生产工作格局中具有独特的地位。

工会的基本职责是维护劳动者的合法权益，劳动者的合法权益包括经济利益、民主权利、精神文化权益等，而最基本的权益是生存权和健康权，因此工会维护职工在工作中不受到伤害，就是维护劳动者最基本的权利。离开“生存权”“健康权”奢谈维护其经济利益、民主权利是毫无意义的。

2/ 工会劳动保护工作有哪些重要作用？

（1）工会劳动保护工作发挥群众性安全生产的作用

广大劳动者处在生产第一线，最了解哪里有事故隐患，哪里有职业病危害。而且他们又是职业病和生产安全事故的直接受害者，对做好劳动保护工作要求最迫切，对劳动保护监督检查也最有发言权。工会作为劳动者合法权益的表达和维护者，可以发挥“预防为主、群防群治、群专结合、依法监督”的作用。

（2）工会劳动保护工作发挥提高职工安全意识和安全技能的作用

工会通过监督企业对劳动者进行正规的上岗安全培训，履行法定的职业伤害、毒害告知义务，进行防护技能训练；通过利用各种宣传方式开展劳动保护教育，帮助职工了解国家有关劳动安全卫生的法律法规和企业的安全生产规章制度，增强劳动者的安全生产责任感和自我保护的意识、知识和技能，提高劳动者的劳动安全卫生素质。

（3）工会劳动保护工作发挥促进企业健康和谐发展的稳定作用

人是生产力诸要素中起决定作用的因素。做好工会劳动保护工作，采取有效措施，消除生产中不安全和不卫生因素，可以减少和避免各类事故的发生；创造舒适的劳动环境，可以激发劳动者热情，充分调动和发挥人的积极性。同时，加强劳动保护工作，还可减少因伤亡事故和职业病所造成的工作日损失和救治伤病人员的各项开支；减少由于设备损坏，财产损失和停产造成的直接或间接经济损失。还有利于树立良好的企业形象，有利于企业长远发展；也有利于增强劳动者对企业的认同感和主人翁责任感，构建和谐稳定的劳动关系。

3/ 基层工会劳动保护监督检查委员会怎样建立？

《基层工会劳动保护监督检查委员会工作条例》第二条规定：“企事业工会及所属分厂、车间工会设立工会劳动保护监督检查委员会（或工会劳动保护监督检查小组）。乡镇工会、城市街道工会及基层工会联合会也可以设立工会劳动保护监督检查委员会。”一般来说，企事业、车间职工人数在50人以下的，可建立工会劳动保护监督检查小组。

工会劳动保护监督检查委员会的委员数量根据企业、车间职工人数多少来确定。一般由5~15人组成。主任委员1人，由工会主席或副主席担任；副主任委员1~2人，由行政干部和工会副主席或劳动保护干部担任；委员若干；女职工相对集中的单位，应设立女职工委员会。人数少的企业、车间可组成3人工会劳动保护监督检查小组。

基层工会劳动保护监督检查委员会的职责：

（1）监督和协助本单位行政贯彻落实国家劳动安全卫生法律法规，监督检查安全生产责任制是否落实，安全管理、安全投入等是否到位；劳动条件、作业环境是否符合国家标准。督促和企业整改发现的问题、落实提出解决问题的办法。

（2）调查研究本企业劳动安全卫生状况，向行政和有关方面反映职工对劳动安全卫生工作的意见、建议和要求；提出工会的意见和建议，督促和协助企事业单位解决劳动安全卫生方面存在的问题，不断改善劳动条件和作业环境。

（3）参加涉及职工劳动安全卫生与健康规章制度的制定，参与本单位劳动安全卫生措施、计划和经费投入等方案的制定和实施，对劳动安全卫生的决策、措施提出意见和建议。参与本单位集体合同中关于劳动保护、工作时间、休息休假和工伤保险等条款的协商与制定，同时对条款的执行情况进行监督检查。

（4）制止“双违”和安全检查，制止违章指挥、违章作业；组织或协同行政进行安全生产检查。

（5）参加“三同时”审查验收。

（6）参加事故调查处理，查清事故原因和责任，提出对事故责任者的处理意见，并监督和协助企业采取防范措施。

（7）在生产过程中发现明显重大事故隐患和严重职业病危害，并危及职工生命安全的紧急情况时，应要求企事业行政或现场指挥人员采取紧急措施，包括立即从危险区内撤出作业人员。

（8）宣传国家的劳动安全卫生法律法规，组织职工开展安全生产教育。

（9）监督企事业单位按照国家标准发放劳动保护用品，定期对职工进行健康检查；监督企事业单位定期对职业病人的诊断、治疗和康复的责任，督促落实工伤保险待遇及职业病损害赔偿；监督和协助企事业单位落实女职工和未成年工特殊保护的有关规定。

4 工会小组劳动保护检查员应如何建立，其职责有哪些？

《工会小组劳动保护检查员工作条例》第二条规定：“在工、交、财贸、基本建设等行业的企事业生产班组中，设立工会小组劳动保护检查员。”工会小组劳动保护检查员经民主推选产生，应选择具有一定的劳动安全卫生知识；勇于坚持原则，有较强责任心的职工担任。

工会小组劳动保护检查员具有以下职责：

（1）协助落实法律法规和规章制度，帮助成员成为遵章守纪的模范，创建合格班组。

（2）维护职工的知情权，工会小组劳动保护检查员应主动调查工作场所存在的职业病危害和企事业相应的防护措施，带头行使劳动者对作业现场有害因素的知情权。

（3）督促和协助班组开展安全教育工作，特别是本班组人员的安全教育，提高安全意识和技术技能是工会小组劳动保护检查员的教育职责。

（4）制止“双违”行为，企业中的许多事故是由于违章指挥、违章作业所引发的，因此要在职工中树立“违章作业就是自杀，违章指挥就是杀人”的安全意识，使职工自觉抵制违章指挥、违章作业。

（5）督促解决安全检查中发现的隐患。工会小组劳动保护检察员应经常对生产设备、防护设施、工作环境进行监督检查，及时了解、掌握和发现工作现场、岗位所存在的致伤、致病和不良工作条件的危险和各种隐患，对于发现的隐患要及时报告，对隐患的整改要穷追到底，监督整改的全过程。

（6）紧急避险，工会小组劳动保护检查员在生产过程中一旦发现危及职工生命安全的紧急情况，应立即报告，并组织职工采取必要的避险措施。在无法确定事故发生的时间，又有事故发生迹象的情况下，必须依照“安全第一，确保万无一失”的原则，采取积极的措施制止事故的发生，或将事故影响和损失控制在最小的范围。

（7）事故抢险和现场急救，如果发生工伤事故后，工会小组劳动保护检查员要迅速参加抢险、急救工作，协助保护事故现场，并立即上报。

（8）监督企业提供符合国家规定的劳动条件和个人防护用品，并有义务代表工人提出改善劳动条件和环境的建议。

5/ 工会劳动保护工作有哪些主要方法？

（1）“一法三卡”工作法

①事故隐患和职业病危害监控法

监控法是在生产在（工作）区域内对事故隐患和职业病危害作业点采取一定的办法，出动和组织群众查找企业、车间、班组的危险源点，进行监督、控制并治理整改，消除隐患和危害。

排查。组织发动职工从人、机器、环境、管理等几个方面入手，深入地对生产作业场所与岗位事故隐患和职业病危害进行全面系统地排查和整理。

确认。对排查出来的各种不安全因素进行辨识、确认。确认事故隐患和职业病危害作业点的依据主要包括：易燃、易爆、易发生火灾危险的场所；有触电伤害的场所；有中毒和窒息危险的场所；有人员高空坠落危险的场所；有机具、物件挂、绞、碾、碰、挤、压、切、撞、割、刺危险的场所；有灼烫、透水、淹溺、坍塌危险的场所；有落物、崩块伤人危险的场所；粉尘超标和环境污染的场所；存在噪声、低温、高温、震动、辐射、生物毒性危害危险场所；其他容易致人伤害、发生事故频率较高的作业场所。

评估。由企业工会劳动保护监督检查员或专职干部、企业安全技术干部和技术工人等成员组成的评估小组，根据事故发生的概率大小；若发生事故可能造成职工伤亡人员的数量和职业病危害的严重程度；财产损失的大小等标准，对确认的事故隐患和职业病危害作业点逐个进行定性、定量的评估，确定其危险等级。

登记建档、立卡。凡列为事故隐患和职业病危害作业点的，均进行登记，建立相应的档案，并统一制作醒目的标志牌挂在作业场所，即“事故隐患和职业病危害监控卡（警示卡）”。

日常管理。由企业工会劳动保护监督检查委员会建立台账档案，一个作业点设置一本台账。按照“事故隐患和职业病危害作业点”的危险等级，根据实际情况，明确管理权限和责任人。

实行动态管理。无论是原有的监控点危险等级降低，还是出现新的危险源，都要及时进行调整，使危险作业点始终处于有效的监控之中。

相关链接

监控卡的主要内容：事故隐患作业点名称、危险等级、事故种类、防护措施、监控要求、紧急预案、责任人、检查周期等。企业还可以配套制作“事故隐患和职业病危害作业点分布网络图”，便于监控管理。

②有毒有害物质信息卡

有毒有害物质信息卡，国际上一般称作化学品安全信息卡，简称

MSDS。其主要作用体现在：一是提供有关化学品的危害信息，保护化学产品使用者。二是确保安全操作，为制定危险化学品安全操作规程提供技术信息。三是提供有助于紧急救助和事故应急处理的技术信息。四是指导化学品的安全生产、安全流通和安全使用。五是化学品等级管理的重要基础和信息来源。

③危险源点警示卡

危险源点警示卡，是运用现代系统安全的理论和方法，对生产场所、作业岗位的危险源进行自下而上的排查、辨识和评价，并实施挂牌的一种方法。主要作用：警示作用、监控作用、管理作用。

④安全检查表

安全检查表是为了系统地发现工厂、车间、工序或机器、设备、装置以及各种操作管理和组织措施中的不安全因素，事先把检查对象加以剖析，把大系统分割成小的子系统，然后确定检查项目，以提问方式，将检查项目按系统或子系统顺序编制成表，以便进行检查和避免漏检。

（2）"红黄白通知书"工作法

"红黄白通知书"是《事故隐患限期解决通知书》（红色通知书）、《事故隐患处理通知书》（黄色通知书）、《事故隐患报告书》（白色通知书）三种通知书的统称。

"红黄通知书"上方分别印有两条红线或黄线，"白色通知书"无色彩标记，以此体现事故问题的严重程度。这种方法主要针对生产过程中的设备隐患、管理缺陷、劳动卫生等方面危及职工安全与健康的问题，向企业管理者提出警告，并作为要求及时或限期整改的书面依据。通知书上有接书人的签名，企业行政如果不能按通知书的内容限期整改，所引起的不良后果将由接书人负行政或法律责任。

使用"红黄白通知书"的原则：

①对于必须解决，行政又有条件解决而不积极解决的事故隐患，必须发通知书限期解决。

②对于重大事故隐患，可能随时危及人身安全和健康的，必须发通知书限期解决。

③对于必须解决，而基层单位没有能力解决的，基层工会进行专项研究，向上级工会反映，由上级工会向同级行政发出"红黄通知书"。

④通知书发出后，要跟踪检查落实状况，并对整改效果进行评价，防止整改敷衍了事。

（3）竞赛活动法

“安康杯”劳动竞赛，是把竞争机制、奖励机制和激励机制应用于安全生产活动之中的群众性“安全”与“健康”竞赛。从20世纪80年代后期由内蒙古包头市总工会首创的“安康杯”竞赛活动，已经发展成为由中华全国总工会、国家安全生产管理总局等几十家单位联合举办的一项群众性安全生产活动，覆盖了全国各省（区、市）各种类型的企事业单位。

通过竞赛安全生产管理、领导者的安全生产意识、职工的安全生产知识水平和能力、安全生产的各项指标等内容的方式，营造“关爱生命、关注安全”的文化氛围，达到降低各类事故发生率和各类职业病发病率的目的。这项活动已经成为工会劳动保护工作的有效载体，融入了工会劳动保护工作之中。

“安康杯”竞赛活动应注意的几个问题：

①竞赛活动要与企业安全生产管理、监督组织网络建设相结合。

②竞赛活动要与企业全过程、全方位、全员安全管理相结合。

③竞赛活动要与监控、整改事故隐患相结合。

④竞赛活动要与合理化建议、群众性技术创新相结合。

⑤竞赛活动要建立职业健康安全管理体系相结合，使“安康杯”竞赛活动逐步成为工会劳动保护工作的一项系统工程。

（4）制度保障法

制度保障法主要是通过职代会制度和集体合同制度，发挥工会和职工代表在加强安全生产方面的作用。

①行使职代会在审查企业劳动保护中的同意或否决权

依据《企业工会工作条例》第三十四条规定，国有企业、国有控股企业职工代表大会或职工大会有“听取审议企业生产经营、安全生产、重组改制等重大决策以及实行厂务公开、履行集体合同情况报告，提出意见和建议”的职权；集体（股份合作制）企业职工代表大会或职工大会有“监督企业贯彻执行国家有关劳动安全卫生等法律法规、实行厂务公开、执行职代会决议等情况”的职权；私营企业、外商投资企业和港澳台商投资企业职工代表大会或职工大会有“监督企业贯彻执行国家有关劳动安全卫生等法律法规、实行厂务公开、履行集体合同和执行职代会决议、缴纳职工社会保险、处分和辞退职工的情况”的职权。

依据上述规定，各类不同性质企业中的职代会或职工大会在审查用人单位的劳动保护时，主要审议两个方面：一是审查、监督用人单位是否提取了劳动保护措施经费，根据国家有关规定，劳动保护措施经费从企业的设备更新改造基金中提取，一般企业提取 10%～20%，粉尘危害程度严重的企业提取 20%～30%；二是审查、监督劳动保护经费是否用于改善了职工的劳动条件，根据国家有关规定，劳动保护措施经费一定要做到专款专用，不得挪为他用。

②工会代表职工与用人单位协商签订单项劳动保护集体合同

单项劳动保护集体合同的条款主要包括以下内容：

一是企业必须严格执行国家劳动保护法律、法规、条例、标准；建立健全、落实以安全生产责任制为核心的各项管理制度；完善各项作业标准和安全操作规程。

二是企业必须向职工提供符合国家标准的劳动条件、生产设备、设施、工具和个体防护用品。

三是企业对查出的事故隐患和尘毒作业超标点要及时治理整改，对一时难以治理的，要采取可靠的防护措施及时制定整改治理计划，并优先保证其资金。

四是企业进行新建、扩建、改建工程时，要贯彻、落实劳动安全卫生设施与主体工程同时设计、同时施工、同时验收（简称“三同时”）的原则。在进行“三同时”审查、验收时，按有关规定通知工会派员对“三同时”工作实施监督。在推广新技术、新工艺、新产品时，必须采取可靠的安全卫生措施。

五是企业每年提出年度劳动保护治理项目计划、资金落实、责任人员落实、明确完成时间。年度劳动保护治理项目必须经过职代会审议通过，工会对其实施情况进行监督。

六是企业有对职工进行安全教育的义务，职工享有接受安全教育的权利。

七是企业应根据国家规定发放劳动保护用品，并教育、督促检查职工正确佩戴使用。

八是对从事、接触有毒有害作业的职工要按期进行健康检查。对查出患有职业病的职工，企业要及时给予治疗及安排疗养，并按规定和要求调离有毒有害工作岗位。

九是企业发生伤亡事故和严重职业病危害时，必须及时通知工会。发生重伤以上事故，企业要按国家《企业职工伤亡事故报告和处理规定》及时向有关方面和工会组织报告。由企业自行负责调查处理的事故，必须坚持“三不放过”的原则，事故分析会必须有工会代表参加，没有工会的签字，事故不得结案。

十是企业应当遵守国家对女职工和未成年工的特殊保护的规定，切实履行自己的职责。

十一是企业必须履行参加工伤保险的责任。按时、足额支付工伤保险费。

十二是企业制定和修改劳动保护规章制度时，应该吸纳工会参与。涉及职工安全健康的重大问题，必须经职代会讨论审议通过。

十三是企业法定代表人应定期向职代会报告企业有关劳动保护的情况，接受职工的监督。

十四是工会积极配合企业行政对职工进行安全卫生教育，监督各项安全管理规章制度的执行。发现违章指挥、强令工人冒险作业和重大事故隐患、职业病危害时，工会有权向行政方面或现场指挥人员提出改正意见；当发现危及职工生命安全的紧急情况时，有权提出停止作业建议，组织工人撤离危险场所。企业行政方面必须及时作出处理决定。

十五是工会依法独立进行劳动保护的监督检查；支持行政改善和加强劳动管理；企业行政支持工会实施群众性劳动保护监督检查工作。

十六是职工在劳动过程中，必须严格遵守劳动纪律、作业标准和安全操作规程。

十七是职工有权拒绝企业管理人员的违章指挥。对危害职工安全健康的行为，有权提出批评、检举和控告，企业不得对其刁难或打击报复。

第十三章
工会女职工工作

本章重点思考

1.当前工会女职工工作的基本任务是什么?
2.工会如何促进性别平等、全面维护女职工合法权益?

1 工会女职工组织的组建原则是什么？

（1）坚持依法组建的原则

《工会女职工委员会工作条例》规定，各级工会建立女职工委员会。女职工委员会与工会委员会同时建立。企业、事业单位、机关和其他社会组织等工会基层委员会有女会员10人以上的建立女职工委员会，不足10人的设女职工委员。这就是要求哪里有工会，哪里就要建立工会女职工组织，最大限度地把女职工组织到工会女职工组织中来，扩大工会女职工组织的覆盖面。

（2）坚持以工会组建带动工会女职工委员会组建的原则

工会女职工委员会是工会负责开展女职工工作的内设机构。因此，建立工会组织是组建工会女职工委员会的基础和前提。依照《工会法》和《中国工会章程》《企业工会工作条例》及《工会女职工委员会工作条例》的规定，企业、事业单位、机关和其他社会组织在组建工会的同时就要建立女职工委员会，并配备好相应的专、兼职工会女职工工作干部，落实好女职工工作干部的待遇。

（3）坚持同步筹备、同步组建的原则

同步筹建是指在筹建工会时，要同步考虑筹建工会女职工委员会。在筹建工会或筹备召开会员（代表）大会、酝酿工会委员候选人时，应根据女职工比例，推荐1~2名女职工为工会委员候选人；在会员代表大会的代表中应确定相应比例的女性代表。本单位党组织和上级工会在酝酿工会领导班子人选时，应至少安排一名女性候选人，作为女职工委员会主任人选。

同步组建是指在建立工会委员会的同时建立工会女职工委员会。

同步报批是指从组建工会女职工委员会的筹备工作起，直至工会女职工委员会建立，所有的请示、报告与批复都与工会委员会的请示、报告与批复同步进行。

同步换届是指基层工会女职工委员会委员的任期与基层工会委员会委员的任期相同，每届任期3年或者5年。工会委员会任期届满换届时，工会女职工委员会要同步进行换届。

相关链接

2019年3月，中华全国总工会下发《关于印发〈工会女职工委员会工资条例〉的通知》，对2014年的《工会女职工委员会工作条例》进行了修订。

2 基层工会女职工委员会的组建程序是怎样的？

（1）工会组建女职工委员会时，由工会筹备组或工会委员会以书面形式向上级工会和同级党组织提出组建女职工委员会的请示报告。内容包括：单位性质、女职工状况、筹建准备情况等。上级工会女职工委员会应对其筹建准备工作给予指导。

（2）经上级工会女职工委员会同意后，工会筹备组或基层工会委员会组织召开女职工代表大会选举新一届女职工委员会。

（3）选举结束后，工会委员会应将新一届女职工委员会的选举结果以书面形式报上级工会和女职工委员会。

（4）选举产生的女职工委员会经上级工会委员会批准后，应在女职工代表大会上予以宣布。

3 如何建立工会女职工委员会的组织制度？

《工会女职工委员会工作条例》第十二条至第十七条对工会女职工委员会的组织制度作出以下规定：

（1）女职工委员会应与工会委员会同时建立。县和县以上各级地方工会、产业工会依法建立女职工委员会。企业、事业单位、机关工会中有女会员10名以上的应建立女职工委员会，不足10名的可以设女职工委员。

（2）省、自治区、直辖市、地（市、州）总工会女职工委员会、实行垂直领导的产业工会女职工委员会，大型企业、事业单位、机关和其他社会组织等工会女职工委员会应设立办公室（女职工部），负责女职工委员会的日常工作；县级、乡镇（街道）、村（社区）工会和中、小企事业单位、机关等工会女职工委员会根据工作需要设专职或兼职的工作人员，也可以设立办公室（女职工部）。

（3）女职工委员会委员由同级工会委员会提名，在充分协商的基础上组成，也可召开女职工大会或女职工代表大会选举产生。注重提高女劳动模范、一线女职工和基层工会女职工工作者在工会女职工委员会中的比例。县以上工会女职工委员会根据工作需要可聘请顾问若干人。

（4）县以上工会女职工委员会常务委员由主任一人、副主任若干人、常委若干人组成。

（5）在工会代表大会、职工代表大会、教职工代表大会中，女职工代表的比例应与女职工占职工总数的比例相适应。

（6）工会女职工委员会是县以上妇联的团体会员，通过县以上工会接受妇联的业务指导。

4 当前工会女职工工作的基本任务有哪些？

根据新修订的《工会女职工委员会工作条例》的规定，当前工会女职工工作的基本任务包括以下几个方面。

（1）加强思想政治引领，组织女职工认真学习习近平新时代中国特色社会主义思想，开展理想信念教育、承担团结引导女职工听党话、跟党走的政治责任。教育女职工践行社会主义核心价值观，树立自尊、自信、自立、自强精神，不断提高思想道德素质、科学文化素质、技术技能素质和身心健康素质，建设有理想、有道德、有文化、有纪律的女职工队伍。

（2）按照“五位一体”总体布局和“四个全面”战略布局要求，践行新发展理念，把握为实现中华民族伟大复兴中国梦而奋斗的工人运动时代主题，弘扬劳模精神、劳动精神、工匠精神，动员和组织广大女职工在改革发展稳定第一线建功立业。

（3）依法维护女职工在政治、经济、文化、社会和家庭等方面的合法权益和特殊利益，同一切歧视、虐待、摧残、迫害女职工的行为作斗争。

①维护女职工的政治权益。主要体现在《中华人民共和国妇女权益保障法》等法律法规中的规定，代表女职工参政议政，并为女职工参政议政创造条件。组织女职工参与企业、事业单位的民主管理，坚持在职工代表大会中保证女职工代表占一定比例，并保证她们参与讨论企业生产、生活和改革等重大问题，以充分体现女职工的意愿。坚持在使用和提拔干部上的男女平等，在女职工较多的行业和部门配备一定数量的女领导干部，选拔女干部等。

②维护女职工的文化教育权益。主要体现在《中华人民共和国宪法》《中华人民共和国义务教育法》《中华人民共和国妇女权益保障法》等法律法规中的规定，为女职工提高文化技术素质创造条件，为女职工提供较多的学习、培训机会，全面提高女职工的整体素质。

③维护女职工的劳动权益。主要体现在国务院新审议通过的《女职工劳动保护特别规定》等法律法规的有关规定中，女职工的劳动权益主要包括：平等就业和选择职业的权利；取得劳动报酬的权利；休息休假的权利；获得劳动卫生安全保障的权利；接受职业技能培训的权利；享受社会保险和保障的权利；提请劳动争议处理的权利。工会女职工组织要依据有关法律法规的规定，维护女职工的各项劳动经济权利，配合监督企业做好保障女职工各项权益措施的实施和落实。

④维护女职工的财产和婚姻家庭权益。主要体现在《中华人民共和国民法通则》中关于妇女享有与男子平等的民事权利的规定，依据《中华人民共和国妇女权益保障法》关于国家保障妇女享有同男子平等的财产权利的规定，以及《中华人民共和国婚姻法》《中华人民共和国妇女权益保障法》关于妇女在婚姻家庭方面的权益，教育和帮助女职工学习和掌握法律知识，维护自己在家庭和婚姻生活中的合法权益不受侵害，发挥女职工在家庭文明建设中的重要作用，依法与一切侵害女职工合法权益的行为作斗争。

⑤维护女职工的人身权益。主要是通过积极参与侵害女职工生命健康权、人身自由权、姓名权、名誉权、肖像权、隐私权、荣誉权、人格尊严权等人身权利案件的调查处理，配合、督促有关行政、司法部门严格处理有关女职工的侵权案件，及时了解女职工的呼声，帮助解决女职工所遇到的困难，使女职工的各项人身权益得到切实保障。

⑥维护女职工的特殊利益。要根据不同行业和不同企业的特点，不断改善女职工的劳动条件和福利、保障待遇。发挥女职工组织的自身优势，关心女职工，为她们排忧解难，并与一切侵犯女职工合法权益和特殊利益的行为作斗争。各级工会及女职工组织要以推动平等协商、签订女职工专项集体合同工作为突破口，探索建立和完善女职工维权工作机制。

（4）参与有关保护女职工权益的法律、法规、规章、政策的制定和完善，监督、协助有关部门贯彻实施。代表和组织女职工依照法律规定，参加本单位的民主管理和民主监督。参与平等协商、签订集体合同和女职工权益保护等专项集体合同工作，并参与监督执行。指导和帮助女职工与用人单位签订并履行劳动合同。参与涉及女职工特殊利益的劳动关系协调和劳动争议调解，及时反映侵害女职工权益问题，督促和参与侵权案件的调查处理。做好对女职工的关爱服务，加强对困难女职工的帮扶救助。

（5）开展家庭文明建设工作，围绕尊老爱幼、男女平等、夫妻和睦、勤俭持家、邻里团结等内容，充分发挥女职工在弘扬中华民族家庭美德、树立良好家风方面的独特作用。

（6）推动营造有利于女职工全面发展的社会环境，发现、培养、宣传和推荐优秀女性人才，组织开展五一巾帼奖等评选表彰。

（7）会同工会有关部门和社会有关方面共同做好女职工工作。在有关方面研究决定涉及女职工利益问题时，积极提出意见和建议。

（8）与国际组织开展交流活动，为促进妇女事业发展作出贡献。

工会女职工劳动保护工作包括哪些方面的内容？

（1）保护女职工的劳动权益

女职工的劳动权益主要是指女职工依据有关劳动法律法规享有的劳动权利。工会女职工组织要依据《女职工劳动保护特别规定》等有关法律法规的规定，维护女职工的各项劳动经济权利，配合监督企业做好保障女职工各项权益措施的实施和落实。

（2）研究职业因素对女性生理机能的影响

研究不同产业、部门和各种职业劳动条件、工作环境对女职工健康的影响（噪声、有毒物质等），是女职工劳动保护的一项基础工作。对于国家卫生标准及劳动法规的制定，避免或减少职业因素对母性机能及胎儿发育的危害，保护女职工的健康具有重要意义。

①职业因素。职业因素是指人在从事生产劳动过程中，由于职业特点所接触的工作环境及劳动过程中的各种因素，对劳动者肌体的机能状态和健康可能会产生一定的影响，这些因素称为职业因素。

职业因素对女性肌体健康的影响主要有三种情况：一是对男女两性都有影响的，如噪声引起的耳聋，视力紧张引起的视力障碍等；二是对女性影响大于男性的，如女性皮肤较男性柔嫩，易遭受刺激物质损伤，故女性的皮肤疾患会高于男性；三是对女性生殖机能的不良影响，如引起月经、妊娠等机能障碍，影响授乳机能或对胚胎及胎儿产生影响等。女职工劳动保护研究的重点是第三种情况。

②对母性机能及胎儿发育有不利影响的有害职业因素。据有关专家到目前为止的调查，对母性机能及胎儿发育可能有不良影响的有害职业因素有28种（苯、甲苯、二甲苯、汽油、二硫化碳、甲醛、四氯化碳、铅、锰、汞、铬、已内酰胺、氯乙烯、苯胺、乙二胺、乙氰、乙炔、乙烯、溴、氯、氰化物、三硝基甲苯、有机磷、氯丁二烯、噪声、高温、震动和高频电磁场)。这些有害职业因素超过国家卫生标准时，就有可能导致女性月经异常、自然流产、早产、畸胎或影响胎儿发育。

上述职业有害因素中，对母性机能影响最大的有五种：铅、金属汞、二硫化碳、氯乙烯和噪声。

（3）避免和防止女职工从事有害女性生理机能的工作

根据2012年4月28日国务院新颁布实施的《女职工劳动保护特别规定》和原劳动部颁发的《女职工禁忌劳动范围的规定》，有害女性生理机能的工作包括以下几类：

① 特别繁重的体力劳动、有发生恶性意外事故危险的作业和单一体位作业的劳动。如井下作业、高空作业、石油钻探、森林采伐、装卸、搬运等。这些工种劳动强度过大，容易引起月经量过多、痛经、闭经、子宫脱垂等多种妇科疾病；未成年女工可引起骨盆狭窄或扁平骨盆；孕妇引起流产、早产乃至影响胎儿的正常发育。据有关专家测试证明：女工负重在10~20公斤时，子宫颈下降，停止负重后，回复原来位置。当每次超重20公斤时，出现子宫下垂和移位，造成附件炎及早产发生率增高。为此，国家规定女工每小时在6次以上的连续负重量限值为20公斤，间断负重不得超过25公斤。国际上限制在15~20公斤。单一体位作业，如连续长时间的立位、坐位、蹲位作业，可使腹压增高，引起盆腔淤血以致月经不调、子宫低位等妇科疾病。

②有毒有害工种，如防护不好会损害女职工的生理机能。如月经失调（经量多、经期长、痛经、闭经、早期绝经)、影响生育机能（影响受胎能力、引起早产、流产、分娩活动无力)、影响胎儿发育（致畸、致死)、影响授乳机能或毒化乳汁、影响乳儿健康成长。所以，不宜分配未婚、未育女工从事有毒有害工种。已经从事有毒有害工种的女工，应做好她们的劳动保护工作；一经发现女工怀孕，应立即调离，直至婴儿断奶后再回原岗位；实行定期轮换作业，定期进行健康检查。有条件的企业最好不安排女职工从事有毒有害工种。

（4）做好女性生理机能变化过程中的劳动保护

①经期保护。月经是健康妇女正常的生理现象。月经来潮时，会使女性正常的生理防御能力相对减弱，作业能力有所下降，若不注意保护会引起妇科疾病。因此，做好经期保护很重要。

经期保护的主要内容有：一是禁忌从事冷水作业分级标准中规定的第二级、第三级、第四级冷水作业；低温作业分级标准中规定的第二级、第三级、第四级低温作业；体力劳动强度分级标准中规定的第三级、第四级体力劳动强度的作业；高处作业分级标准中规定的第三级、第四级高处作业。二是根据国家有关规定和企业的实际情况，企业建立女职工卫生室，配有妇科治疗设备；还可以根据女职工从事工种的情况，规定女职工经期可享受1天休假，对女职工每月发放一定数额的卫生费或卫生用品等。

②孕期保护。孕期主要指妇女从事受孕到产出胎儿的一段时间，通常为280天。女职工怀孕后，体内各系统负担加重，作业能力受到一定影响，因此，应对她们的工作进行合理安排，以保证孕妇健康及胎儿的正常发育。孕期保护的主要内容有：

一是女职工在怀孕期间，所在单位不得降低其基本工资或解除劳动合同。

二是根据国家有关的规定，怀孕女职工禁忌从事的劳动范围是：作业场所空气中有毒物质浓度超过国家卫生标准的作业；作业场所放射性物质超过《放射防护规定》中规定的作业剂量；制药行业中从事抗癌药物及己烯雌酚生产的作业；人力进行的土方和石方作业；《体力劳动强度分级》标准中第三级体力劳动强度的作业；伴有全身强烈振动的作业，如风钻、捣固机、锻造等作业，以及拖拉机驾驶等；工作中频繁弯腰、攀高、下蹲的作业，如焊接作业；《高处作业分级》标准中所规定的高处作业。

三是不得在正常劳动日以外延长其劳动时间，对不能承担原劳动的应予减轻或安排其他劳动，对怀孕7个月以上的女职工不得延长其劳动时间或安排其从事夜班劳动，并应当在劳动时间内安排一定的休息时间。

四是定期进行产前检查，检查所用时间算作劳动时间，检查费用由所在单位负担。参加生育保险的单位由保险机构支付。

③产期保护。产期包括产前和产后两个时期。分娩是一个生理变化过程。分娩后，需要将怀孕后生理机能的变化逐渐回复过来，这段时期的保护尤为重要，这不仅关系到女职工一生的健康，也关系到婴幼儿的健康成长。产期保护的主要内容有：

一是女职工产期，所在单位不得降低其基本工资或解除劳动合同。参加生育保险的单位，由保险机构按有关规定支付生育津贴。

二是女职工分娩时的接生费、手术费、住院费、医药费，由所在单位负担，参加生育保险的单位由保险机构支付。

三是女职工产假为98天，其中产前休假15天。难产的，增加产假15天；多胞胎生育的，每多生育1个婴儿，增加产假15天。

四是女职工怀孕不满4个月流产的，享受不少于15天的产假；怀孕满4个月流产的，给予42天产假。产假期间的工资应照常发放。

哺乳期保护。哺乳期是指胎儿娩出后至婴儿满一周岁。进行哺乳期（含人工喂养）保护的目的，是保证哺乳女工有丰富的、质量较好的乳汁，按时哺育婴儿，使婴儿健康成长。哺乳期保护的主要内容：

一是女职工在哺乳期，所在单位不得降低其基本工资或解除劳动合同。

二是根据有关规定，乳母禁忌从事的劳动范围是：作业场所空气中有毒物质的浓度超过国家卫生标准的作业；《体力劳动分级》标准中第三级体力劳动强度的作业。

三是女职工在哺乳期内，用人单位不得延长其劳动时间和从事夜班劳动。

四是有不满一周岁婴儿的女职工，用人单位应当在每日的劳动时间内给予不少于1小时的时间作为哺乳时间；生育多胎的，每多哺乳一个婴儿，每日增加1小时的哺乳时间。

五是女职工较多的单位，根据国家有关规定应设立哺乳室等。

6/ 什么是工作场所性别平等？

性别平等是指各年龄阶段和各个工作生活阶段男女享有平等的机会、权利和待遇。所有人都可以自由地发展个人能力和作出选择，不受有关性别角色或男女性别特点的成见和偏见约束。

工作场所性别平等是指男女职工享有平等的工作机会和待遇，从事同等价值的工作获得同等报酬，公平享有安全健康的工作环境和生育保护，平等参与集体协商，平等获得职业发展机会，以及获得平衡工作和家庭的支持等。工作场所性别平等是保障人权、促进社会公正和可持续发展的关键。

工作场所性别平等主要包括就业机会平等、职业发展机会平等、薪酬待遇平等、生育保护、为职工平衡工作和家庭责任提供支持、预防和制止职场暴力和性骚扰六大方面的内容。

促进工作场所性别平等是工会女职工工作的一项重要内容。

工会应如何积极促进工作场所性别平等？

女职工是我国工人阶级的重要组成部分，在推动经济发展和社会进步中发挥了不可替代的作用。近年来，各级工会组织把维护女职工权益、促进女职工发展作为推动性别平等的重要内容，积极推动和女职工劳动经济权益、民主参与权利、特殊劳动保护权益等进一步得到实现和保障。但是女职工在劳动就业、生育保护、职业待遇等方面也面临着新情况新问题，一些女职工因生育在求职、产后返岗和职业发展中不同程度遭遇性别歧视等问题，需要工会积极推动消除性别歧视、依法维护女职工合法权益和特殊利益。工会要积极参与到用人单位促进性别平等各项制度机制的制定、实施和监督，做到：

（1）加强源头参与。推动用人单位建立性别平等机制，监督用人单位在人力资源制度和实践中坚持性别平等原则，督促用人单位制定促进平别平等目标及实施方案，为加强性别平等机制建设配备资金和人员，协助用人单位建立评估、自查体系，建立性别歧视争议处理机制。

（2）充分发挥集体协商在促进性别平等工作中的作用。工会要广泛征求职工意见，在确定协商议题、推进协商代表等方面充分考虑两性需求，确保女职工的参与度和代表性。将职业发展、同工同酬、社会保险、工作和家庭责任平衡措施、预防和制止职场暴力以及性骚扰等内容纳入集体合同和女职工权益保护专项集体合同条款，确保男女职工享有平等的机会和待遇。

（3）建立和完善民主管理制度。确保职代会中有适当比例的女职工代表，将促进性别平等纳入民主管理内容，将落实性别平等等相关制度提交职代会审议通过并监督执行。

（4）充分发挥女职工委员会在促进性别平等中的作用。工会女职工委员会要积极参与和监督本单位性别平等工作，及时发现、反映、督促解决女职工遭受性别歧视问题。

（5）进行性别平等宣传和能力建设。提高工会干部自身促进性别平等的能力。积极借助专业力量，协助用人单位面向管理者及职工开展宣传、咨询、培训，在企业经营管理和人力资源管理等实际工作中对具体实施性别平等提供指导、服务和监督。

（6）开展调查研究，进行分性别统计。工会要应对用人单位性别平等状况进行调查研究，定期收集、按性别分类分析信息，针对发现的问题提出改进措施。

第十四章
工会社会保障工作

本章重点思考

1.工会在促进社会保障工作中应发挥什么作用?
2.工会如何做好困难职工脱贫解困工作?

1/ 我国社会保障体系主要包括哪些方面的内容？

我国社会保障主要包括缴费型的社会保险和非缴费型的社会救济、社会福利、优抚安置、社会互助等内容。

（1）社会保险

目前我国的社会保险包括：基本养老保险、失业保险、基本医疗保险、工伤保险和生育保险5个项目。国家依法建立社会保险制度，设立社会保险基金，使劳动者在年老、失业、疾病、工伤、生育时获得帮助和经济补偿，保障他们的基本生活和基本医疗。

（2）社会救济

我国政府对因各种原因而无法维持最低生活水平的公民给予无偿救助。救助的对象主要是：没有劳动能力且没有生活来源者；或虽有收入来源，但生活水平低于法定最低标准者；或虽有劳动能力和收入来源，但由于意外灾害使生活暂时无法维持者。

（3）社会福利

我国政府和社会向特别需要关怀的社会成员提供必要援助，目前主要包括老人福利、儿童福利、残疾人福利等。

（4）优抚安置

我国政府和社会对军人等特殊工作者及其家属予以优待、抚恤和妥善安置。

（5）社会互助

我国政府鼓励和支持社会团体、社会成员自愿组织和参与扶弱济困活动。目前，主要有工会、妇联、青联等社会团体组织的互助互济，民间公益事业团体组织的慈善救助，居民组织的各种形式的互助等。

2/ 我国现行企业职工养老保险制度的基本内容是什么？

（1）覆盖范围

基本养老保险制度的覆盖范围为城镇各类企业职工、个体工商户和灵活就业人员。

（2）保费筹集

基本养老保险费由企业和职工共同负担，企业依法缴纳基本养老保险费，缴费比例一般为企业工资总额的20%左右，企业缴费部分不再划入个人账户，全部纳入社会统筹基金，并以省（自治区、直辖市）为单位进行调剂。养老保险社会统筹基金纳入财政专户。实行收支两条线管理，严禁截留、挤占、挪用。职工缴费比例为本人缴费工资的8%，并全部计入个人账户。

（3）个人账户

个人账户规定为8%，个人账户储存额的多少取决于个人缴费额和个人账户基金收益。个人账户基金只能用于职工养老，不得提前支取。职工跨统筹范围流动时，个人账户随同转移。职工或退休人员死亡，个人账户可以继承。个人账户基金由省级社会保险经办机构统一管理，按国家规定存入银行，全部用于购买国债，收益率要高于银行同期存款利率。

（4）领取基本养老金的条件

一是达到法定退休年龄，并已办理退休手续；二是所在单位和个人依法参加养老保险并履行了缴费义务；三是个人缴费年限至少满15年。目前我国职工法定退休年龄为男职工60岁；从事管理和科研工作的女职工55岁；从事生产和工勤辅助工作的女职工50岁。

（5）基本养老保险待遇

基本养老金由基础养老金和个人账户养老金组成。退休时基础养老金月标准以当地上年度在岗职工月平均工资和本人指数化月平均缴费工资的平均值为基数，缴费每满一年发给1%。个人账户养老金月标准为个人账户储存额除以计发月数，计发月数根据职工退休时城镇人口平均预期寿命、本人退休年龄、利息等因素确定。国发〔1997〕26号文件实施前参加工作，国发〔2005〕38号文件实施后退休且缴费年限累计满15年的人员，在发给基础养老金和个人账户养老金的基础上，再发给过渡性养老金。国发〔2005〕38号文件实施后到达退休年龄但缴费年限累计不满15年的人员，不发给基础养老金；个人账户储存额一次性支付给本人，终止基本养老保险关系。国发〔2005〕38号文件实施前已经离退休的人员，仍按国家原来的规定发给基本养老金，同时执行基本养老金调整办法。基本养老金领取者死亡后，其遗属按国家有关规定领取丧葬补助金，由基本养老保险社会统筹基金支付。

（6）建立多层次的养老保险

具备条件的企业可以为职工建立企业年金。企业年金实行完全积累，采取市场化的方式进行管理和运营。

3/ 我国现行的城镇职工基本医疗保障制度的主要内容是什么?

（1）强制城镇所有用人单位及其职工和退休人员参保。

（2）由用人单位和职工个人共同负担医疗保险费。其中，用人单位缴费水平按当地工资总额的6%左右确定，个人缴费从本人工资的2%起步，各地可根据当地经济发展情况适当调整缴费标准。

（3）实行社会统筹与个人账户相结合模式。个人账户主要支付小额和门诊医疗费用；统筹基金主要支付大额和住院医疗费用，由医疗保险经办机构统筹调剂使用，按医疗费的一定比例支付。

（4）实行基本医疗保险的社会化管理和服务。医疗保险统筹管理层次原则上以地级以上行政区为统筹单位，也可以以县（市）为统筹单位。直辖市试行全市统筹。医疗保险统筹基金纳入单独的社会保障基金财政账户，并实行收支两条线管理和相应的财务、审计制度。

（5）推进医疗机构改革，提高医疗服务的质量和水平。

（6）保证特殊人员的医疗待遇与现行基本医疗保险制度衔接。

4/ 我国现行的职工失业保险制度的主要内容是什么?

1999年1月22日，国务院颁布了《失业保险条例》。其主要内容包括。

（1）覆盖范围

城镇的国有企业、集体企业、外商投资企业、港澳台投资企业、私营企业等各类企业，以及事业单位都必须参加失业保险并按规定缴纳失业保险费。社会团体及其专职人员、民办非企业单位及其职工、城镇中有雇工的个体工商户及其雇工是否适用《失业保险条例》，由各省级人民政府确定。

（2）资金来源

失业保险所需资金来源于四个部分：失业保险费，包括单位缴纳和个人缴纳两部分，这是基金的主要来源；财政补贴，这是政府负担的一部分；基金利息，这是基金存入银行和购买国债的收益部分；其他资金，主要是指对不按期缴纳失业保险费的单位征收的滞纳金等。失业保险费由城镇企业事业单位按照本单位工资总额的2%缴纳，城镇企业事业单位职工按照本人工资的1%缴纳。城镇企业事业单位招用的农民合同制工人本人不缴纳失业保险费。

（3）失业保险待遇

失业保险金包括：按月领取的失业保险金、领取失业保险金期间的医疗补助金、领取失业保险金期间死亡的失业人员的丧葬补助金及其供养的配偶、直系亲属的抚恤金。另外，还可以为失业人员在领取失业保险金期间开展职业培训、职业介绍的机构或接受职业培训、职业介绍的本人给予补贴，以帮助失业人员实现再就业，并减轻失业人员的经济负担。失业保险金的标准由省级人民政府确定，原则是低于当地最低工资标准，高于城市居民最低生活保障标准。医疗补助金的标准由省级人民政府规定。丧葬补助金和抚恤金的标准应参照对当地职工的规定办理，一次性发放。失业保险金的领取时间是由失业人员失业前所在单位和本人按照规定累计缴费时间决定的，满1年不足5年的，最长不超过12个月；满5年不足10年的，最长不超过18个月，10年以上的，最长不超过24个月。

5 我国现行的工伤保险制度的主要内容是什么？

（1）工伤保险制度的实施范围

一是中华人民共和国境内的各类企业，二是有雇工的个体工商户。事业单位、社会团体和民办非企业单位等参加工伤保险的办法另行制定。

（2）工伤保险基金的构成

工伤保险制度的财政基础是工伤保险金，是由用人单位缴纳的工伤保险金、工伤保险金的利息和依法纳入工伤保险金的其他资金构成的。国家根据不同行业的工伤风险程度确定行业差别费率，同时建立单位缴费浮动机制，根据用人单位的工伤发生情况和工伤保险费使用情况调整用人单位的缴费费率。工伤保险基金在直辖市和设区的市实行全市统筹，其他地区的统筹层次由省、自治区人民政府确定，跨地区、市场流动性较大的行业，可采取相对集中的方式，异地参加统筹地区的工伤保险。

（3）工伤范围

根据《工伤保险条例》的规定，工伤的范围包括七种应当定为工伤的情形和三种视同工伤的情形。

七种应当定为工伤的情形：一是在工作时间和工作场所内，因工作原因受到事故伤害；二是工作时间前后在工作场所内从事与工作有关的预备性或收尾性工作受到事故伤害；三是在工作时间和工作场所内，因履行工作职责受到暴力等意外伤害；四是患职业病；五是因公外出期间，由于工作原因受到伤害或发生事故下落不明；六是在上下班途中受到机动车事故伤害；七是法律、行政法规规定应当认定为工伤的其他情形。

三种应视同工伤的情形，一是在工作时间和工作岗位，突发疾病死亡或者在48小时之内经抢救无效死亡；二是在抢险救灾等维护国家利益、公共利益活动中受到伤害；三是职工原在军队服役，因战、因公负伤致残，已取得革命伤残军人证，到用人单位后旧伤复发的。

根据工伤保险条例规定，以下三种情形不能认定为工伤或视同工伤，即因犯罪或违反治安管理伤亡；醉酒导致伤亡；自残或者自杀。

（4）工伤保险待遇

因工伤致残的职工，应进行劳动能力鉴定，以取得享受工伤保险待遇的依据。我国的工伤保险待遇分为医疗待遇、工资待遇、伤残待遇和死亡待遇。工伤保险医疗待遇主要包括：工伤医疗费用、康复性治疗费用、辅助器具安装配置（假肢、矫形器、轮椅等）费用、住院伙食补助费用和转外地治疗的交通、食宿费。职工因工伤或职业病需要暂停工作接受治疗的，在停工留薪期内原工资福利待遇不变，由所在单位支付。停工留薪期一般不超过12个月。特殊情况，经劳动能力鉴定委员会确认，最多可再延长12个月。

（5）监督管理

为保证工伤保险的正常运行，《工伤保险条例》对工伤保险的监督管理作了具体的规定，并且赋予工会组织对用人单位的工伤保险工作实行监督的权力。该条例还对不按规定参加工伤保险，工伤鉴定机构、工伤保险机构和劳动保障行政部门的违规行为，单位或个人挪用工伤保险基金、骗取工伤保险待遇的行为应当承担的法律责任，以及对构成犯罪的依法追究刑事责任等作出了具体规定。

6/ 工会在社会保险事业中怎样发挥作用？

（1）工会依法维护职工的合法权益，有权参与社会保险重大事项的研究。社会保险行政部门等部门制定工伤保险的政策、标准，应当征求工会组织、用人单位代表的意见。

（2）参加社会保险监督委员会，对与职工社会保险权益有关的事项进行监督。统筹地区人民政府成立由用人单位代表、参保人员代表，以及工会代表、专家等组成的社会保险监督委员会，掌握、分析社会保险基金的收支、管理和投资运营情况，对社会保险工作提出咨询意见和建议，实施社会监督。

（3）工会组织有权代表职工提出工伤认定申请。根据《工伤保险条例》的规定，职工发生事故伤害或者按照职业病防治法规定被诊断、鉴定为职业病，所在单位应当自事故伤害发生之日或者被诊断、鉴定为职业病之日起30日内，向统筹地区社会保险行政部门提出工伤认定申请。遇有特殊情况，经报社会保险行政部门同意，申请时限可以适当延长。

用人单位未按前款规定提出工伤认定申请的，工伤职工或者其近亲属、工会组织在事故伤害发生之日或者被诊断、鉴定为职业病之日起1年内，可以直接向用人单位所在地统筹地区社会保险行政部门提出工伤认定申请。

（4）工会有义务协助社会保险行政部门对事故伤害的调查核实。

根据《工伤保险条例》的规定，社会保险行政部门受理工伤认定申请后，根据审核需要可以对事故伤害进行调查核实，用人单位、职工、工会组织、医疗机构以及有关部门应当予以协助。

（5）工会组织依法维护工伤职工的合法权益，对用人单位的工伤保险工作实行监督。职工因工伤亡事故和其他严重危害职工健康问题的调查处理，必须有工会参加。工会应当向有关部门提出处理意见，并有权要求追究直接负责的主管人员和有关责任人员的责任。对工会提出的意见，应当及时研究，给予答复。

7 工会社会保险工作的内容和工作重点是什么？

（1）工会社会保险工作的内容

①加强宣传，积极参与

各级工会要利用多种宣传手段和形式，向广大职工群众宣传社会保险的有关法律和政策规定，使职工对社会保险的内容有所了解。同时，工会要积极参与本单位社会保险工作的立项、保证各项社会保险制度的落实，以及各项保险金的筹划、缴纳。

②强化监督，切实维权

各级工会要勇于对违反社会保险政策规定，侵害职工合法权益的行为提出工会的意见，并要求用人单位予以纠正；对存在问题较严重的，也可向上级工会和劳动部门反映，促使问题得以解决。

工会在社会保险制度的监督活动中，具有知情权，即有了解涉及职工社会保险缴纳情况的权利；具有独立调查权，即有查看社会保险立项、缴纳等方面的原始记录、调查听取职工意见的权利；具有建议权，即有要求和建议用人单位纠正对职工不合理处罚的权利。

③开展培训、多办实事

应通过一定的形式对工会干部进行社会保险制度的培训，培训内容包括社会保险的有关政策和法律规定；社会保险的统计、计算及计算机管理等。

动员、组织职工参加“互助补充保险”。职工“互助补充保险”是工会组织领导的、职工自愿参加的、资金以职工个人缴费为主，具有职工互助、互济性质的一种保险形式。其项目有：职工养老互助补充保险、职工医疗互助补充保险、职工死亡丧葬互助补充保险等。

（2）工会社会保险工作的工作重点

①私营企业工会社会保险工作的重点

私营企业社会保险工作起步较晚，针对这种状况，私营企业工会要帮助私营企业主认识建立社会保险制度的重要性，并讲清法律的约束性，督促企业按国家规定足额、定时为职工缴纳各项社会保险作为自己的工作重点。同时通过平等协商和集体合同制度，推动社会保险工作的建立健全。

②乡镇企业工会社会保险工作的重点

由于乡镇企业劳动关系的非规范化和管理的随意化，加之劳动者的组织程度和维权能力较低，使得社会保险工作在乡镇企业中非常不健全。因此，利益的表达、权利的保障应成为乡镇企业工会社会保险工作的重点。

③股份合作制企业工会社会保险工作的重点

股份合作制企业是一种劳动和资本相结合的新型企业，因此，股份合作制企业工会社会保险工作的重点，应特别注意维护职工与股权设置有关的经济利益，例如，对离厂职工的一次性补偿和退休人员的安置，要符合国家社会保险制度的规定。同时应坚持和完善职代会制度（职代会在股份合作制企业里是“权力机构”），保证职工对企业各项保险和福利事项的决定权。

④公司制企业工会社会保险工作的重点

公司制企业为保证公司和股民的利益，往往以追求经济利益的最大化为目标，这就导致经济性裁员、提前退休、自动离职等行为经常出现，人员流动非常频繁。因此，公司制企业工会社会保险工作的重点，应是监督公司必须依法为职工办理各项社会保险，使职工在退休、失业、医疗、工伤等情况下，能够享受到社会保险的各项待遇。

⑤外商投资企业工会社会保险工作的重点

有些行业和部门，为把吸引外资作为政绩目标，在进行优惠政策宣传时，把职工的社会保险也列入了优惠政策之中，导致有些外商投资企业不为职工办理各项社会保险。因此，外商投资企业工会社会保险工作的重点，应通过与企业雇主或经营者协商签订集体合同之际，明确地将职工各项社会保险写入集体合同之中，并监督其落实。

8/ 工会保障工作的职责、内容及工作重点是什么？

（1）工会保障工作的职责和主要内容

工会保障工作的基本职责是维护职工的劳动经济权益。职工劳动经济权益是职工在社会生产过程中作为劳动者所应享有的在就业、收入分配、社会保障以及劳动保护等方面权益的总称。因此，工会保障工作的职责就是要维护好、实现好和发展好广大职工的劳动就业权、劳动报酬权、社会保障权等各项劳动经济权益，促使广大职工共享经济社会发展的成果，从而充分调动广大职工的积极性、主动性和创造性，积极投身于建设全面小康社会的伟大事业。

工会保障工作的主要内容包括：

①综合研究国民经济和社会发展过程中与职工劳动经济权益密切相关的问题，研究工会保障工作的有关理论和政策，制定和提出工会保障工作的总体规划、工作目标和工作任务，总结推广典型经验，更好地开展工会保障工作。

②参与国家有关职工劳动就业、收入分配、社会保障、社会救助、社会福利等方面的政策法规的研究和制定，充分反映职工群众的意见、要求和建议，从源头上维护广大职工的劳动经济权益。

③开展调查研究，推动并监督有关劳动、工资、社会保险、社会救助、社会福利等方面政策法规的贯彻执行并及时了解和掌握职工群众相关权益的实现和保障状况，提出相应的政策和建议。

④发挥工会自身的优势，通过多种形式和途径，组织开展困难职工帮

扶工作，努力为广大职工办实事办好事，帮助职工解决在劳动就业、收入分配、社会保险、子女教育、住房以及基本生活保障等方面的实际困难，协助党委和政府解决困难职工的生产生活问题。

（2）新时代下工会保障工作的重点

①加强源头参与。重点推动加快劳动立法的进程，力求把这些年国家在促进就业、深入收入分配制度改革、完善社会保障制度等方面所形成的政策和有效做法，以法律的形式固定下来，促进劳动保障工作由政策主导逐渐转向法治规范。

②切实强化监督检查。监督检查是法律赋予工会的重要权力，也是工会促进劳动保障政策和法律法规贯彻落实的重要手段。要坚持工会领导机关与同级党委、政府开展劳动保障政策落实情况的联合督察活动，推动参与同级人大开展劳动保障法律法规执法大检查、参与同级政协对劳动保障法律法规执行情况实施的定期监督检查和视察活动、工会组织与同级政府之间的联席会议制度、劳动关系三方协调会议制度，以及充分发挥工会劳动法律监督组织的优势和作用、上下联动开展监督检查活动等，努力拓展工会开展监督的渠道，切实维护职工群众的劳动经济权益。

③努力为职工办好事实事。这是工会组织的光荣传统，也是工会组织义不容辞的责任。当前及今后一个时期，重点是要进一步健全困难职工帮扶体系，深入实施送温暖工程，努力完善困难职工帮扶制度。要特别重点做好工会促进下岗失业人员再就业工作，继续协助劳动保障部门，加大对再就业政策的监督检查，确保各项政策落实到位；整合工会职业培训和职业介绍资源，完善工会就业服务体系，实现与政府公共就业服务体系的对接；发挥工会优势，在创业培训、小额贷款和支持职工自主创业方面积极为下岗失业人员提供支持。要深入开展金秋助学活动，争取各种社会资金捐助，为困难职工子女提供助学服务，进一步扩大工会在帮扶困难职工方面的社会影响力。另外，尤其要注重将农民工纳入工会帮扶对象，叫响“农民工有困难找工会”的口号。

9/ 工会生活保障工作的主要内容有哪些？

（1）送温暖工程

①开展送温暖活动。每年元旦春节期间，各级工会组织与各级党政领导干部一道，对困难企业和困难职工家庭进行慰问。

②完善特困职工档案制度。根据1996年全国总工会下发的《建立生活困难职工档案制度暂行办法》的要求，各省、市、县、企业工会四级分别以特困职工家庭为对象，建立起特困职工档案，并实行动态管理。这对完善城市居民最低生活保障制度以及有针对性地制定和实施帮扶措施发挥了作用，并为工会参政议政和党政部门制定政策提供了依据。

③建立送温暖工程基金。一方面帮助困难职工解决社会困难，一方面对困难职工开办各种小规模生产经营项目提供资金和技术、信息等方面的帮助，助其输血自救，脱困致富。

④推行领导干部联系困难职工制度。全国各级工会积极动员各级党政工领导干部，与困难职工家庭建立包户帮困联系，形成了"政府领导负责，机关积极参与，工会联络协调，企业主动配合"的工作机制，在困难企业解困和困难职工帮扶方面发挥了积极的作用。

⑤积极协助政府做好下岗失业人员再就业工作。为下岗、失业职工提供再就业服务，帮助他们实现再就业，是实施送温暖工程的重点内容。

⑥大力开展职工互助互济活动。职工互助互济活动，是工会组织广大职工发扬互助友爱的光荣传统，以集体互助的形式开展的扶贫帮困活动，主要包括通过建立职工互助储金会、开展爱心捐助、组织贴心人服务队和送温暖志愿者服务队等形式，为广大职工特别是老弱病残和离退休职工提供各种日常生活服务。

（2）困难职工帮扶中心

工会困难职工帮扶中心是新形势下工会组织履行基本职责，协助党政组织解决好困难职工生产生活问题，直接面向困难职工创立的一站式综合服务机构。

①帮扶对象和帮扶内容

帮扶中心的帮扶对象主要包括：家庭人均收入低于当地城镇居民最低生活保障线，经政府救济后生活仍十分困难的职工；家庭人均收入虽略高于当地城镇居民最低生活保障线，但由于疾病、子女上学或意外灾难等原因，不能维持基本生活的困难职工；因各类灾害或重大意外事故造成生活特别困难的职工。

帮扶中心的帮扶内容根据困难职工的需要和地域经济发展水平的不同各有侧重地设置，主要包括政策咨询、职业介绍、就业培训、生活救助、法律援助、子女助学、信访接待等内容。

②帮扶中心的职能定位

一是帮困职能。就是要做到“救急济难、拾遗补阙、保障生活”。在政府政策覆盖没有到位的领域，及时解决职工临时性、突发性的生活困难，帮助他们渡过难关。

二是维权职能。就是要做到“反映诉求、保障权益、促进稳定”。要积极向政府有关部门反映困难职工的诉求，推动政府给予解决。同时也要为职工提供政策咨询、法律援助、调解劳资矛盾等维权服务，促进建立和谐稳定的劳动关系。

三是服务职能。就是要做到“服务职工、提高素质、共建和谐”。通过职业岗位技能培训、劳动力市场信息服务、技能人才流动等服务项目，使帮扶中心既能解决职工突发性生活困难，又能提高职工素质和就业质量，既能提高工会的帮扶时效，又能构建帮扶工作的长效机制。

③帮扶中心建设的基本要求

一是场地和人员要求。帮扶中心作为工会维权的常设机构和形象窗口，要有相对固定的场所、人员和经费来源。工作人员也应由具有一定理论政策水平和群众工作经验、具备相关专业知识和工作能力的人员担任，主任由地方工会负责同志兼任，其他工作人员从工会机关选派，也可面向社会招聘。

二是资金筹集要求。政府承担着救助困难群体的主要职责，帮扶中心是社会救助体系的重要组成部分，要积极争取各级政府对帮扶中心的资金支持，推动政府定期向帮扶中心拨付资金，并列入财政预算。工会要调整经费支出结构，进一步加大对帮扶中心工作的资金支持力度。各地方工会在编制工会经费支出预算时，应当在相应的预算科目单列出帮扶中心的经费额度，逐步增大帮扶资金支出在工会经费支出中的比例。送温暖资金结余部分也可以用作帮扶中心对困难职工的帮扶。要加强宣传和协调工作，采取灵活多样的形式动员社会各界开展捐款捐物活动。

三是帮扶内容要求。各地工会困难职工帮扶中心要围绕当地党委和政府的工作大局、工会的中心工作、广大困难职工群众的实际需求开展工作，切实体现救急济难、排解矛盾、拾遗补阙、方便快捷的工作特点，根据本地实际和工会自身能力，通过信访接待、政策咨询、职业介绍和职业培训、法律援助、生活救助等多种形式，为困难职工提供直接、快捷、方便的帮助和服务，与有关部门配合，帮助解决困难职工在就业、医疗、生活、子女上学等方面遇到的困难和问题，依法保障职工合法权益。

四是工作协调制度要求。各级工会组织要成立工会帮扶工作领导小组，组长一般应由工会主要负责人担任，成员包括保障、法律、信访等相关业务部门，以切实加强对帮扶中心工作的领导和协调。帮扶中心的具体工作由工会保障部门牵头，要加强与政府的工作联系，推动建立工会与政府有关部门协商解决困难职工问题的工作机制，会同法律、信访等部门进行业务指导，定期研究解决帮扶中心遇到的各种实际问题，形成工作合力。

五是管理制度要求。要切实加强帮扶中心的管理，健全和完善帮扶中心的信访接待、就业服务、法律援助、生活救助等项工作制度，明确相应的工作程序，张榜公示。要建立资金管理制度，严格遵守财经纪律，严格资金使用和管理。政府资助和社会募集的资金，只能用于帮助困难职工，帮扶中心的工作人员开支和办公经费应当从工会经费中列支。帮扶中心接受政府审计部门的监督，接受工会经费审查和审计监督。要建立并严格执行物资登记、统计以及帮扶款物发放管理制度。对于社会捐助的资金和物资，其发放和使用情况要接受社会监督，发现违纪现象要严肃处理。

六是信息统计要求。帮扶中心要建立来访困难职工信息统计制度，为每一位符合帮扶条件的困难职工建立统一的档案。要安排专人负责对来访困难职工的基本情况、致贫原因、求助要求、工会帮扶情况等内容逐一记录建档，做好信息统计工作。要建立对来访困难职工信息的分析、监测和报告制度，加强对帮扶中心信息化建设的硬件投入，配备微机实现信息化管理。要定期对困难职工信息进行汇总分析，对其中带有共性的或比较突出的问题，定期向上级工会报告。

第十五章
工会财务管理

本章重点思考

1.如何寻找新时代工会财务工作的创新点?
2.提高工会财务管理水平有什么必要性?

1/ 什么是工会财务？其实质是什么？

工会财务工作是各级工会组织及其所属企事业单位，在履行工会职能过程、维护职工权益、发展工运事业过程中所建立起来的、以工会经费为核心的管理活动及其所体现的经济关系。这些管理活动包括筹集、分配运用、管理资金。

工会是依法成立的群团组织，基本的事权是表达和维护职工权益。为使工会事权能够得到充分实现，有效的财权配置十分必要。从这个意义上讲，工会财务工作的实质就是基于工会事权需要而实施的与工会财权配置与使用有关的管理活动。

工会财务工作包括财务管理和会计核算两个部分。财务管理侧重于控制和参与预测、决策及对经济工作的调节，其具体工作有预算管理、核算管理、财务体制与经费分成、经费收缴、开支范围与原则等。会计核算侧重于记录、反映和监督经济活动过程，其具体工作为记账、算账、报账、对账、查账、编制会计报表等。

工会财务工作特别是工会会计核算总体属于预算会计范畴，但从各级工会所属各类事业单位来看，由于其具有社会性，在财务管理、会计核算上，基本上比照社会同行业的财务核算办理。

2/ 工会财务工作有何特点？

（1）独立自主的经费管理体制

全国总工会具有依法自行制定工会经费使用办法的权利。《工会法》第四十二条规定，工会经费使用的具体办法由中华全国总工会制定。因此，全国总工会在经费使用方面的管理权是法定的。

工会经费独立。根据《工会法》第四十四条规定，工会应当根据经费独立原则，建立预算、决算和经费审查监督制度。

财务管理体制独立。按照《工会法》和《中国工会章程》的要求，工会财务工作体制与工会组织体制相一致，实行“统一领导、分级管理”的工会财务管理体制。

（2）工会经费来源有明确的法律规定

《工会法》第四十二条对工会经费的来源作了明确的规定，具体包括：

①工会会员缴纳的会费；②建立工会组织的企业、事业单位、机关按每月全部职工工资总额的2%向工会拨缴的经费；③工会所属的企业、事业单位上缴的收入；④人民政府的补助；⑤其他收入。

《工会法》第四十五条规定，各级人民政府和企业、事业单位、机关应当为工会办公和开展活动，提供必要的设施和活动场所等物质条件。

此外，根据《工会法》第四十八条的规定，县级以上工会组织离退休人员的经费由同级财政负担；法律还规定了企业、事业单位拨缴的经费在税前列支。

（3）法律明确的工会经费用途

根据《工会法》第四十二条关于工会经费主要用于为职工服务和工会活动的规定，目前，工会经费除开支县以上工会在职人员经费外，其余全部用于为职工服务和工会活动等事项，体现了工会经费的使用方向。

此外，工会财务工作区别于企业、事业、行政财务的最大特点就是广泛的群众性，工会经费的筹集、管理、使用都有相应的职工群众参与。

3/ 工会财务工作的主要任务有哪些？

按照《工会法》和《中国工会章程》的规定，工会财务工作的主要任务是：收好、用好和管好工会经费。其中收好是基础、用好是目的、管好是手段。

（1）收好经费，就是要依据《工会法》《中国工会章程》的规定，积极组织收入，不断提高工会经费收缴率并按时足额地上缴经费。

（2）管好经费，就是要按照《工会法》赋予的职权，由全国总工会确定独立管理经费的财务体制，建立健全各项财务制度，并对各级工会财务工作实施指导和监督。

（3）用好经费，就是要按照“统筹兼顾、保证重点”的原则，在资金上为工会开展的各项工作，尤其是为各时期工会重点工作提供有力的保证。

4/ 什么是工会财务工作管理体制？

工会财务管理体制，是各级工会组织在财务管理上职责权限的划分和财力分配的制度。了解中国工会财务管理体制的确定原则、特点和层级及其权限划分，是做好工会财务工作最基本的要求。

《中国工会章程》第三十七条规定，工会实行“统一领导、分级管理”的财务体制。统一领导是分级管理的前提，只有坚持统一领导，才能保证各级工会的均衡发展，才能保持工会组织的完整性和统一性；分级管理是统一领导的基础，坚持分级管理也就是坚持实事求是的原则。

具体来说，“统一领导”即按照规定，中华全国总工会对全国各级工会的财务工作实行统一领导，制定统一的工会财务工作方针政策，统一的财务制度和纪律，并实行财务监督。全总财务部是工会财务的最高管理机构，各级工会应按要求设置相应的部门，归口管理与工会经费筹集和使用的相关事务，自觉接受全总统一领导，保证工会组织的完整性和统一性。各级工会委员会对财务工作实行集体领导，凡是财务工作中的重大问题和重大开支项目，要经过集体讨论决定。“分级管理”，就是在全国总工会统一制定的财会工作政策、制度、纪律制约下，对地方总工会和按产业系统管理经费的产业工会，确定财务管理层级、经费分成比例以及各层级工会财务管理的职责权限。各级工会应按照规定，履行自己的职能，独立负责地开展财务管理工作。

全总财务部负责有关工会财务管理规章制度的制定，地方工会在不与全总财务部规定冲突的前提下，可以结合本地方的实际情况，制定相应的财务管理办法。

5/ 什么是“一支笔”的审批原则？

“一支笔”审批原则，即指在预算批准后，经费开支由财务主管领导人审批，或授权批准，以防止多头审批，造成违纪及浪费。在工会财务管理中，要坚持工会主席“一支笔”的审批原则。

6/ 工会管理的层级是怎样的？

《中国工会章程》第十一条规定：“中国工会实行产业和地方相结合的组织领导原则。”根据这一组织领导原则，全国工会财务管理层级实行五级经费管理。具体管理层级为：

（1）全国总工会为一级经费管理单位。

（2）省、自治区、直辖市总工会和按产业系统独立管理经费的全国性产业工会为二级经费管理单位，全国共36个。其中：31个为省级地方工会，3个为按产业系统为主实行垂直管理的全国性产业工会（铁路、民航、金融），2个为中央机关工会联合会（中央国家机关工会联合会、中直机关工会联合会）。

（3）地方（州、盟）级总工会或垂直管理经费的省级产业工会为三级经费管理单位。

（4）县（旗、市）级工会或垂直管理经费的地市级产业工会为四级经费管理单位。

（5）基层工会为五级经费管理单位。

跨省、组织层次较多的大型企业工会，经总部所在地省级工会同意，报全国总工会批准后，可按企业系统管理工会财务，该企业工会为三级经费管理单位。

在一个省区内有二级机构的大型联合企业工会与省级产业工会，可经当地省级工会批准，作为三级经费管理单位。

工会机关及其直属事业单位，是以本级工会经费拨款或自身业务收入解决开支问题，不参与经费分成，不单独算作一个财务管理层级。

7 工会财务监督的原则是什么？

（1）依照国家各项方针政策、财经法规和工会各项财务制度进行监督。

（2）事前、事中与事后监督相结合。事前监督就是在经济活动开始之前，工会经费审查监督组织在制定计划、进行可行性研究过程中，对各级工会及所属的企事业单位预算编制进行的审核批准，主要是保证正确地编制预算，防止违反财务制度现象，制定一个既科学又符合实际的财务收支计划。日常（事中）监督是在预算执行过程中进行的审查监督，主要是审查监督是否按照预算合理使用资金，发现问题及时纠正。事后监督是对预算执行结果的审查监督，主要是纠正错误，总结经验，对违法乱纪、贪污受贿案件专项检查。

（3）监督与服务相结合。

（4）原则性与灵活性相结合。在坚持原则性的前提下，对具体问题进行具体分析，并进行适当处理。

（5）专业监督与群众监督相结合。专业监督（行政审查监督）就是财会部门通过财务收支和业务活动进行的职能监督，主要由工会财务部门承担，通过财务检查等方式进行，以检查截留、挪用应上解的工会经费为主。这是财务监督的主要方面。民主审查监督是通过经费审查委员会对本级工会经费的收支情况进行审查监督，和内部审计监督结合进行。

8/ 工会财务监督的内容是什么?

工会财务监督，是指为了提高工会经费的合规合法性、促使资金合理运用、充分发挥效能，从财务管理的角度进行的监督。其内容包括：

（1）本级工会编制和执行经费收支预决算的监督。

（2）对下级工会经费收管用情况的监督。

（3）对直属企事业单位财务收支的监督。

（4）对基建和维修改造工程的审计监督。

（5）对工会经费计拨情况的审计监督。

（6）对工会领导人和直属企事业领导干部经济责任的监督等。

9/ 工会财务管理的内容是什么?

（1）工会经费管理。工会经费是各级工会组织依法取得的、用以保障工会职能实现的经济资源，其重要性主要有三个方面：①工会经费为各级工会组织及所属企事业单位开展经济活动提供资金支持；②工会经费的使用过程反映了工会工作的各项内容，是检验各级工会工作是否有效的重要载体；③工会经费使用的结果是评价工会财务管理绩效的重要标准，也是工会工作接受各类监督的重要内容。

（2）工会预算管理。工会预算是经一定程序核定的工会经费年度收支计划，是对工会预算的编制、审批、执行、调整及其结果所进行的组织实施和监督控制，是收好、管好、用好工会经费的重要手段。

（3）工会会计核算管理。各级工会发生的业务事项应按照《工会会计制度》的规定进行确认、计量和报告。通过工会会计核算，不仅可以确保财经纪律的严格执行，而且也有利于工会财务信息的公开透明，有利于工会工作的改进和工会决策质量的提升。

（4）工会资产管理。工会资产是各级工会依法取得的、用于工会业务活动的资源。按照要求，各级工会资产管理要按照全总的统一部署，建立和完善资产管理制度，确保工会资产的安全、完整和保值增值。

（5）自觉接受工会经费审查监督。工会经费审查是工会工作的重要组成部分，是贯彻落实工会经费独立管理、民主管理的重要制度安排，实现收好、用好和管好工会经费的重要手段。因此，工会财务工作应从观念、行动、内容和方法等各个方面监督审查，确保国家财经纪律和工会财务制度得到严格遵循。

10/ 工会会计等式是什么？

工会会计等式为：资产=负债+净资产。在不同的会计年度，不管经济活动如何变化，该等式将永远成立，因此实务中也把该等式叫作“会计恒等式”。理论上，导致工会资产变动的路径有两个：一是负债的变动，如工会组织在会计年度新增或者减少负债所导致的资产变动；二是净资产的变动，就工会组织而言，净资产变动主要依赖会计年度收支相抵后的结余大小而定。

11/ 什么是工会收入？它有哪些特点？

收入是指工会根据《工会法》以及有关政策规定开展业务活动所取得的非偿还性资金。收入按照来源分为会费收入、拨缴经费收入、上级补助收入、政府补助收入、行政补助收入、事业收入、投资收益、其他收入。收入是工会组织开展活动的经济来源，各级工会组织应按照相关法律法规和制度的规定，广开财源，做到应收尽收，最大限度保障工会活动的财力需要。工会收入有四个基本特点：

（1）依法取得。

（2）非偿还性。

（3）主要以货币资金为主。

（4）它会带来工会资产的增加或者负债的减少，当然，并非导致工会资产增加或者负债减少的行为都属于收入。

12/ 什么是工会支出？它有哪些特点？

支出是指工会为开展各项工作和活动所发生的各项资金耗费及损失。

支出按照功能分为职工活动支出、维权支出、业务支出、行政支出、资本性支出、补助下级支出、事业支出、其他支出。支出是工会活动的直接体现，也是评价各级工会经费使用效率和效果的重要依据。

各级工会应按照“服务职工、面向工会”的经费使用原则，提高经费使用的质量。和收入一样，工会支出也有四个基本特点：

（1）支出依据的预算性。

（2）支出过程的程序性。

（3）支出内容的限定性。

（4）支出后果会导致资产减少或者负债增加，当然，并非所有导致资产减少或负债增加的业务都属于工会支出。

13/ 工会经费管理的原则是什么？

（1）工会经费独立使用原则。《工会法》第四十四条规定：“工会应当根据经费独立原则，建立预算、决算和经费审查监督制度。”根据工会经费独立的原则，基层工会要建立独立的银行账户，实行单独核算，工会经费开支由工会财务的主管主席“一支笔”审批。

（2）为职工群众服务、为基层工会服务、为工运事业服务原则。各级工会要尽可能地把更多的工会经费用于职工群众活动方面，开展广大会员群众喜闻乐见、寓教于乐、丰富多彩的活动，也可以适当购置文体用品和设备。在工会业务方面，可以用于工会组织建设，开展对工会干部和工会积极分子的培训、表彰；建设职工之家、职工小家的活动；用于维护职工利益的咨询服务；等等。工会经费不得用于非工会活动的开支，不得用于资金拆借和担保，不得支付社会摊派，不得请客送礼、分钱分物、滥发奖金和补贴。

（3）遵纪守法原则。经费的使用必须要执行国家财经政策和上级工会规定的开支范围和标准，严格财经纪律，反腐倡廉。

（4）统筹兼顾、保证重点的原则 。在工会经费的管理和使用中，要在保证重点的基础上兼顾全局，区分轻重缓急，合理安排各项支出，要坚持计划性，反对盲目性。

（5）勤俭节约的原则。工会经费的使用要精打细算，反对铺张浪费。

（6）坚持预算管理原则。一切费用均应纳入预算，并按上级要求，认真编报和执行。

（7）坚持民主管理原则。要定期公布账目，接受会员监督和经审会审查。

14 如何做好工会经费账户独立管理？

按照规定，工会经费账户应独立管理。在实务工作中，做好账户的独立管理要注意三个问题：

（1）账户独立管理的前提。按照《银行账户管理办法》的规定，各级工会只有在依法组建并取得法人资格的前提下，才能取得银行账户。

（2）账户资金的内容。工会银行账户是专门管理工会经费的银行结算户头，账户内的资金必须是与经费有关的，包括拨缴经费收入、各类补助收入以及事业收入等。与此同时，符合规定的代管经费也可纳入银行账户管理。

（3）变通情况。在规模较小且经费量不大的基层工会，可以不单独开设银行账户管理工会经费，日常的经费管理可以委托同级行政指定的账户予以代为办理资金结算；在内控建设比较完善的情况下，也可指定相关人员（主要是工会干部）以个人名义保管工会经费。但不管以什么样的实务变通方式，工会经费不得游离于工会的监督，包括经费审查委员和会员职工群众的监督。

15 集团公司工会在无独立银行账户的情况下如何做好经费管理？

工会财务制度规定，各级工会经费应开设单独账户进行管理。但实务工作中，一些集团公司的工会因种种原因无法取得银行账户开户资格，其向下级工会收取的经费也就无法专户管理。在此情况下，集团公司工会可以商请同级行政协调解决，比如指定集团公司所属单位或特定账户专门代管工会经费，并按工会经费管理的相关规定建立和完善相关制度。

16 工会经费可否用于对外捐赠？企业工会可否受行政委托办理对外捐赠业务？

一般情况下，工会经费不宜用于对外捐赠，尤其是基层工会，相关捐赠行为一定要慎重。

企业工会可受行政委托办理对外捐赠业务，但需要注意的一个问题就是，有关捐赠的资金一般由行政提供，如果由工会自己承担，则需要慎重处理，除了要做到决策程序规范以外，还应有相应的预算资金予以保障。

17/ 工会收到职工的爱心捐赠款该如何处理？

工会收到的职工爱心捐赠款属于暂存款，具有代付性质，不能作为经费收入处理。会计核算时，应在收到职工捐赠款时，借：库存现金等；贷：其他应付款；实际对外捐赠时，则借：其他应付款，贷库存现金等。

需要说明的是，为维护工会形象和公信力，在处理捐赠事宜方面，工会应做到公开透明，建立和完善与捐赠款收入和捐赠款支出的单据管理，并在捐赠行为结束时，向捐赠资金提供者披露相关信息。

18/ 工会会计业务处理的基本流程是什么？

工会会计核算的日常流程是“证——账——表”，一般情况下，只有当前一个程序完成以后，后一个程序才能开始。

会计凭证作为会计核算流程的起点，按照其记录的内容又有两个类别：一是记录经济业务发生的凭证，也叫原始凭证或者单据；二是根据原始单据，填制的记账凭证，即实际工作中的“下账”，“下账”的依据就是会计制度。

原始凭证按照来源又可以分为外来原始凭证和自制原始凭证，前者如买东西的发票、银行提供的“授权支付到账通知书”以及上级工会的补助通知书（单）和下级工会经费收缴报告表等；后者如本级工会的工资发放表、物料领用表以及入库单、借据等。

按照要求，记账凭证应根据审核无误的原始凭证由会计人员编制。按照内容，记账凭证分为“收款凭证”、“付款凭证”和“转账凭证”三类。根据会计制度的规定，凡是涉及资金收款业务的，应填制收款凭证；涉及付款业务的，应填制付款凭证；如果业务既不涉及收款也不涉及付款，则填制转账凭证。

和会计凭证不同，会计账簿是在审核无误的记账凭证的基础上，对同一经济业务进行的连续登记。实务工作中，常见的会计账簿有日记账、分类账和备查簿；而按照账簿反映的信息详略程度，又可以分为总账和明细账。按照规定，工会的现金、银行存款日记账应由出纳根据审核无误的收款或者付款凭证填制，并做到“日清日结”；分类账则可以在结账前一次性处理，但备查簿应在经济业务发生时，记录主账户的同时登记。对工会而言，制度要求已经核销的资产需要建立备查簿，即“账销案存”，以加强已核销资产的管理。

工会会计报表是反映各级工会财务状况、业务活动和预算执行结果的书面文件。工会会计报表是各级工会领导、上级工会及其他会计报表使用者了解情况、掌握政策、指导工作的重要资料。工会组织应在规定的时间完成相关报表的编制和报送。

目前，绝大部分工会组织已经使用了电算化系统。因此，上述程序中有关记账凭证、账簿登记以及报表编制（不含附注）等内容，实际上已经由财务人员在输入原始凭证后，由电算化系统自动完成。为确保会计核算的准确性、合规性，工会组织应建立和完善与电算化系统相适应的内部控制制度。

实际工作中的“会计造假”一般发生在“会计凭证”的处理阶段，所以，加强会计凭证管理，尤其是原始凭证的管理，已经成为提高工会会计信息质量的重要环节。

19 工会有哪些会计报表，编制有哪些要求？

工会会计报表是反映各级工会财务状况、业务活动和预算执行结果的书面文件。财务状况是指截止到报告期末，工会的资产、负债及其净资产的总额及结构。通过财务状况，可以评价各级工会资产的来源、分布及结构，也可以在某种程度上评价工会资产营运的效率。业务活动是各级工会根据《工会法》和《中国工会章程》所赋予的职责而开展的各项活动，活动所需经费是通过预算管理来实现的，因此，工会的会计报表除了反映财务结构，还反映预算执行情况。

实务工作中，常见的工会会计报表有资产负债表、收入支出表，除此以外，还有基于工会财务管理工作的需要而定期提供的一些附表。

（1）资产负债表，是反映工会某一会计期末全部资产、负债和净资产情况的报表。工会资产负债表编制的基本原理是：资产=负债+净资产。

（2）收入支出表，是反映工会某一会计期间全部收入、支出及结余情况的报表。与资产负债表不同的是，收入支出表中的数据是报告期间的累计数而不是时点数，因此，它是动态的，是反映工会在报告期间收支总额的会计报表。

为最大限度体现报表的作用，工会报表的编制应做到：①依法编制、合法合规。②格式统一、内容明确。③数据准确、勾稽清晰。④要素齐全。包括封面、编制单位、编制日期、填表人、审核人和财务负责人以及单位公章等。⑤本级工会要负责对所属单位会计报表和下级工会报送的年报进行审核、核批和汇总工作，定期向本级工会领导和上级工会报告本级工会预算执行情况。⑥会计报表必须经会计主管人员和单位负责人审阅签章并加盖公章后上报。

20/ 什么叫工会预算管理，工会预算管理要遵循哪些编制原则？

工会预算管理是经一定程序核定的工会经费年度收支计划，是收好、管好、用好工会经费的重要手段，是工会财务管理的重要内容，各级工会必须按照本办法办理工会预、决算。工会预算管理具有三个基本特点：

（1）目的性。《工会预算管理办法》的规定表明，编制工会预算的目的是“为了加强预算管理和宏观调控，强化分配和监督职能，保障工会社会职能的履行和工运事业的发展”。

（2）强制性。工会预算的编制依据是《中华人民共和国工会法》和《中华人民共和国预算法》等法律、法规，因此，各级工会编制预算是法律的强制性要求，也是各级工会加强财务管理、会计核算和遵循国家统一的财经纪律等方面应有的义务。

（3）程序性。按照《工会预算管理办法》的规定，各级工会的预算必须经过一定的程序核定。

工会编制预算应遵循以下原则：

（1）统筹兼顾，保证重点。在资源有限的情况下，各级工会在预算编制时，要做好财权与事权的配置，从工会年度工作的大局合理安排工会经费，与此同时，还应突出资源配置的重点，妥善处理服务职工权益和促进工运事业发展之间的关系。

（2）量入为出，收支平衡。和所有非营利组织一样，工会组织的预算在特定的预算年度不允许出现赤字，因此，需要严格遵循“量入为出”，一般情况下不允许出现赤字预算。因此，在预算编制时，对收入预算进行科学、合理的估算十分重要。

（3）真实合法，精细高效。各级工会的预算必须以法律为依据，以业务为基础，做到内容真实、项目清晰、数据准确。

21 工会预算编制的依据有哪些，编制内容有哪些？

工会预算编制的依据主要有：《预算法》《工会预算管理办法》以及所在工会同级党政的预算年度工作计划、上级工会预算年度工作要求、本级工会及其所属工会（如果有的话）预算年度的工作计划等。

各级工会的预算内容包括收入预算、支出预算以及结余。

（1）工会收入预算的内容。工会收入预算有八项，具体有：①会费收入；②拨缴经费收入；③上级补助收入；④政府补助收入；⑤行政补助收入；⑥事业收入；⑦投资收益；⑧其他收入。

（2）工会支出预算的内容。工会预算支出也有八项，具体包括：①职工活动支出；②维权支出；③业务支出；④行政支出；⑤资本性支出；⑥补助下级支出；⑦事业支出；⑧其他支出。

需要说明的是，为便于预算的执行，上述相关内容在可能的情况下尽可能进行细化，如收入中的行政补助收入，如有可能，应细化到补助的项目、金额以及时间等；而业务支出也是如此，需要尽可能具体到每个项目，至少制度规定的项目要满足。

22 工会预算的编制方法是什么？应注意哪些问题？

总体上，“零基预算”是各级工会预算编制的基本方法。工会组织的非营利性及其预算编制原则决定其年度预算不会以结余最大化为目标。因此，在诸多预算编制方法中，“零基预算”基本上可以作为实务中的可行方法。也就是说，各级工会在编制预算时，以前年度预决算的情况可以作为参考，但在编制本年度预算时，更多的是考虑预算年度的工作计划并以此为基础进行经费的配置。

会费收入指工会会员依照规定向工会组织缴纳的会费。依法缴纳会费是工会会员的基本义务。工会在编制会费收入预算时，要注意以下两个问题：

（1）有关会费收入的制度要求是什么。根据《中国工会章程》规定，工会会员每月向工会组织交纳本人工资收入的0.5%，工资尾数不足10元的不计会费。需要注意的是，交纳会费的工资收入不包括奖金、津贴等工资性收入。所以，从制度要求的层面看，工会要做好会费收入预算，就必须得把两件事情摸清楚：①工会会员人数，很多时候，可能存在单位职工人数与会员人数不等的情况，因此，在这方面的数字估算时，工会要清楚现有会员是多少，根据工作计划预算年度将要新增多少会员，然后确定预算年度应交费会员人数；②所在单位职工的工资结构，需要注意的是，并非职工所有的工资都纳入会费计算基数，包括奖金、津贴等在内的项目按要求应予以剔除。

（2）所在单位会费收交的具体情况。理论上，各级工会应按照制度的要求足额、及时收交会费。但在实际工作中，一些工会出于管理便利或其他考量因素，对会费的收取采取了包括定额交纳（比如每月2元等）模式，虽然这种方式在制度层面有所欠妥，但作为预算编制而言则需要充分考量。

23/ 存在劳务工用工形式的单位是否应将劳务工的工资纳入拨缴经费收入计算基数？

与劳务工相关的工资总额是否需要纳入拨缴经费收入预算基数需要具体情况具体分析。实务中的总体原则是，如果劳务工的工资总额是由本单位行政发放，一般情况应将其纳入拨缴经费收入计算基数纳入预算；反之，可以不纳入。

实际工作中，可能会存在一些例外情况，比如，劳务工的工资是由本单位与劳务公司结算，但劳务工本身参加本单位所在的工会活动，如果属于这种情况，我们的建议是应将与劳务工相关的工资纳入本级工会的拨缴经费收入预算予以管理。

24/ 工会是否可以用经费给兼职工会干部或工会积极分子发放补贴？

实际工作中，受人员编制等因素的影响，工会，尤其是基层工会的很多工作人员是兼职，为调动他们的积极性，在工会财力允许的情况下可以给予适度补贴，但应注意两个问题：

（1）相关补贴所需资金应纳入预算。

（2）补贴发放应有明确的标准。

25 基层工会经费审批权该如何落实？

工会经费是工会财务工作的核心，也是工会职能履行的财力保障。加强工会经费的管理，首先要明确经费的审批权。就现有的制度规定看，预算内的工会经费开支应由分管财务工作的工会主席（或副主席）审批。但在实际工作中，要注意审批责任的问题。

总体上看，工会经费审批责任应按照“谁审批、谁负责”的原则来界定。但在具体的工作中，要注意“一支笔”审批的问题。基层工会可以按照内部的管理规定，将审批权委托给相应的人员行使，但审批权的委托应由工席承担。这是因为《会计法》第四条规定，单位负责人对本单位的会计工作和会计资料的真实性、完整性负责。该法把单位负责人界定为“单位法定代表人或者法律、行政法规规定代表单位行使职权的主要负责人”。工会主席作为基层工会的法定代表人，当然应对包括工会经费审批等在内的会计工作负有法律责任。

26 工会组织合并、撤销或解散，其经费资产如何处置？

根据《中国工会章程》第四十条规定：工会经费、资产和国家及企业、事业单位等拨给工会的不动产和拨付资金形成的资产受法律保护，任何单位和个人不得侵占、挪用和任意调拨；不经批准，不得改变工会所属企业、事业单位的隶属关系和产权关系。工会组织合并，其经费资产归合并后的工会所有；工会组织撤销或者解散，其经费资产由上级工会处置。

27 单位行政可否以其持有的非货币资产抵充其应拨缴的工会经费？

不可以。

依法拨缴工会经费是单位的义务，经费拨缴的方式只能是货币资金。

28/ 工会经费账户是否可以接受同级行政的经营性资金？

不可以。

按照规定，能够存入工会经费账户的资金只能有三类：

（1）依法收取的拨缴经费收入（包括会费收入）。

（2）同级行政或者上级工会的各类补助收入。

（3）符合财经制度规定的受托代管经费，如党团经费、职工互助金等。

29/ 工会小组依法取得的经费应该如何使用？

工会小组依法取得经费应按照工会经费管理办法的规定使用，也就是说，工会小组的经费使用范围也只能用于职工活动和工会小组的自身建设等方面的开支。

30/ 工会是否可以将所取得的会费收入返还给会员？

不可以。

按照规定，工会依法收取的会费收入只能用于会员的集体活动，不应该再以现金等方式返还给会员。

31/ 实务工作中，会费收入可以用于哪些方面？

根据规定，会费收入不需要上解，用于会员的活动支出。实际工作中，工会的会费收入主要可以用于两个方面：

（1）会员集体活动开支，比如组织会员开展文体活动等。

（2）生活较为困难的会员的零星补助，包括现金补助。

32/ 工会预算管理的层级有哪些？

工会预算一般分为五级管理层级，即全国总工会、省级工会、市级工会、县级工会、基层工会。每级工会预算包括本级预算和单位预算。本级预算是指各级工会本级次范围内工会经费收支（含所属建立预算管理关系的机关和单位）的总预算。

单位预算是指与本级预算有相关经费收支管理关系的工会机关、企事业单位的预算。县级以上（含县级，下同）工会对独立核算事业单位的补助及企事业单位按规定上缴的收益列入本级预算；未独立核算的事业单位，其收支要全额列入本级预算。

33/ 拨缴经费收入预算编制应注意哪些问题？

拨缴经费收入指基层单位行政拨缴、下级工会按规定上缴及上级工会按规定转拨的工会经费中归属于本级工会的经费及建会筹备金。各级工会在编制拨缴经费收入时，要注意以下三个问题：

（1）要清楚拨缴经费收入的范围既包括已建工会的单位按规定拨缴的经费，也包括筹备建会的单位按照要求（一般是上级工会的要求）所应拨缴的建会筹备金。

（2）要清楚拨缴经费收入的缴纳基数和比例。比例这一块很固定，就是2%，因此，拨缴经费预算是否准确，实际上有三个影响因素：

①负有经费拨缴义务单位的工资总额究竟如何计算。就理论的分析而言，一切与所在单位职工劳动报酬有关的支付都应该算成工资总额，当然也包括非货币的工资支付等。

②哪些工人的工资总额纳入比较基数，这方面比较复杂，尤其是那些用工性质比较复杂的单位，这点需要注意。

③预算年度职工人数的可能变化，这方面的数据可以从企业的经营计划中获取。

（3）要清楚本级工会在拨缴经费中所占的比重。这一点尤其重要。也就是说，并不是本级工会收到的行政拨缴资金都属于本级的拨缴经费收入，相反，是需要在此基础上剔除按规定需要上解或回拨金额的剩余作为本级工会的拨缴经费收入预算。

34/ 税务代收模式下如何编制本级工会的拨缴经费收入？

税务代收是党政赋予工会更好履行职能的制度资源，在实务中也得到了较好的执行，当然，很多时候一般是由上级工会，有些地方甚至是以省一级工会作为委托人来委托税务部门进行经费的收缴。对基层工会而言，在编制属于本级工会的拨缴经费收入时，则应按照所在地工会有关经费分解比例来确定即可，当然，为便于基层工会把拨缴经费收入预算核实，上级工会应在预算编制前以文件等方式予以明确经费在不同级次工会间的分解比例。

35 补助收入预算编制应注意哪些问题？

补助收入是各级工会依法取得的各类补助资金，按照补助主体的不同，这些收入可以分为政府补助收入、行政补助收入和上级补助收入三类。各级工会在编制补助收入预算时，应注意的问题有：

（1）要明确补助资金的主体，这点非常重要。

（2）要明确补助的项目或者类型，补助主体不同，补助的项目也不同，如上级工会的补助则主要包括回拨补助、专项补助、超收补助、帮扶补助、送温暖补助、救灾补助等。

（3）要明确补助的可得性。一般情况下，当补助依据明确并且可得性基本没问题时，工会才能将这块收入纳入预算，当然，这就需要在预算编制时，与补助主体可能涉及的补助项目进行充分沟通和协商，可能的情况下，还可以形成会议纪要，并将类似的沟通记录作为预算编制依据。

（4）要明确补助的具体项目。很多时候，工会所取得的补助收入都具有专项、专门、专用资金的性质，为便于资金的管理和财经纪律的执行，工会在编制补助收入时，一般都要明确到具体的项目。

36 维权支出预算编制应注意哪些问题？

维权支出指工会直接用于维护职工权益的支出。在编制维权支出预算时，应注意以下几个问题：

（1）维权支出的内容有哪些，或者说哪些支出属于维权支出。按照制度的规定，属于维权支出范围的项目有劳动关系协调费、劳动保护费、法律援助费、困难职工帮扶费、送温暖费等。在预算编制时，要对每个项目的具体内容进行较好的描述并编列相应的经费预算。

（2）与维权支出相关的经费来源要落实。维权支出的具体内容有六项，内容的性质不同，其经费来源渠道也有所差异。一般情况下，困难职工帮扶和送温暖费两项维权支出有专项资金予以保障，专项资金的提供者包括同级行政、上级工会乃至地方政府。因此，工会在编列这方面的预算时，要根据以往的经验进行合理测算。

（3）为做好维权支出预算的编列，工会应对所在单位的劳动关系状况有一个基本的判断。总体而言就是，对经营状况欠佳、劳动力密集以及用工规范性较差的单位，应在维权支出预算编列时予以充分关注。

（4）对基层工会，尤其是企业工会，维权支出编列的重点应放在劳动关系协调费、困难职工帮扶以及送温暖三个方面，要有适当的经费用于劳动关系协调，至于困难职工帮扶和送温暖费，应尽可能在预算编列时争取同级行政和上级工会的专项资金支持。

37/ 工会经费支出预算编制应把握的基本原则是什么？

经费支出是各级工会事权履行的业务表现，也是财务管理的基本内容和会计核算的直接对象，做好支出预算，是各级工会预算管理的关键。在编制经费支出预算时，要注意两个基本原则：

（1）服务职工、面向工会原则。工会经费支出预算的受益主体要么是职工群体，要么是工会自身业务工作需要。

（2）统筹兼顾、突出重点原则。各级工会在编列经费支出时，要统筹兼顾上级工会、同级党政对工会工作的要求，合理分配经费在职工权益维护和工运事业发展之间的比例，并结合所在单位的包括劳动关系等在内的实际情况，确保重点业务、重点项目、重点工作所需资金保障。比如，对经营比较困难、困难职工比较多的单位，工会应尽可能在维权支出这方面多安排些经费。

38/ 职工活动支出预算编制应注意哪些问题？

职工活动支出是指工会为会员及其他职工开展教育、文体、宣传等活动发生的支出。做好职工活动支出预算，既是工会基本职能履行的财力保障，也是评价工会财力配置能力的重要标准。工会在编制职工活动支出时，应注意的问题有：

（1）职工活动支出经费的受益者是广大职工，既包括会员职工，也包括非会员职工；既包括困难职工，也包括非困难职工；既包括领导干部和管理人员，也包括一线职工；既包括体制内职工，也包括体制外职工。

（2）明确编列职工活动支出的直接依据。预算年度各级工会用于职工活动支出经费的多少，取决于预算年度的工作计划，因此，要做好职工活动支出预算，应有一个好的预算年度工作计划，计划内容包括活动的内容、经费的预算以及开展的时间等。

（3）要将职工活动支出预算至少细化到二级项目。按照制度的规定，预算编列时除了需要编报预算总额外，还需要进一步明确其所属的、包括职工教育费、文体活动费、宣传活动费等具体项目的预算；条件允许时，还应在二级项目的基础上，尽可能到三级项目，如职工活动支出中的文体活动费；如果有可能，还应将文体活动费分解为库存物品消耗、活动场地租金、活动交通饭费补贴以及活动奖励等。

（4）要清楚每项具体支出的编制依据和计算过程，以便于预算审查。

（5）凡是列入职工活动支出预算的项目，其经费保障均是本级工会的经费收入，虽然预算年度的职工活动是由工会作为责任部门牵头组织开展，但其经费如果是由同级行政保障，这些活动相关的支出则不能列入预算。比如工会组织职工培训活动，包括场租、培训资料、笔墨纸张等物品消耗、授课教师课酬以及对优秀学员的奖励等，如果这些资金都由行政承担，则工会无须将此相关支出编列在预算中。

（6）在编制职工活动支出预算时，要结合经费收入的情况来具体安排。一般情况下，无经费保障的职工活动项目，尽管有开展的必要，但如果经费未沟通到位，也不宜列入预算。

39/ 行政支出预算编制应注意哪些问题？

行政支出指工会为行政管理、后勤保障等发生的各项日常支出。更通俗的理解是，行政支出就是为确保工会组织正常运行所需的行政经费，比如办公费、交通费等。工会在编制行政支出预算时，应注意的问题有：

（1）纳入行政支出预算的开支一定是由工会经费予以保障，换言之就是，如果所在工会日常运行的行政成本是由同级行政承担，这块预算可以不单独编制。

（2）对基层工会而言，行政支出预算的重点是商品和服务支出，至于工资和福利支出以及对个人和家庭的补助等项目，一般由同级行政保障，因此，可以不单独编列。

40/ 业务支出预算编制应注意哪些问题？

业务支出指工会培训工会干部、加强自身建设及开展业务工作发生的各项支出，包括培训费、会议费、外事费、专项业务费、其他业务支出等具体项目。工会在编制业务支出预算时，应注意的问题有：

（1）要明确业务支出的编列范围。从制度的规定看，业务支出的范围主要包括工会干部素质提升所需的培训活动支出、工会组织建设，如建设职工之家、推动工会组建等业务所需支出以及工会日常业务工作（如开展的专题调研或者研讨活动等）的开支等。

（2）日常工作中，与业务支出相关的经费主要源于预算年度的拨缴经费收入，所以，做好这块支出预算，要对拨缴经费收入作出合理预算，以免出现赤字。

（3）对基层工会而言，业务支出预算的重点应放在工会干部素质提升方面的支出，在可能的情况下，可以从上级工会争取补助经费，满足包括组织建设等方面的开支；对非基层工会，在业务支出的预算方面，应有相应的经费用于专项业务活动，以加强对所在地区劳动关系状况和基层工会的日常工作进行调查和指导。

41/ 基层工会是否可以编列与房屋建筑物等相关的支出预算？

从现有的规定看，房屋建筑物等购置所涉经费属于资本性支出。按照《工会预算管理办法》的规定来看，这些支出所涉经费应由同级政府或行政解决；县级以上工会的办公和职工群众的文化、教育、体育活动设施，在政府给予大部分补助的前提下，经上级工会批准，可以动用少量经费弥补不足；上级工会也可根据情况给予适当补助；房屋建筑物购建、专项设备购置、大型修缮等预算，需附经有关专业部门论证的可行性工程项目论证报告、立项批复、开工许可等相关文件，按照工程进度及资金状况编制当年预算；列入地方基本建设或更新改造计划的工程项目，应附地方政府或相关部门文件，因此，对基层工会而言，即使经费有富余，一般情况下也不得安排这类资本性支出预算。

42 基层工会可否编制赤字预算？

按照“量入为出、略有结余”的预算编制原则，一般情况下，基层工会不得编制赤字预算。但是，如果预算年度基层工会预算开支较大，且以前年度有经费结余（即滚存结余）的情况下，可以动用滚存结余来填补预算年度的经费缺口，但需要把握的一个原则是，经费的累计结余不得出现赤字。

43 工会经费预算如何审批？

各级工会的本级预算草案，由各级工会财务部门编制，经工会委员会（或常委会）讨论通过，并经本级经费审查委员会审查通过后，报上一级工会审批或备案。上一级工会有权提出修订预算的意见和要求，下级工会根据提出的意见和要求调整预算。

依靠本级工会供给经费的工会机关及所属独立核算事业单位的预算草案，由本级工会审批。

全国总工会预算草案，经全国总工会经费审查委员会审查通过后，由全国总工会书记处批准后执行。

各省级工会的本级预算（附工会机关预算），应在 3 月 15 日前报送全国总工会审批，全国总工会应于 30 个工作日内及时批复。

市级以下（含市级）工会本级预算的报批时间，由省级工会确定。

44 工会经费预算如何执行？

（1）各级工会预算由本级工会委员会（或常委会）组织执行，具体工作由本级工会财务部门负责。

（2）各级工会应按照预算确定的任务积极组织收入。

（3）各级工会要按照全国总工会、省级总工会的规定及时、足额拨缴工会经费，不得截留、挪用。

（4）各级工会预算在批准之前只能开支必要的基本费用及帮扶、送温暖等支出。建设工程、设备工具购置、大型修缮和信息网络购建等费用一般不得开支，因特殊原因必须提前开支的，经工会委员会（常委会）或主席办公会议同意，可控制在年度预算的 25% 以内。预算批准后，按照批准的预算执行。

(5) 各级工会应根据年度支出预算和用款计划拨款。不得办理超预算、超计划的拨款，不得越级办理预算拨款。

(6) 各级工会要加强预算支出的管理，严格执行预算和财务制度，不得擅自扩大支出范围，提高开支标准，不得以领代报，不得擅自改变预算资金用途。建设工程、设备工具购置、大型修缮和信息网络购建等支出，应经有关专业部门审核后执行。

(7) 各级工会要严格控制行政支出，专项资金必须专款专用。应纳入集中采购范围内的支出，按有关规定办理。

(8) 各级工会财务部门负责监督检查下级工会和本级工会所属单位预算的执行。

(9) 各级工会的预算、决算要接受同级工会经费审查委员会的审查审计监督。预算执行情况要接受上一级工会经费审查委员会的审计监督。

(10) 各级工会对年度预算安排的项目要逐步实行绩效考评制度。

45/ 工会经费预算如何调整？

各级工会预算在执行过程中，发生项目改变或追加项目，经有关部门审核，报工会委员会（常委会）或主席办公会议同意后，在预算内调整或动用预算预备金。

各级工会预算在执行过程中，遇有特殊情况，预算收支总额需要增减变动时，应当编制预算调整方案，每年以一次为限，其编制、审批与预算编制审批程序相同。

46/ 工会可否用经费代职工进行对外捐赠？

实际工作中，一些工会，尤其是规模较大的工会，为响应“一方有难、八方支援”的友爱精神，以全体职工的名义用工会经费对外进行捐赠。从工会财务制度的规定看，此种行为实属不妥，需要予以纠正；当然，在特殊情况下，工会可以先暂从经费中予以垫支，但应确保捐赠资金的收回。垫支捐赠时，借：其他应收款，贷：库存现金等；收回代垫的捐赠款时，借：库存现金等，贷：其他应收款。

47/ 什么是工会经费决算，其要求是什么？

工会经费决算是工会经费收支预算的执行结果。各级工会应按上级工会的要求编制年度决算。决算未经批准，称为决算草案。工会经费决算的要求：

（1）编制决算草案，必须符合法律法规，做到收支数字准确，内容完整，报送及时（附报工会机关决算草案）。

（2）跨年度的基本建设工程，决算前按年度拨出数编报，最后年度工程竣工后，经具有相应资质的社会中介机构审核确认，按审核确认数扣除以前年度决算数后的余额，编制年度决算。

（3）决算草案的审批程序与预算草案审批程序相同。

（4）省级工会的本级决算，应在 3 月 15 日前报送全国总工会审批，全国总工会应于 30 个工作日内及时批复。市级以下（含市级）工会决算的报批时间，由省级工会确定。

（5）各级工会的决算，应按上级工会的要求逐级汇总上报。

（6）各级工会违反《工会预算管理办法》，擅自改变预算资金的性质和使用范围，截留挪用项目资金；隐瞒收入，虚列支出，造成会计信息严重失真；擅自决定重大开支项目等行为的，上级工会应责令其作出检查，并要求纠正。情节严重，造成经济损失的，对负有直接责任的负责人和相关人员，按照国家法律法规和工会的有关规定追究其责任。

48/ 基层工会的经费收支管理应遵循哪些原则？

（1）遵纪守法原则。基层工会应依据《中华人民共和国工会法》的有关规定，依法组织各项收入，严格遵守国家法律法规，严格执行全国总工会有关制度规定，严肃财经纪律，严格工会经费使用，加强工会经费收支管理。

（2）经费独立原则。基层工会应依据全国总工会关于工会法人登记管理的有关规定取得工会法人资格，依法享有民事权利、承担民事义务，并根据财政部、中国人民银行的有关规定，设立工会经费银行账户，实行工会经费独立核算。

（3）预算管理原则。基层工会应按照《工会预算管理办法》的要求，将单位各项收支全部纳入预算管理。基层工会经费年度收支预算（含调整预算）需经同级工会委员会和工会经费审查委员会审查同意，并报上级主管工会批准。

（4）服务职工原则。基层工会应坚持工会经费正确的使用方向，优化工会经费支出结构，严格控制一般性支出，将更多的工会经费用于为职工服务和开展工会活动，维护职工的合法权益，增强工会组织服务职工的能力。

（5）勤俭节约原则。基层工会应按照党中央、国务院关于厉行勤俭节约反对奢侈浪费的有关规定，严格控制工会经费开支范围和开支标准，经费使用要精打细算，少花钱多办事，节约开支，提高工会经费使用效益。

（6）民主管理原则。基层工会应依靠会员管好用好工会经费。年度工会经费收支情况应定期向会员大会或会员代表大会报告，建立经费收支信息公开制度，主动接受会员监督。同时，接受上级工会监督，依法接受国家审计监督。

49/ 基层工会经费收入范围有哪些？

基层工会的各项经费收入，要严格按照《中华人民共和国工会法》《中国工会章程》的规定，依法获得。经费收入范围包括：

（1）工会会员缴纳的会费。

（2）建立工会组织的单位按每月全部职工工资总额的2%向工会拨缴的经费，或上级工会委托税务机关代收工会经费后按规定比例转拨基层工会的经费。

（3）上级工会补助的款项。

（4）单位行政按照《中华人民共和国工会法》《中国工会章程》和国家的有关规定给予工会组织的补助款项。

（5）工会所属的企业、事业单位上缴的收入。

（6）基层工会对外投资取得的收益。

（7）其他收入。

50/ 工会经费支出范围有哪些？

工会经费应当全部用于为职工服务和开展工会活动。基层工会要按照所在省级工会确定的经费分成比例，及时足额上解经费。工会经费支出包括：

（1）工会为会员及其他职工开展教育、文体、宣传等活动产生的支出。基层工会应当将会员缴纳的会费全部用于会员活动支出。

①职工教育方面。用于工会开展职工教育、业余文化、技术、技能教育所需的教材、教学、消耗用品；职工教育所需资料、教师酬金；优秀学员（包括自学）奖励；工会为职工举办法律、政治、科技、业务、再就业等各种知识培训等。

②文体活动方面。用于工会开展职工业余文艺活动、节日联欢、文艺创作、美术、书法、摄影等各类活动；文体活动所需设备、器材、用品购置与维修费；文艺汇演、体育比赛及奖励费；各类活动中按规定开支的伙食补助费、夜餐费等；用会费组织会员观看电影、开展春游秋游等集体活动。

③宣传活动方面。用于工会开展政治、时事、政策、科技讲座、报告会等宣传活动；工会组织技术交流、职工读书活动、网络宣传以及举办展览、板报等所消耗的用品；工会组织的重大节日宣传费；工会举办的图书馆、阅览室所需图书、工会报刊以及资料费等。

④其他活动方面。除上述支出以外，用于工会开展的技能竞赛费用及其他活动的各项支出。

（2）工会直接用于维护职工权益的支出。包括工会协调劳动关系和调解劳动争议、开展职工劳动保护、向职工群众提供法律咨询、法律服务、对困难职工帮扶、向职工送温暖等发生的支出及参与立法和本单位民主管理、集体合同等其他维权支出。

（3）工会培训工会干部、加强自身建设及开展业务工作发生的各项支出。包括开展工会干部和积极分子的学习和培训所需教材资料和讲课酬金等；评选表彰优秀工会干部和积极分子的奖励；组织劳动竞赛、合理化建议、技术革新和协作活动；召开工会代表大会、委员会、经审会以及工会专业工作会议；开展外事活动、工会组织建设、建家活动、大型专题调研；经审经费、基层工会办公、差旅等其他专项业务的支出。

（4）工会从事建设工程、设备工具购置、大型修缮和信息网络购建而发生的支出。包括房屋建筑物购建、办公设备购置、专用设备购置、交通工具购置、大型修缮、信息网络购建等资本性支出。

《中华人民共和国工会法》规定，各级人民政府和企业、事业单位、机关应当为工会办公和开展活动，提供必要的设施和活动场所等物质条件。

在行政方面承担资本性支出的经费不足，并且基层工会有经费结余的情况下，工会经费可以用于必要的资本性支出。

（5）对工会管理的为职工服务的文化、体育、教育、生活服务等独立核算的事业单位的补助和非独立核算的事业单位的各项支出。

（6）由工会组织的职工集体福利等方面的支出。主要用于工会组织逢年过节向全体会员发放少量的节日慰问品，会员个人和家庭发生困难情况的补助，以及会员本人过生日的慰问等。

（7）以上支出项目以外的必要开支。

（8）不准将工会经费用于服务职工群众和开展工会活动以外的开支。

①不准用工会经费购买购物卡、代金券等，搞请客送礼等活动。

②不准违反工会经费使用规定，滥发津贴、补贴、奖金。

③不准用工会经费支付高消费性的娱乐健身活动。

④不准单位行政利用工会账户，违规设立“小金库”。

⑤不准将工会账户并入单位行政账户，使工会经费开支失去控制。

⑥不准截留、挪用工会经费。

⑦不准用工会经费参与非法集资活动，或为非法集资活动提供经济担保。

⑧不准用工会经费报销与工会活动无关的费用。

51/ 筹建工会组织的单位是否可以不缴工会经费？

按照规定，任何单位在筹建工会组织期间，应当缴纳工会筹备金。组建后交工会经费，同时在银行开设银行账户，上级工会及时将工会筹备金按相应比例划拨基层工会新开设的银行账户；未开设银行账户的基层工会，该部分筹备金暂存上级工会，待基层工会开户后，上级工会再将这部分经费回拨；对拖延，拒不缴纳工会经费、工会筹备金的单位，由工会向法院申请支付令，强制执行；对拖延、拒不缴纳和不足额缴纳的，按欠缴金额每日千分之五加收滞纳金。

52/ 工会经费为什么要委托税务机关代收？

工会经费由地税部门代收，一是为了更好地贯彻《中华人民共和国工会法》，强化社会依法缴纳工会经费的意识，加强工会组织建设和维权工作；二是把工会经费收缴纳入法治化轨道，有利于工会经费收缴的规范化，提高工会经费收缴的透明度，接受社会监督；三是方便各缴费单位在向地税部门申报缴纳税款时一并缴纳工会经费，简化程序，提高效率；四是有利于各级工会组织活动的开展，较好地发挥工会在建设和谐社会中的重要作用；五是加强工会经费税前扣除管理，有利于防止工会经费和国家税收流失

53/ 税务机关代收工会经费的法律依据有哪些？

地方税务部门代收工会经费和工会筹备金是把工会经费收缴纳入法治化轨道的需要，有明确的法律政策依据。

《工会法》第四十二条中明确规定：“建立工会组织的企业、事业单位、机关按每月全部职工工资总额的百分之二向工会拨缴的经费”。“企业、事业单位拨缴的经费在税前列支”。

《中华人民共和国民法通则》第六十三条规定：“公民、法人可以通过代理人实施民事法律行为。代理人在代理权限内，以被代理人的名义实施民事法律行为。”税务代收工会经费和工会筹备金，符合法人与法人之间行使代理权的规定。

国家税务总局2000年下发的《关于工会经费税前扣除问题的通知》和2005年与全国总工会联合下发的《关于进一步加强工会经费税前扣除管理的通知》中要求，各级税务部门和工会组织要密切配合，切实做好税前扣除和工会经费拨缴款专用收据管理工作。税务代收工会经费和工会筹备金是加强税前扣除管理的一项有效措施。

国家税务总局2005年下发的《关于加强税务机关代收费项目管理的通知》规定：“税务机关只能代收法律法规设定、国务院及有关部门和省级政府依照有关规定和批准权限设定的收费项目。”工会经费是国家法律设定的收费项目，而且是经省人民政府依照有关规定批准由税务机关代收的。

第十六章

工会经费审查工作

本章重点思考

1.如何确定基层工会经费审查工作的重点?

2.怎样正确处理工会经审监督职能与保障职工合理福利的关系?

1/ 什么是工会经费审查？其主要目的是什么？

工会经费审查是由工会经费审查委员会或工会内部审计机构以及所指派的经审委员或专兼职的审计工作人员，依据《中华人民共和国工会法》和《中国工会章程》的规定，对工会经济活动的真实性、合法性和效益性进行审查和评价的独立性经济监督活动。

工会经审的主要目的是：维护国家财经法纪，促进收好、管好、用好工会经费，促进工会资产管理，促进工会经济活动规范运作，促进工会系统党风廉政建设。

2/ 工会审计的主要职责有哪些？

《中国工会审计条例》第二十三条规定，经审会对同级工会及其所属企事业单位和下一级工会及其所属企事业单位的下列事项进行审计：

（1）经费预算执行情况和财务状况；

（2）经费计提和拨缴情况；

（3）专项资金的筹措、拨付、管理和使用情况；

（4）资产的管理、使用和处置情况；

（5）基本建设和维修改造工程；

（6）对外投资情况；

（7）财务管理和相关内部控制制度情况；

（8）经费使用效益和资产经营效益情况；

（9）撤并时的财务清算情况；

（10）工会管理和委托其他单位管理的社会捐赠资金、各类基金的收支情况；

（11）其他需要审计的有关事项。

以上事项，必要时可以进行延伸审计。

3/ 工会审计的权限有哪些？

（1）经审会有权要求被审计单位按时提供会计报表、会计账簿、会计凭证、会计电算化数据以及与其经济活动相关的计划、批文、合同等其他资料。

（2）经审会有权审查被审计单位的会计报表、会计账簿、会计凭证、会计电算化数据以及其他与财务收支相关的资料、资产。

（3）经审会有权对审计涉及的相关事项，向被审计单位和有关人员进行调查并取得相关文件、资料和证明材料。

（4）经审会有权对可能被转移、隐匿、篡改、毁弃的会计报表、会计账簿、会计凭证以及其他与财务收支相关的资料，采取暂时封存的措施。

（5）经审会有权对正在进行的违反财经法律法规的行为予以制止，在职权范围内作出审计决定。

（6）经审会有权对审计结果以适当方式进行通报。

（7）经审会对审计中发现的重大违法违规、重大资产损失等问题，有权向同级工会委员会和上一级经审会报告。

4/ 工会经费收支管理应遵循的原则有哪些?

（1）遵纪守法原则。

（2）经费独立原则。

（3）预算管理原则。

（4）服职工务原则。

（5）勤俭节约原则。

（6）民主管理原则。

5/ 工会经费收入包括哪些?

收入是指工会根据《工会法》以及有关政策规定开展业务活动所取得的非偿还性资金。收入按照来源分为会费收入、拨缴经费收入、上级补助收入、政府补助收入、行政补助收入、事业收入、投资收益、其他收入。

6/ 工会经费收入审计要总体把握的事项有哪些?

（1）收入的内部控制各环节有无失控。

（2）是否依法、按规定及时、足额组织收入，有无漏收、隐匿、转移收入的问题。

（3）有无超范围、超标准多收乱收现象。

（4）各项收入是否都出具合法收据，入账是否及时，会计处理是否正确。

（5）各项收入年终是否按规定结转“经费结余”，有无挂账。

7/工会经费支出包括哪些?

支出是指工会为开展各项工作和活动所发生的各项资金耗费及损失。支出按照功能分为职工活动支出、维权支出、业务支出、行政支出、资本性支出、补助下级支出、事业支出、其他支出。

8/工会经费支出审计要总体把握的事项有哪些?

（1）经费支出总额是否控制在年度预算范围内，有否不按预算随意开支现象。

（2）经费报销的程序、手续是否规范，授权、经办、验收是否分离；是否坚持“一支笔”的审批制度。

（3）经费开支是否合规、合法，有无扩大支出范围、提高开支标准、虚报冒领、虚列支出。

（4）经费支出原始凭证是否齐全、合法。

（5）年终各支出项目是否结转到“经费结余”。

9/国家规定可以由行政承担的费用开支有哪些?

根据《工会法》、全总、财政部及国家的有关规定，下列费用应由行政列支：

（1）基层工会办公用房、文艺、体育、教育和服务等活动场地设施、设备。

（2）基层工会专职人员的工资、奖金、医疗、补贴、劳动保护费用及其他。

（3）基层工会专职人员的离退休费及退职生活费。

（4）基层工会兼职干部短期学习工资及差旅费。

（5）工会组织的劳动竞赛、技术交流、技术革新活动所需的奖励费用。

(6) 企业光荣榜制作的设备材料费。

(7) 企业车间、科室、班组订阅的报刊费。

(8) 企业行政主办由工会进行管理的广播站；人员、设备等费用。

(9) 由行政方面或委托工会布置的庆祝“五一”节、“国庆”节及其他重大节日所需的宣传活动费。

(10) 行政方面委托工会举办的劳模、积极分子及先进生产（工作）者等方面的会议费和奖励费。

(11) 基层工会为搞好劳动保护工作所需的费用以及劳动保护宣传教育费。

(12) 企业、事业单位召开职工代表大会所需的各项费用。

(13) 由工会管理的企业职工困难补助费。

(14) 基层单位行政办学的职工教育费。

(15) 工会组织劳模、先进生产（工作）者休养活动的往返差旅费、宿费、伙食补助。

(16) 工会组织职工疗（休）养活动费 。

10/ 工会经费审查监督的内容有哪些？

根据《基层工会经费审查委员会工作条例》的规定，基层工会经费审查委员会对基层工会及所属企业、事业经费收支和财产管理的下列事项进行审查监督：

(1) 工会经费收入、上解和支出预算的制定、执行和决算；

(2) 与工会经费收支有关的经济、技术活动及其效益；

(3) 工会经费专项基金的提取、使用；

(4) 工会财产的安全、完整；

(5) 工会内部控制制度的建立、健全、有效；

(6) 国家财经法规、条例和工会财务制度、纪律的执行情况；

(7) 国家和上级工会规定的其他审查事项。

11/ 预算草案审查的主要内容是什么？

(1) 预算收入、预算支出、经费结余以及相关活动情况；

(2) 预算支出是否符合“统筹兼顾、保证重点”的原则；

（3）预算编制是否遵循“量入为出，收支平衡”原则；

（4）预算的内容是否完整，计算口径、数据是否正确。

12 预算执行审查的主要内容是什么？

（1）经费收支是否按预算进度实施，有无超预算、超范围支出；

（2）财务部门组织预算执行的情况，执行中有无异常情况，确保预算完成的工作措施是否落实；

（3）审查从经费预算支出中提取的各项基金比例是否符合规定，开支内容是否符合规定的范围；

（4）检查经审委员在上次审查预决算中提出问题的整改落实情况；

（5）有否因特殊情况需要追加或调整预算。

13 决算草案审查的主要内容是什么？

（1）经费收支是否按预算执行，有否无预算、超范围支出。追加支出项目是否履行审批手续；

（2）收支内容是否合法、合规；

（3）专项资金是否专款专用；

（4）上次会议审查中提出问题的整改是否落实。

14 工会审计程序的具体步骤是什么？

（1）准备阶段

①审计项目立项；

②成立审计组；

③审前调查；

④制定项目审计计划；

⑤编制审计项目实施方案；

⑥发送审计通知书和审计承诺书。

（2）实施阶段

①听取被审计单位的情况；

②收集、审查相关资料，获取审计证据；

③测试内部控制，实施实质性程序；
④编制、归集审计工作底稿，进行综合分析。
（3）终结阶段
①编写审计报告初稿；
②复核审计报告；
③征求被审计单位意见；
④核实情况，修改报告，定稿后报经审会；
⑤审定审计报告，形成审计意见书。
（4）后续和复议阶段
①检查审计意见的整改情况；
②审计资料立卷归档。

15 工会经审的常用方法有哪些？

（1）对书面资料的检查：顺查法、逆查法、详查法、抽查法、审阅法、核对法、复核法、调整法。

（2）证实客观事物：观察法、查询法、监盘法。

（3）对经济活动分析：比较分析法、因素分析法。

16 审计通知书的基本内容有哪些？

（1）被审计单位及审计项目的名称；
（2）审计的目的及审计范围；
（3）审计时间；
（4）被审计单位应提供的具体资料和协助事项；
（5）审计小组名单；
（6）通知书发出日期、落款。

17 审计工作底稿的主要内容有哪些？

（1）被审计单位名称；
（2）审计项目的名称以及实施审计的时间；
（3）审计过程记录；

（4）审计查出问题及其依据；

（5）被审计单位对审计工作底稿中所记录的事实的认定及部门主管人员签章；

（6）审计单位意见；

（7）索引号及页次；

（8）编制人员的姓名及编制日期；

（9）复核人姓名及复核日期；

（10）其他应当说明的事项。

18/ 审计报告的基本内容有哪些？

（1）审计依据、审计范围、审计内容、审计的起止时间、实施审计的方法、被审计单位对所提供资料的承诺情况等；

（2）被审计单位的基本情况，财务收支状况，内部控制制度检查的初步结论，被审计单位财务收支的真实、合法、效益情况，查出的违反国家法律、法规和工会有关规章制度的事实及定性的法律、法规、规章制度依据等；

（3）审计评价和依据有关法律、法规、规章制度，对所查出问题的处理意见，改进财务收支管理的意见和建议等；

（4）审计报告的落款。

19/ 撰写审计报告应注意哪些事项？

（1）应当根据审计工作底稿以及相关资料，在综合分析、归纳、整理、核对的基础上，撰写审计报告。

（2）被审计单位对审计报告内容有异议的，审计组负责核实、修改。

（3）审计报告应当内容完整，结构合理，观点明确，层次清晰，用词恰当，文字规范。

（4）审计报告应当如实反映问题，不得隐瞒不报。

（5）审计报告应当经审计组集体讨论并由审计组组长定稿。审计组组长应当对提出的审计报告的真实性负责。

（6）审计报告报送工会经费审查委员会或经费审查委员会办公室主任审定。

20 什么是审计意见书？

审计意见书是指经费审查委员会或经费审查委员会办公室审定审计报告后，依据有关法律、法规和工会财务会计制度对审计事项作出评价，向被审计单位提出改进财务收支管理意见的书面文书。

21 审计事项评价的内容是什么？

经费审查委员会或经费审查委员会办公室对审计事项的评价，应当坚持实事求是、客观公正的原则。对提出的问题，应当事实清楚、证据确凿、定性适当、引用法规准确。评价的内容包括：

（1）对会计账表数据真实性的评价；

（2）对审计事项合法性的评价；

（3）对经营活动效益性的评价；

（4）对与财务收支有关的内部控制制度的评价。

22 被审计单位对审计报告有异议时应怎样处理？

审计组在形成工作底稿和审计报告时，要充分和被审计单位交换意见。审计报告形成后，被审计单位对审计报告如有异议，审计组应当尽快核实，如有必要，应当修改审计报告，并将采纳或未采纳的主要理由等记录在审计组关于审计报告回复意见的采纳情况表中。

23 经审会在审计中发现重大问题怎么办？

经审会对审计中发现的重大违法违规、重大资产损失等问题，有权向同级工会委员会和上一级经审会报告。

第十七章
工会资产管理工作

本章重点思考

1.如何有效管理工会资产?
2.当前工会资产管理监督体系改革的要求是什么?

1/ 什么叫工会资产，它有哪些特点?

资产是工会拥有或控制的能以货币计量的经济资源，包括流动资产、投资和固定资产等。由于资产是工会履职的物质基础，各级工会组织必须建立和完善工会资产的管理制度，确保资产的安全和完整，提高资产利用的效率和效果。工会资产具有以下特点：

（1）工会资产是工会的一项经济资源。就拥有者而言，资产应具有现实的实用价值和预期的经济得益。如果某项资产不具备上述两个条件，则应按照规定的程序予以核销，并在会计上建立“账销案存”制度，最大限度维护资产的安全和完整。

（2）工会资产应是工会组织拥有或控制。一项资产是否纳入会计核算的范畴，关键有两点：一是工会是否对该项资产具有所有权；二是在某种情况下，即使不具有所有权，但实质上工会具有长期使用该项资产的完整权利。强调资产权属的目的在于工会能够完整地行使工会资产的管理权，包括所有权、处置权、收益权等。因此，会计意义上的工会资产虽然强调资产的产权属性，但也不排斥资产的控制属性。

（3）工会资产必须能够以货币计量。实际工作中纳入会计核算范畴的资产还需要满足货币计量属性。也就是说，只有那些既符合前述两个特征，同时满足货币计量属性的资产，才能纳入会计核算的范畴。

2/ 工会资产管理的原则是什么?

根据2017年中华全国总工会办公厅印发的《工会行政性资产管理办法》（总工办发〔2017〕5号）的规定，工会资产按照“统一所有、分级管理、单位使用”的原则，建立权利、义务和责任相统一的监督管理体系。

（1）统一所有。工会资产是属于工会所有的社团资产，其不动产受法律保护。中华全国总工会对各级工会资产拥有终极所有权。工会资产管理的政策法规由全国总工会统一制定，各级工会制定的工会资产制度必须是在全国总工会规定的范围内，不能与全国总工会的政策相违背或者超出规定的权限。

（2）分级管理。针对工会资产因使用主体和使用目的不同，资产属性差别较大，对工会资产应该分级分类管理。要明确全国总工会和地方工会资产管理的权限和职责，区别工会资产的类型，运用不同的管理方式，使工会资产管理效益最大化。

（3）单位使用。工会资产的出资人权利不同于所有者权利，各级工会资产的出资人是本级工会组织，各级工会组织是各级工会资产的实际占有者和使用者，享有重大经营事项的决策权、企事业负责人的任免权和资产经营收益权。单位使用工会资产时，不仅要实现社会效益和经济效益的统一，完成工会组织服务职工、服务工会的任务，还要提高经营效益，实现工会资产的保值增值。

（4）权利、义务、责任相统一原则。作为工会资产出资人代表的工会组织，在享有资产收益权、参与重大决策和选择管理者等出资人权利，同时要履行出资人义务，维护工会企事业的经营自主权，还要承担起监管工会资产、实现资产保值增值、办好工会企事业、壮大工会物质基础的职责。

3/ 怎样做好工会资产管理工作？

工会资产工作是一项综合性工作，具有很强的政治性、经济性、文化性、社会性。做好工会资产工作必须运用政治、经济、法律、行政等手段，以确保工会资产工作各项任务完成。

（1）坚持组织到位与职责到位统一。做好工会资产管理工作，首先要做到组织落实、人员落实、职责落实。要明确工会资产责任部门和监管职责，配齐人员，实现资产管理权责利统一。

（2）坚持统一监管与分类监管的统一。做好工会资产管理工作，要坚持实事求是的原则，正确处理统一监管与分类监管的关系，实施科学的监管方式方法。统一监管是基础，分类监管是关键。对行政类资产、公益一类资产、公益二类事业单位资产、生产经营类事业单位和企业资产，实行不同的监管方式。

（3）坚持制定制度与执行制度的统一。制度化、规范化、程序化是工会资产工作的根本保障。要把制度建设放在首位，坚持按制度办事，严格制度落实责任，加强制度的执行力。

（4）坚持监督检查与强化问责的统一。实践证明，抓监督检查、抓跟踪问效、抓工作问责，是做好工会资产工作的重要方法。要定期开展对工会资产的监督检查工作，发现问题及时整改；对造成工会资产损失的单位和个人要依照有关制度追究相应责任。

4 当前工会资产管理监督体系改革的工作要求是什么？

（1）强化资产监管。严格按照相关法律法规和工会资产管理制度规定的权限、程序行使职权。健全完善工会资产监管制度体系，建立监管机构的权利和责任清单，重点管好工会资产安全、规范资产运营、发挥资产效能。完善监管机制，严格责任追究，确实防止工会资产流失。

（2）坚持问题导向。系统梳理问题，分析原因，找准症结，对症施策。

（3）系统整体推进。处理好改革发展和稳定的关系，加强顶层设计，统筹推进改革。

（4）加强组织领导。强化工会资产管理体制改革责任落实，细化任务分工方案，明确主体责任，厘清责任链条，确保工会资产工作能够稳步推进。充分调动工会资产监管干部和工会企事业职工的干事创业积极性。

5 什么叫工会净资产，它有哪些特点？

净资产是指工会的资产减去负债后的余额。包括固定基金、在建工程占用资金、投资基金、专用基金、后备金、结余。净资产是工会财力的重要体现，是评价工会理财能力的重要指标，是工运事业不断发展壮大的重要物质基础，所以，确保净资产的增值不仅是各级工会的经济责任，更是政治责任。工会净资产具有如下特征：

（1）工会净资产具有非偿还性。净资产是工会组织无偿占有的经济资源，具有非偿还性。在工会组织的资产中，净资产和负债都是其拥有的经济资源。其中负债是需要偿还的，作为借入的经济资源，它将全部偿还给债权人，并额外支付给债权人一定的费用，随着工会组织债务的清偿而消失，如银行借款、应付款项等。而净资产则不同，由于工会组织具有公益性和非营利性的特点，其资金绝大部分依照国家有关法律、法规等拨缴形成。作为开展业务工作所必备的重要条件，它是由工会组织各单位无偿占有和使用的经济资源，是不需要偿还的。

（2）工会净资产是工会按照国家法律法规的规定取得，是工会与其他组织（如政府、企业）之间的一种权益分配。净资产体现了资产所有者以及资产占有、使用者依法享有的权益。由于工会组织的净资产主要来源于依照法律法规所获取的工会经费，包括行政拨缴经费、财政拨款（或政府补助）、行政补助等，这些经费收缴行为一经完成，各级工会组织拥有对这些资源的所有权、支配权。同时，净资产又是工会组织进行工作所需的物质基础，所以，工会组织依法享有对其净资产的控制权、占有权和使用权，以保证各项工作任务的顺利完成。

6/ 什么叫工会负债，它有哪些特点？

负债是指工会承担的能以货币计量，需以资产偿付的债务，包括借入款、应付个人收入、应付款项等。由于债务需要按期偿还，因此各级工会在日常活动中要加强对债务的管理，确保工会职能的正常履行。工会负责有以下特点：

（1）负债是基于过去的交易或事项而产生的。会计的基本属性是对特定主体已经发生的经济业务或者事项进行确认、计量和报告。对尚未发生或者正在发生的经济业务，不得作为会计核算的内容，除非有足够证据表明，正在发生或尚未发生的业务已经在事实上形成了会计核算主体的某种权利或者义务并且权利与义务的金额能够较为准确地估计。工会负债也是一样，也是基于过去业务而发生的现实义务。

（2）负债是工会承担的现实义务。所谓现实义务是就当前的状态而言，这种义务具有不可撤销性，在将来约定的某个时间必须偿还。

（3）债务的偿还会导致未来资产的减少或者负债的增加。负债通常是在未来某一时日通过交付资产（包括现金和其他资产）或提供劳务来清偿，这样可能导致资产的减少或者以新的债务来进行替换。

7/ 什么叫工会固定资产？

根据《工会会计制度》的规定，固定资产是指工会使用年限在一年以上，单位价值在规定标准以上，并在使用过程中基本保持原来物质形态的资产。单位价值虽未达到规定标准，但是使用时间在一年以上的大批同类物资，按固定资产管理。

固定资产的定义要点有三个：一是使用年限；二是单位价值标准；三

是不足标准的大批同类物质，比如职工建家购买的大批图书，需要按固定资产管理。

8/ 工会固定资产如何分类？

根据《中华全国总工会办公厅关于印发〈工会固定资产管理办法〉的通知》（总工办发〔2002〕30号）第二章“固定资产的范围、分类和计价”第九条的规定，固定资产分六类：房屋建筑物、专用设备、一般设备、文物和陈列品、图书和其他固定资产。

（1）房屋建筑物：指房屋、建筑物及其附属设施。房屋包括办公用房、生产经营用房、仓库、职工生活用房、食堂用房、锅炉房等；建筑物包括道路、围墙、水塔、雕塑等；附属设施包括房屋、建筑物内的电梯、通信线路、输电线路、水气管道等。

（2）专用设备：指各种具有专门性能和专门用途的设备，包括各种仪器和机械设备、医疗器械、文体事业单位的文体设备等。

（3）一般设备：指办公和事务用的通用性设备、交通工具、通信工具和家具等。

（4）文物和陈列品：指古玩、字画、纪念品、装饰品、展品和藏品等。

（5）图书：指图书馆（室）、阅览室等的图书和资料等。

（6）其他固定资产：指未能包括在上述各项内的固定资产。

9/ 固定资产管理目标是什么？主要任务是什么？

管理的目标是：维护工会资产的安全与完整，提高固定资产的使用效益，明确工会固定资产的保管责任，确保工会固定资产的保值增值。

主要任务是：建立健全各项管理制度；明晰产权关系，实施产权管理；合理配备并节约、有效使用固定资产，提高固定资产使用效益，保障固定资产的安全和完整。

10/ 固定资产如何计价？

中华全国总工会办公厅关于印发《工会固定资产管理办法》的通知

（总工办发〔2002〕30号）第二章“固定资产的范围、分类和计价”第十条的规定，固定资产的计价需遵循以下规则：

（1）购入、有偿调入的固定资产，按实际支付的买价、调拨价以及运杂费、保险费、安装费、车辆购置附加费等记账；

（2）自行建造的固定资产，按建造过程中实际发生的全部支出记账；

（3）在原有固定资产基础上改建、扩建的固定资产，按改建、扩建发生的支出，减去改建、扩建过程中发生的变价收入后的净增加值，增记固定资产账；

（4）接受捐赠、赞助、奖励和无偿调入的固定资产，按照同类固定资产的市场价格或者有关凭证记账，接受固定资产时发生的相关费用应计入固定资产价值；

（5）盘盈的固定资产，按照重置完全价值入账；

（6）已投入使用，但尚未办理移交手续的固定资产，可先按估价入账，待确定实际价值后，再进行调整；

（7）用外币进口的设备，按当日汇率折合人民币金额，加上国外部分的运费及其他费用（外币应折合成人民币金额），再加上支付的关税、海关手续费等计价入账；

（8）融资租入的固定资产，按租赁协议确定的设备价款、运杂费、安装费等记账；

（9）购置固定资产过程中发生的差旅费，不计入固定资产价值。

11 固定资产计价标准是什么？

根据《工会会计制度》第二十五条的规定：固定资产是指工会使用年限在一年以上，单位价值在规定标准以上，并在使用过程中基本保持原来物质形态的资产，包括房屋及建筑物、专用设备、一般设备、文物和陈列品、图书和其他固定资产。一般设备单位价值在500元以上，专用设备单位价值在800元以上为固定资产。单位价值虽未达到规定标准，但是使用时间在一年以上的大批同类物资，按固定资产管理。

中华全国总工会财务部《关于确定工会行政性固定资产单位价值标准的复函》（工财函〔2016〕12号）文件对固定资产的标准作了进一步明确。各级工会组织在确认工会行政性固定资产的单位价值标准，执行《行政单位财务规则》（财政部令第71号）确定的固定资产单位价值标准，即一般设备单价1000元以上，专用设备单价1500元以上。

提示：类似图书，单位价值虽未达到计价标准，但是使用时间一年以上并且是大批同类物资，也要按固定资产管理。

12 购买固定资产发生的差旅费要不要记入固定资产价值?

根据全国总工会于2002年印发的《工会固定资产管理办法》（总工办发〔2002〕30号）第十条规定，购置固定资产过程中发生的差旅费，不计入固定资产价值。

13 为什么工会的固定资产和固定基金永远相等?

因为固定资产和固定基金是一对双进双出的科目，根据《工会会计制度》，固定资产购入时，会计分录是：

借：固定资产

贷：固定基金

工会固定资产调出、变卖、损失、报废、盘亏时，会计分录是：

借：固定基金

贷：固定资产

因此，在工会会计制度里，固定资产和固定基金是同进同出，所以永远相等。

14 工会固定资产调出、变卖、损失、报废、盘亏的程序有哪些?

根据中华全国总工会于2002年印发的《工会固定资产管理办法》（总工办发〔2002〕30号）规定，工会固定资产的调出、变卖、损失、报废、盘亏程序是先由单位资产使用部门提出申请，单位资产管理部门审查鉴定、提出意见并报单位财务部门同意，经单位主管领导（或领导办公会议）审批，并报主管工会或上一级工会核准或备案，单位资产管理部门根据批件和有关资料办理调出或注销等固定资产减少手续。

15 如何处理固定资产清查？

固定资产清查是工会基于确保其安全、完整以及价值保全等，根据规定于会计期末对所管理或使用的固定资产进行盘点的一种方法，目的是保证账实相符，如果出现账实不符，则要按规定进行处理。

一般情况下，固定资产清查的程序为：

（1）成立固定资产清查小组，小组成员一般包括会计人员、固定资产实物管理或使用部门人员以及工会财务工作负责人；

（2）根据工作需要，通过实地盘点对账上记录的固定资产进行盘点，至于盘点之前是否需要通知相关人员，由盘点小组根据工作需要确定；

（3）会计核算部门或人员要结出固定资产的期末余额，包括数量和金额；

（4）盘点过程中要重点关注固定资产的类别、数量、形态、保管或使用部门以及外观状态等，做好盘点记录，并对固定资产管理所涉的安全性、完整性和价值性等进行判断；

（5）编制固定资产盘点表。

16 工会是否可以将其固定资产无偿调拨或划拨给同级行政使用？

中华全国总工会对各级工会的资产，尤其是土地、房屋等，拥有终极所有权，除此以外的任何单位和个人都无权对这些资产进行处置，因此，按现有的工会会计制度规定来看，工会不可以将其固定资产无偿调拨或者划拨给同级行政使用。

需要说明的是，现实中出现工会与同级行政进行资产的等价置换的问题，按现有规定看，即使是相关资产直接所有的工会也是无权处置，除非经过相应程序进行审批，否则，这样的业务行为也是无效的。

当然，在经过审批后，具体实施资产置换行为的工会要按照要求完善相应的资产权属证书的变更、登记、保管，以明确资产的所有权。

17/ 工会购买符合固定资产认定标准的物品，将其用于个人奖励时该如何处理？

工会的基本职责是维护职工的合法权益，在基本职责之外，还包括职工活动、工会组建、职工教育、技能培训等在内的职责。在这些活动中，不超过上级工会规定的奖励标准，工会可能会购置诸如U盘、充电宝、电子书等单位价值比较大并且具有实物形态的资产等用于职工活动的奖励，而且很多时候，这些奖励是给个人的。

按照《工会会计制度》和中华全国总工会财务部《关于确定工会行政性固定资产单位价值标准的复函》（工财函〔2016〕12号）文件的规定，这些资产符合固定资产确认标准，按理说应纳入工会固定资产核算。但问题是，这些资产从购买时就已经明确其用途用于职工个人奖励，对此业务，工会在会计核算时只需要做购买的处理就可以，相关的固定资产不需要进行核算，理由是这些资产已经不属于工会，无论是产权还是使用权，工会都不再持有这些资产。

第十八章
智慧工会建设

本章重点思考

1.为什么要建设智慧工会?
2.怎么做建设智慧工会的重点工作?

1/ 什么是“互联网+”？

2015 年 3 月，李克强总理在十二届全国人大三次会议上作政府工作报告时首次提出“互联网+”行动计划。“互联网+”指的是依托互联网信息技术实现互联网与传统产业的联合，以优化生产要素、更新业务体系、重构商业模式等途径来完成经济转型和升级。“互联网+”计划的目的，在于充分发挥互联网的优势，将互联网与传统产业深度融合，以产业升级提升经济生产力，最后实现社会财富的增加。简而言之，“互联网+”就是把互联网的工具运用到其他的行业中去，让所有的行业都与互联网紧密结合，从而大幅提升效率的一种应用。

2/ 工会工作为什么要“互联网+”？

2015 年 7 月 6 日，习近平总书记在党的群团工作会议上强调：“工青妇等群团组织要下气力开展网上工作，亮出群团组织的旗帜，发出我们的声音，让群众在网上能找到自己的组织，参加组织的活动。”

在互联网时代，工会的传统工作方式面临重构问题，要借助互联网快捷、交互的优势，优化服务流程，提高工作效率。如果固守科层制、行政化的模式，仅靠面对面、人对人的方式，工会工作就会落后时代潮流。工会作为政府群团组织的重要机构，理当成为政府“互联网+”行动的排头兵，积极响应政府号召，迅速展开工会的“互联网+”行动，做好网上职工服务工作。

“互联网+ ”工会工作管理的新模式，即以信息技术为导向，充分应用大数据与云计算的发展成果，使其成为提升工会工作效率的有力武器。“互联网+”工会，不仅仅是把互联网和工会工作简单相加，而是让“互联网+”工会的先进模式彻底改变固有的工会工作思路，让它帮助我们更好地实现工会工作的全面进步。

“互联网+”工会可以选用网站、BBS 交流平台、微博、QQ、微信、微信公众号，以及独立开发的工会服务工作 App 等工具。

3/ 什么是智慧工会建设，为什么要建设智慧工会？

党的十九大报告提出，要建设科技强国、网络强国、数字中国、智慧社会，增强改革创新本领，善于运用互联网技术和信息化手段开展工作，为工会改革进一步指明了方向，提供了科学的理论指导和行动指南。近年来，互联网、大数据、云计算、人工智能等先进信息技术蓬勃兴起，智慧工会应运而生。

智慧工会是中国工会为适应互联网时代特点，加快改革创新而提出的鲜明而具体的发展目标，是工会组织通过运用互联网、大数据、云计算、人工智能等先进信息技术构建的工会智能化服务职工体系，突出工会干部的主观能动性和工会工作的精神文化层面，为职工群众提供普惠性、便捷性、精准性、常态化服务，形成线上线下相互融合的工会工作新格局。

4 当前如何推进智慧工会建设？

把“智慧工会”建设作为促进工会工作创新发展的重要抓手，加快推进互联网和工会工作深度融合，提升网上工作水平。

(1) 搞好顶层设计。智慧工会建设是一项统分结合的系统工程，要把握好全总、省市级工会和产业工会的主要职责，制定统一的规划、规范、接口、标识，协力建设网上工作公共基础设施和通用平台，提供职工普惠性网上服务项目，形成既有分工又有合力、既有线上又有线下、既能“通天”又能“接地”的工作格局。

(2) 加强网上工作平台建设。强化互联网思维，运用互联网、大数据、云计算、人工智能等手段推进工会工作，促进互联网和工会工作融合发展，打造工会工作升级版。加强资源整合和流程再造，打通信息壁垒，建设实名动态、全面覆盖、安全共享的工会大数据库。加强互联网内容和舆论阵地建设，充分利用移动客户端、微博、微信，结合“12351”职工服务热线，建立健全工会新媒体矩阵。

(3) 大力开展工会网上服务。要以职工为中心、以网络平台为基础、以会员服务卡为载体，推进职工个性化普惠性服务，实现由工会“定菜单”到职工“点菜单”的转变。创新工会组建形式和工作方法，通过发放会员服务卡、电子会员卡等方式，实现会员实名制管理。把互联网当作提升职工技能、服务产业工人队伍建设改革的重要渠道，建设完善网上技能竞赛、劳模管理、职工技术创新、法律服务系统。建设困难职工和农民工帮扶服务系统，利用网络平台和大数据进行分析，有针对性地开展精准帮扶。

（4）加强工会网络人才建设。要引入专业团队和社会人才充实网络工作人员，培养一批既精通工会工作又善于网络管理的复合型专业人才，为工会网上工作提供技术咨询、研发支持及运维保障。更新观念、创新机制，改进作风、讲究方法，提升工会干部学网懂网用网能力。

5/ 怎样把握工会网上工作的思路与方向？

工会网上工作要坚持正确政治方向，增强改革创新意识，围绕中心服务大局。按照“互联网+”的新特点和新要求构建“智慧工会”，鼓励使用先进适用的网络信息技术，创新工会工作理念、服务内容、工作载体、运行机制、组织形态，为工会改革创新提供有力支撑。

党的十九大提出以人民为中心的发展思想，在工会工作中，以人民为中心就是以职工为主体。工会网上工作作为工会工作的重要组成部分，要为工会的全局工作、网下工作提供有力支撑，就要求工会网上工作的建设和运行必须反映新时代新要求，全面准确把握工会网上工作的主要任务，紧密依托原有的工作基础，通过踏实有为的工作，服务于整个工会工作改革创新大局。

全面建成网上工作体系，工会组织将面临一个庞大、复杂、多元的网络系统。这个系统要顺应“互联网+”发展的时代大势，满足广大职工对工会服务的需求，适应工会事业改革创新发展的需要，构建“智慧工会”服务职工体系，打造方便快捷、务实高效的服务职工新通道，提升运用网络服务职工能力，建设网络良好生态，构建清朗网络空间，增强工会组织的吸引力、凝聚力、战斗力，切实服务党和国家大局，服务工会工作全局。

6/ 怎么建设网上工会？

网上工会建设，就是要把工会服务职工的功能，尽可能地延伸到网上，做到实体工会有的，网上工会也有，通过做好服务，让职工离不开工会，引导职工听党话、跟党走。

（1）搭平台，让职工在网上能找得到工会组织。坚持多管齐下，积极打造网络及新媒体矩阵工程。

（2）引方向，让职工在网上能听得到工会好声音。依托网络及新媒体矩阵，改进工会工作方式，扩大工会网络影响力，牢牢把握工会网络舆论主导权。突出政治高度，始终把政治性作为工会新闻宣传的生命线，充分发挥好工会宣传对职工的舆论导向作用，不定期推送法律法规解读、宣传劳模典型、回应网络舆论事件，大力弘扬社会主义核心价值观，唱响主旋律、传播正能量。拓展内容广度，结合网络新媒体多元化、个性化、开放性特点和手机一族中年轻人较多的特征，主动放下身段，改变传统媒体严肃有余、活泼不足的面孔，使用青年职工喜欢的网络语言，图文并茂，增强工会新闻的生动性和趣味性，既传播工会声音，又贴近职工需求，努力做到“上接天线、下接地气”。

（3）强功能，让职工在网上能享受到工会服务。主动把工会服务职工的各项功能向网络和移动终端延伸，让职工无须出门，就能畅享工会提供的各项服务。

7/如何推动工会网上工作持续深化？

（1）加强统筹协调，实现分工协作。在人、财、物等各个方面加大保障力度。落实“网上工会”各平台的日常运行责任部门和人员，加强经费保障，把网上工会建设的相关项目提前列入年度预算。

（2）坚持上下共推，实现多维联动。强化工会“一盘棋”的理念，积极整合系统内外资源。强化工会部室联动，要求各部室服务职工职能，都能在网上体现，出台与职工利益密切相关的政策文件，第一时间在网上发布。举办可以邀请职工参加的活动，提前在网上告知。确定总平台，统一发布工作信息和工会网上福利，避免各自为政，分散资源。在信息的收集与发布、职工福利等方面，加强与政府相关部门、企业和社团等合作，努力扩大网上工会的社会影响力。

（3）强化问题导向，针对当前职工对网上就业培训、技能提升、文体活动需求的日益增长，如何更多地整合工会系统内外资源，通过网络手段服务职工还需努力。各级工会要坚持问题导向，以《全国工会网上工作纲要（2017—2020年）》为指导，深化工会改革创新，进一步更新网上工作理念、创新工作机制和载体，努力做强做大网上工会，真正畅通服务职工“最后一公里”。

8/ 工会网上工作怎样提高对职工的吸引力凝聚力？

工会网上工作要以解决问题为导向。当前，工会工作面临的一个重要问题是职工队伍在流动变化，仅靠传统的组织手段，工会对职工逐步出现了“找不着、粘不住，记不准、帮不动”的问题。具体来说，随着经济的发展，职工会员总人数在增加，但是由于职工的流动性加剧，工会组织不容易找到他们，再加上缺乏高黏性服务，不容易把他们凝聚起来；另外，由于没有形成深度的实名制数据，缺乏工作中积累的大数据，工会“记不准”他们的情况，不能准确了解他们的需求，在维权帮扶服务工作中心有余而力不足，导致职工缺少归属感、获得感，同时，工会干部也在一定程度上缺少存在感、成就感。

工会网上工作的核心问题，是如何最大限度地提高对最广大基层职工的吸引力和凝聚力，而提高吸引力和凝聚力的根本办法，在于能不能做到网上的技术手段和网下工作的高水平结合。工会网上工作的宗旨与目标，是为广大职工提供高黏性、高频次、个性化、普惠性的服务，只有这样，才能真正有效地把广大基层职工会员切实联系起来、动员起来、组织起来。

工会网上工作技术手段在网上，而工作的本质核心在网下，衡量工会网上工作的成败，主要标准之一就在于能不能通过网上解决网下的问题。所以，应当网上网下结合，最大限度地提高网上工会对广大基层职工的吸引力和凝聚力。能不能真正有效实现这一目标，在于工会能不能为广大基层会员提供切实有效的普惠性服务。因此，应当通过开展网上工作，实现网上技术手段和网下服务相结合，服务内容与服务手段让职工用得上、用得起、离不开。只有这样，才能把广大基层职工会员实名、实时、高维度地联系起来、团结起来，达到团结职工听党话、跟党走的目的。

9/ 工会网上工作为何要体现普惠性、常态性、精准性服务？

习近平指出，工会要坚持以职工为中心的工作导向，抓住职工群众最关心最直接最现实的利益问题，认真履行维护职工合法权益、竭诚服务职工群众的基本职责，把群众观念牢牢根植于心中，哪里的职工合法权益受到侵害，哪里的工会就要站出来说话。要做好城市困难职工解困脱困工作，及时做好因各种原因返贫致困职工的帮扶救助，为广大职工提供具有工会特点的普惠性、常态性、精准性服务。

（1）普惠性。要让职工群众从心底里感到工会是自己的组织，既应注意帮助困难职工解决实际困难，也应增强工会服务的广泛性和普惠性。工会组织在为困难职工“雪中送炭”的同时，应坚持普惠服务的发展方向，

（2）常态性。要按照《全国工会网上工作纲要（2017—2020 年）》的要求，将工会网上工作常态化。建设实名动态、全面覆盖、安全共享的工会大数据库，加强互联网内容和舆论阵地建设。强化互联网思维，运用大数据、云计算、物联网、人工智能等手段推进工会工作，促进互联网和工会工作融合发展，构建网上工作平台，打造工会工作升级版。通过进一步健全服务网络、整合服务资源、提升服务能力，真心实意地为广大职工和会员造福、谋利。

（3）精准性。工会网上工作要找好服务职工群众的着力点，精准服务，精准对焦，精准发力。要创新服务职工群众的形式，

按照面向基层、面向普通、面向弱势、面向急难的要求，把工作力量、经费使用进一步向基层倾斜，支持基层开展大病关爱、困难帮扶、基层阵地建设等重点工作。助力职工脱困解困，支持非公企业工会健康发展，激励职工岗位创新创业，使工会网上工作达到应有的效能。

10 / 工会干部应掌握哪些互联网思维？

互联网思维在工会工作中的应用主要凸显在：创新思维、用户思维、粉丝思维、服务思维和大数据思维等五个方面。以下将分别就这五种思维模式在工会干部工作中的应用展开介绍：

（1）创新思维

创新思维的运用主要有两种方式：一种方式是颠覆式创新，指的是将旧有的东西彻底打翻，重新再造的过程。比如，变原有的收费服务为免费服务。具体到工会工作中，颠覆式创新，可以是变“工会为会员服务”为“会员积极踊跃地为工会服务”，这就需要工会干部打开思路，放开手脚，勇敢尝试。第二种方式是微创新，即在细节处改善，在模仿中超越，在应用中不断地改进。比如，微信公众号中增加一个用户可以自动设置的“叫醒服务”，为职工提供贴心服务。

（2）用户思维

工会工作中的用户思维就是，无条件地站在职工角度来思考问题，以满足职工根本需求作为工会的服务目标。具体来讲，在“线上工会”工作中，要把握好两点：第一，在内容服务上，多通过问卷调研、抽样访谈等方式，全面及时了解职工对平台的需求，更有针对性地设计平台内容；第二，在细节把控上，注意链接的方便性、信息提供的及时性、界面的人性化和美观化等细节，给职工带来最优质的使用体验，增强职工对平台的粘性。

（3）粉丝思维

粉丝思维，就是一定要拉拢、吸引、黏住粉丝，才能赢得互联网天下的思维，即得粉丝者得天下。工会工作中，应把所有的职工变成工会的粉丝，增强工会在职工中的影响力和号召力。比如，创建一些职工业余兴趣群、特殊技能群、读书沙龙、厨艺沙龙、育儿社区等，吸引越来越多的工会粉丝加入其中，使社群成为工会和职工之间良性互动的最好平台。

（4）服务思维

服务思维，就是用极致服务的理念向用户提供优质的服务。工会干部应培养自己的服务思维，带领工会互联网平台团队打造让人叫绝的平台服务。可以从以下三方面着手开展工作：第一，深入职工实际工作生活，发掘“接地气”的内容；第二，适应职工需求变化，创新表达方式，尽量做到简单、直接、轻松、有趣（如适当应用一些网络热词）；第三，创新内容产生方式，给职工提供自我展示空间，以吸引更多职工参与创作。

（5）大数据思维

大数据最大的作用，在于能够从数据中挖掘分析出庞大数据后面隐藏的规律，找出庞大数据背后的真相，并由此指导下一步的决策。“互联网+工会”工作的开展，会产生越来越多的与工会组织和职工相关的数据，借助这些数据，工会干部可以更加及时了解各基层工会所发生的事情和职工反映的热点、难点问题和要求，更加快捷地掌握职工的思想动态，更精准地提供工会服务。

附　录

工会基层组织选举工作条例

（总工发〔2016〕27号　2016年10月9日）

第一章　总　则

第一条　为规范工会基层组织选举工作，加强基层工会建设，发挥基层工会作用，根据《中华人民共和国工会法》《中国工会章程》等有关规定，制定本条例。

第二条　本条例适用于企业、事业单位、机关和其他社会组织单独或联合建立的基层工会委员会。

第三条　基层工会委员会由会员大会或会员代表大会选举产生。工会委员会的主席、副主席，可以由会员大会或会员代表大会直接选举产生，也可以由工会委员会选举产生。

第四条　工会会员享有选举权、被选举权和表决权。保留会籍的人员除外。

第五条　选举工作应坚持党的领导，坚持民主集中制，遵循依法规范、公开公正的原则，尊重和保障会员的民主权利，体现选举人的意志。

第六条　选举工作在同级党组织和上一级工会领导下进行。未建立党组织的在上一级工会领导下进行。

第七条　基层工会委员会换届选举的筹备工作由上届工会委员会负责。

新建立的基层工会组织选举筹备工作由工会筹备组负责。筹备组成员由同级党组织代表和职工代表组成，根据工作需要，上级工会可以派人参加。

第二章　委员和常务委员名额

第八条　基层工会委员会委员名额，按会员人数确定：

不足 25 人，设委员 3 至 5 人，也可以设主席或组织员 1 人；

25 人至 200 人，设委员 3 至 7 人；

201 人至 1000 人，设委员 7 至 15 人；

1001 人至 5000 人，设委员 15 至 21 人；

5001 人至 10000 人，设委员 21 至 29 人；

10001 人至 50000 人，设委员 29 至 37 人；

50001 人以上，设委员 37 至 45 人。

第九条 大型企事业单位基层工会委员会，经上一级工会批准，可以设常务委员会，常务委员会由 9 至 11 人组成。

第三章 候选人的提出

第十条 基层工会委员会的委员、常务委员会委员和主席、副主席的选举均应设候选人。候选人应信念坚定、为民服务、勤政务实、敢于担当、清正廉洁，热爱工会工作，受到职工信赖。

基层工会委员会委员候选人中应有适当比例的劳模（先进工作者）、一线职工和女职工代表。

第十一条 单位行政主要负责人、法定代表人、合伙人以及他们的近亲属不得作为本单位工会委员会委员、常务委员会委员和主席、副主席候选人。

第十二条 基层工会委员会的委员候选人，应经会员充分酝酿讨论，一般以工会分会或工会小组为单位推荐。由上届工会委员会或工会筹备组根据多数工会分会或工会小组的意见，提出候选人建议名单，报经同级党组织和上一级工会审查同意后，提交会员大会或会员代表大会表决通过。

第十三条 基层工会委员会的常务委员会委员、主席、副主席候选人，可以由上届工会委员会或工会筹备组根据多数工会分会或工会小组的意见提出建议名单，报经同级党组织和上一级工会审查同意后提出；也可以由同级党组织与上一级工会协商提出建议名单，经工会分会或工会小组酝酿讨论后，由上届工会委员会或工会筹备组根据多数工会分会或工会小组的意见，报经同级党组织和上一级工会审查同意后提出。

根据工作需要，经上一级工会与基层工会和同级党组织协商同意，上一级工会可以向基层工会推荐本单位以外人员作为工会主席、副主席候选人。

第十四条 基层工会委员会的主席、副主席，在任职一年内应按规定参加岗位任职资格培训。凡无正当理由未按规定参加岗位任职资格培训的，一般不再提名为下届主席、副主席候选人。

第四章 选举的实施

第十五条 基层工会组织实施选举前应向同级党组织和上一级工会报告，制定选举工作方案和选举办法。

基层工会委员会委员候选人建议名单应进行公示，公示期不少于 5 个工作日。

第十六条 会员不足 100 人的基层工会组织，应召开会员大会进行选举；会员 100 人以上的基层工会组织，应召开会员大会或会员代表大会进行选举。

召开会员代表大会进行选举的，按照有关规定由会员民主选举产生会员代表。

第十七条 参加选举的人数为应到会人数的三分之二以上时，方可进行选举。

基层工会委员会委员和常务委员会委员应差额选举产生，可以直接采用候选人数多于应选人数的差额选举办法进行正式选举，也可以先采用差额选举办法进行预选产生候选人名单，然后进行正式选举。委员会委员和常务委员会委员的差额率分别不低于 5% 和 10%。常务委员会委员应从新当选的工会委员会委员中产生。

第十八条 基层工会主席、副主席可以等额选举产生，也可以差额选举产生。主席、副主席应从新当选的工会委员会委员中产生，设立常务委员会的应从新当选的常务委员会委员中产生。

第十九条 基层工会主席、副主席由会员大会或会员代表大会直接选举产生的，一般在经营管理正常、劳动关系和谐、职工队伍稳定的中小企事业单位进行。

第二十条 召开会员大会进行选举时，由上届工会委员会或工会筹备组主持；不设委员会的基层工会组织进行选举时，由上届工会主席或组织员主持。

召开会员代表大会进行选举时，可以由大会主席团主持，也可以由上届工会委员会或工会筹备组主持。大会主席团成员由上届工会委员会或工会筹备组根据各代表团（组）的意见，提出建议名单，提交代表大会预备会议表决通过。

召开基层工会委员会第一次全体会议选举常务委员会委员、主席、副主席时，由上届工会委员会或工会筹备组或大会主席团推荐一名新当选的工会委员会委员主持。

第二十一条 选举前，上届工会委员会或工会筹备组或大会主席团应将候选人的名单、简历及有关情况向选举人介绍。

第二十二条 选举设监票人，负责对选举全过程进行监督。

召开会员大会或会员代表大会选举时，监票人由全体会员或会员代表、各代表团（组）从不是候选人的会员或会员代表中推选，经会员大会或会员代表大会表决通过。

召开工会委员会第一次全体会议选举时，监票人从不是常务委员会委员、主席、副主席候选人的委员中推选，经全体委员会议表决通过。

第二十三条 选举采用无记名投票方式。不能出席会议的选举人，不得委托他人代为投票。

选票上候选人的名单按姓氏笔画为序排列。

第二十四条 选举人可以投赞成票或不赞成票，也可以投弃权票。投不赞成票者可以另选他人。

第二十五条 会员或会员代表在选举期间，如不能离开生产、工作岗位，在监票人的监督下，可以在选举单位设立的流动票箱投票。

第二十六条 投票结束后，在监票人的监督下，当场清点选票，进行计票。

选举收回的选票，等于或少于发出选票的，选举有效；多于发出选票的，选举无效，应重新选举。

每张选票所选人数等于或少于规定应选人数的为有效票，多于规定应选人数的为无效票。

第二十七条 被选举人获得应到会人数的过半数赞成票时，始得当选。

获得过半数赞成票的被选举人人数超过应选名额时，得赞成票多的当选。如遇赞成票数相等不能确定当选人时，应就票数相等的被选举人再次投票，得赞成票多的当选。

当选人数少于应选名额时，对不足的名额可以另行选举。如果接近应选名额且符合第八条规定，也可以由大会征得多数会员或会员代表的同意减少名额，不再进行选举。

第二十八条　大会主持人应当场宣布选举结果及选举是否有效。

第二十九条　基层工会委员会、常务委员会和主席、副主席的选举结果，报上一级工会批准。上一级工会自接到报告15日内应予批复。违反规定程序选举的，上一级工会不得批准，应重新选举。

基层工会委员会的任期自选举之日起计算。

第五章　任期、调动、罢免和补选

第三十条　基层工会委员会每届任期三年或五年，具体任期由会员大会或会员代表大会决定。经选举产生的工会委员会委员、常务委员会委员和主席、副主席可连选连任。基层工会委员会任期届满，应按期换届选举。遇有特殊情况，经上一级工会批准，可以提前或延期换届，延期时间一般不超过半年。

上一级工会负责督促指导基层工会组织按期换届。

第三十一条　基层工会主席、副主席任期未满时，不得随意调动其工作。因工作需要调动时，应征得本级工会委员会和上一级工会的同意。

第三十二条　经会员大会或会员代表大会民主测评和上级工会与同级党组织考察，需撤换或罢免工会委员会委员、常务委员会委员和主席、副主席时，须依法召开会员大会或会员代表大会讨论，非经会员大会全体会员或会员代表大会全体代表无记名投票过半数通过，不得撤换或罢免。

第三十三条　基层工会主席因工作调动或其他原因空缺时，应及时按照相应民主程序进行补选。

补选主席，如候选人是委员的，可以由工会委员会选举产生，也可以由会员大会或会员代表大会选举产生；如候选人不是委员的，可以经会员大会或会员代表大会补选为委员后，由工会委员会选举产生，也可以由会员大会或会员代表大会选举产生。

补选主席的任期为本届工会委员会尚未履行的期限。

补选主席前征得同级党组织和上一级工会的同意，可暂由一名副主席或委员主持工作，期限一般不超过半年。

第六章　经费审查委员会

第三十四条　凡建立一级工会财务管理的基层工会组织，应在选举基层工会委员会的同时，选举产生经费审查委员会。

第三十五条 基层工会经费审查委员会委员名额一般3至11人。经费审查委员会设主任1人，可根据工作需要设副主任1人。

基层工会的主席、分管财务和资产的副主席、财务和资产管理部门的人员，不得担任同级工会经费审查委员会委员。

第三十六条 基层工会经费审查委员会由会员大会或会员代表大会选举产生。主任、副主任可以由经费审查委员会全体会议选举产生，也可以由会员大会或会员代表大会选举产生。

第三十七条 基层工会经费审查委员会的选举结果，与基层工会委员会选举结果同时报上一级工会批准。

基层工会经费审查委员会的任期与基层工会委员会相同。

第七章 女职工委员会

第三十八条 基层工会组织有女会员10人以上的建立女职工委员会，不足10人的设女职工委员。女职工委员会与基层工会委员会同时建立。

第三十九条 基层工会女职工委员会委员由同级工会委员会提名，在充分协商的基础上产生，也可召开女职工大会或女职工代表大会选举产生。

第四十条 基层工会女职工委员会主任由同级工会女主席或女副主席担任，也可经民主协商，按照相应条件配备女职工委员会主任。女职工委员会主任应提名为同级工会委员会或常务委员会委员候选人。基层工会女职工委员会主任、副主任名单，与工会委员会选举结果同时报上一级工会批准。

第八章 附 则

第四十一条 乡镇（街道）、开发区（工业园区）、村（社区）建立的工会委员会，县级以下建立的区域（行业）工会联合会如进行选举的，参照本条例执行。

第四十二条 本条例由中华全国总工会负责解释。

第四十三条 本条例自发布之日起施行，以往有关规定与本条例不一致的，以本条例为准。1992年5月18日全国总工会办公厅印发的《工会基层组织选举工作暂行条例》同时废止。

全国工会网上工作纲要（2017—2020年）

（总工发〔2017〕3号　2017年2月8日）

当前，网络信息技术日新月异，全面融入社会生产生活，引领创新发展，加速经济社会转型。以习近平同志为核心的党中央高度重视网络安全和信息化工作，提出建设网络强国战略目标，国务院制定“互联网+”行动计划和国家大数据战略，加快推动互联网和实体经济深度融合，拓展经济发展新空间，促进社会治理模式转变。多年来，全国各级工会在网络信息化建设方面做了大量工作，取得了显著成绩，工会网络体系不断完善，信息资源开发利用不断深化，网上服务职工内容不断丰富，有力支持了工会事业发展。与此同时，工会网上工作仍面临网络覆盖不够、服务手段不足、存在信息孤岛、地区发展不平衡等困难和问题，工会工作与互联网尚未实现深度融合，与职工群众的期盼和工会改革发展的内在要求还有一定差距，需要在新形势下结合实际，切实加以解决。

为贯彻落实中央党的群团工作会议和《中共中央关于加强和改进党的群团工作的意见》精神，按照国家信息化发展战略、“互联网+”行动计划和党委系统信息化工作部署，根据《全国总工会改革试点方案》的要求，为深入推进全国工会网上工作，形成网上网下深度融合、互相联动的服务职工新格局，更加高效便捷地服务职工群众，结合《全国工会信息化发展规划（2014—2018年）》，特制定本纲要。

一、指导思想

高举中国特色社会主义伟大旗帜，全面贯彻落实党的十八大和十八届三中、四中、五中、六中全会精神，以邓小平理论、“三个代表”重要思想、科学发展观为指导，深入学习贯彻习近平总书记系列重要讲话精神特别是关于工人阶级和工会工作、关于网络安全和信息化工作的重要论述，围绕统筹推进“五位一体”总体布局和协调推进“四个全面”战略布局，坚定不移走中国特色社会主义工会发展道路，保持和增强工会工作与工会组织政治性、先进性、群众性，充分运用移动互联、云计算、大数据和人工智能等网络信息技术，推进互联网在工会的广泛应用和融合发展，构建“互联网+”工会服务职工体系，打造方便快捷、务实高效的服务职工新通道，不断提升运用网络服务职工的能力水平，推动工会工作创新发展，走好网上群众路线，建设清朗网络空间，增强工会组织的服务力、凝聚力、战斗力，组织引导广大职工群众紧密团结在以习近平同志为核心的党中央周围，为实现“两个一百年”奋斗目标和中华民族伟大复兴的中国梦而奋斗。

二、基本原则

（一）问题导向、创新驱动。坚持正确政治方向，增强改革创新意识，围绕中心服务大局，紧紧抓住当前和今后工会工作中最关键最紧迫的重大问题，着眼于职工最关心最直接最现实的利益问题和最困难最操心最忧虑的实际问题，按照“互联网+”的新特点和新要求，鼓励使用先进适用的网络信息技术，创新工会工作理念、服务内容、工作载体、运行机制、组织形态，为工会改革创新提供有力支撑。

（二）统分结合、共建共享。有效利用国家基础网络设施和信息资源，统筹全国工会系统网上工作，整体谋划、协同运作，形成工作合力，减少重复建设。在“统”的前提下坚持能放则放、宜分尽分。既确保全国工会系统网上工作统一高效，又充分发挥各地、各产业工会的积极性和首创精神，兼顾多元化需求和现实情况。在“分”的基础上坚持互联互通，实现工会系统内资源的有机整合充分共享，努力做到开门办网，争取国家有关主管部门和社会力量的最大支持，实现合作共赢。

（三）相互支撑、深度融合。坚持网上工会建设与网下工会改革联动推进、同步协调、紧密契合，实现工会工作以线下为主向线上线下互动融合的转变，完成“互联网+”时代的工会转型升级。为全总的改革试点、全国工会系统的创新发展提供有力支撑，促进全国产业工人队伍的建设，打造丰富的网络载体和清朗的网络空间。

（四）重点突破、平稳推进。遵循“互联网+”建设运行规律，确保在基础设施和条件最为成熟的关键领域进行规模化投入，集中力量求得重点突破，见到明显成效。同时，不贪大求全、不盲目求新，充分用好已有的网络工作建设成果。根据工作需要，区别轻重缓急、先易后难、试点引路、分步实施，确保工会各项工作平稳推进、不断提升。

（五）安全高效、科学前瞻。统筹考虑工会网上工作规划建设、运营维护和可持续发展的人力财力物力支持能力，在各级工会可承受的范围内，使有限投入发挥最大效益。坚持网络安全保障和网络工作发展同步推进，确保网络和信息安全。同时，充分考虑互联网技术不断更新、工会工作不断发展的实际情况，在规划建设中保持足够的预见和柔性，为今后扩展业务、更新技术预留足够空间和接口。

三、目标任务

（一）总体目标：建成工会网上工作平台和基础数据库，实现职工入会服务和工会管理网络化，网上网下深度融合，全面实时准确掌握全国基层工会组织和会员信息，把包括农民工、灵活就业人员在内的广大职工最大限度地组织到工会中来，更好地维护职工权益，为职工提供全天候全覆盖的普惠性服务，把工会网络打造成培育和弘扬劳模精神、劳动精神、工匠精神，推进产业工人队伍建设改革的重要支撑；建成全国工会系统网上办公平台，实现工会组织高效运转、精准服务、科学决策；建成具有强大影响力的工会系统新媒体矩阵，培育强大的工会网上评论员队伍，实现网上涉工舆情的及时跟踪、准确测报和正确引导，弘扬积极健康、向上向善的网络文化。

分步实施。第一步：到2018年底，全国工会网上工作平台主体构建完成；统一的工会工作和工会会员信息基础数据库基本建成；电子政务内网实现与省级、市级总工会联通；全国60%以上的省级工会实现网络化协同办公；现有业务应用系统功能进一步优化，效率进一步提升，新的业务系统全面开工建设，并在先进地区和重点领域取得明显成效；网络安全水平进一步提高，防范风险能力进一步加强。

第二步：到2020年底，工会网上工作平台全面建成；全国工会系统全面实现网络化协同办公；工会各项网上业务应用系统构建完善，普惠性服务项目覆盖全部会员；工会工作和会员信息基础数据库全面建成，大数据应用取得重大进展，工作效能明显提升；建成网络安全综合防御体系；“互联网+”工会建设取得显著成效，工会工作与互联网深度融合，实现服务职工普惠化、业务管理扁平化，推动工会服务工作流程再造、创新发展。

（二）主要任务：可以概括为“一体推进、两个覆盖、三网并用、四大建设、十类应用”。

1. 一体推进：整合工会系统网络资源，统筹规划、一体化建设全国工会网上工作平台体系，做到协同互联、功能完善、技术先进、容量足备、安全可靠。统一工会服务网上工作标识、电子会员证和服务卡号规制、业务服务和数据信息软硬件标准、工会组织内部及与国家大数据库的系统接口、全系统网上工作的建管运行协调机制等。

2. 两个覆盖：充分利用互联网技术的优势和便利，尽快实现网上服务对象覆盖最广大的基层职工群众，网上工会工作覆盖最基层的工会组织。使工会网上工作成为工会组织在新形势下“增三性”“去四化”“强基层”“促创新”，打通联系服务职工群众“最后一公里”的关键性举措。

3. 三网并用：同步推进电子政务内网、电子政务外网和国际互联网的工会业务应用建设。依托国家电子政务内网，建设完善工会系统内部业务应用，实现涉密信息可靠传输和无纸化办公；依托国家电子政务外网，建设工会网上工作平台，实现工会业务网络化；依托国际互联网，打造最广泛联系职工群众和基层工会组织的各类网络应用平台。

4. 四大建设：

（1）智慧数据库建设。建设全面准确、智慧柔性、动态更新、安全高效的以省（自治区、直辖市）为基本集成单元的分布式全国工会工作和会员信息基础数据库，并努力成为国家大数据中心的重要组成部分。打造智能的网上工会工作服务设施，打通信息孤岛，开发数据资源，实现工会系统数据信息的互通共享和深度利用。大力推进与网信、人社、民政、公安、住建、工商、银行等部门有关数据交换，与国家大数据中心实现数据融合，充分利用大数据与人工智能技术，建设工会决策支持系统，为广大职工的普惠服务、职工队伍状况的深度分析和工会组织的高效运转提供必要的科技手段。

（2）新媒体矩阵建设。建设统一规范、各具特色、功能互补、协同互动、有高度粘性的工会网站、微博、微信和移动客户端等新媒体矩阵。实现多数据源融合，更好感知广大基层职工需求，畅通沟通渠道、完善联络手段。

（3）工会系统网上办公平台建设。构建集专业网络、应用系统、电子公文与视频会议系统、海量数据分析管理系统等为一体的全国网上工会办公平台，基本实现无纸化办公和远程视频工作。实现跨层级、跨地域、跨产业、跨工作部门的网上工会工作协同；实现工会服务职工各类项目的网上一站式整合。

（4）网络安全建设。建立与工会网上工作内容和规模相匹配的风险防控体系。合理制定安全防护级别标准，建立重要系统数据容灾备份，完善网络安全管理制度体系，采用完备可靠的软硬件安全措施，保证工会网络信息系统安全运行。

5. 十类应用：

（1）动员组织类。建设完善全国工会基层组织和会员管理系统；建设完善工会法人资格登记管理系统；建设完善工会统计调查系统；建设完善工会组织管理和工会干部管理系统；建设中国工会代表大会人事信息管理系统；建设完善工会干部教育培训平台。

（2）劳动创新类。建设完善技能竞赛网上管理系统；建设职工技术创新管理服务系统；建设完善劳模管理服务系统；建设大国工匠和劳模创新工作室管理系统等业务应用系统。

（3）宣传教育类。建设网上工运历史博物馆；建设完善职工电子书屋服务系统；建设工会理论与实践工作文献资料数据库；建设涉工网络舆情工作系统。

（4）权益维护类。建设完善困难职工帮扶管理系统；建设农民工服务系统；建设职工法律服务系统（法联网）；建设劳动保护应用系统；建设职工意见征求系统；建设集体协商工作服务系统；建设女职工服务系统；建设对口援疆援藏工作服务系统。

（5）普惠服务类。运用互联网和大数据技术，吸引市场和社会力量，探索适宜工会开展的合作制互助性的各类普惠服务。全总组织探索在国家层面开展保险类职工互助金融服务、职工网上技能培训服务、就业服务、职工心理关怀服务等；各地区性工会根据自身的需要和条件，组织开发具有区域特色的普惠服务。

（6）社会工作类。建设全国工会社会组织工作信息系统。充分发挥工会组织网上动员功能。

（7）产业工会类。建立产业工会会员信息基础数据库，创建产业工会信息共享互动服务系统，突出产业特色，彰显产业优势，为基层提供项目化、专业化、订单式服务，维护产业职工利益，提升产业职工素质，助推产业工会工作创新发展，增强产业工会吸引力凝聚力。

(8) 财务资产类。建设工会财务管理系统，通过“互联网+”大数据分析，实现全国工会财务系统收支动态管理、实施监控、上传下达、汇总分析等功能，并与其他工会系统数据互联互通。建设全国工会资产监督管理系统；创建职工疗休养服务系统。

(9) 交流合作类。建设工会对外交往和国际工运形势分析研究网络工作服务平台，树立中国工会形象，提高中国工会国际影响力。建立工会港澳台工作共享系统，增强对港澳台工作的实效。

(10) 党建工作类。建设全总党建网上工作系统，探索工会系统党的思想建设、组织建设、作风建设、反腐倡廉建设和制度建设，特别是全面从严治党的网络化应用，打造全总和省级工会党建工作网上交流平台。

四、保障支持

(一) 加强组织领导，强化统筹协调。加强对工会网上工作的组织领导，将网上工作摆上重要议事日程，各级工会要成立本级网络安全和信息化领导小组，由主要负责同志担任组长，成立网络工作部门或明确专门机构负责工会网上工作，建立网上工作部门协调机制，结合实际制定具体实施方案，细化分解目标任务，明确职责分工，完善协调发展和推进机制，确保各项任务落实到位。加强工会系统上下之间、横向之间的联系协调，上下联动，整体推进，形成工作合力。

(二) 加强政策支持，加大资金投入。加大人力财力物力投入，配强与业务发展相适应的工作力量，将工作经费纳入本级工会预算，积极争取国家资金扶持，利用国家基础网络设施和信息资源，支持互联网创新成果在工会工作各领域的广泛应用。加强资金使用管理和监督，提高资金使用效率。

(三) 加强能力建设，壮大人才队伍。完善人才培养、选拔、引进、使用、评价、激励机制，加快建设一支政治强、业务精、作风好、适应工会网上工作发展需要的人才队伍。加强与包括社会组织在内的专业机构联系，通过项目招聘、购买服务等方式，吸引社会工作人才、专家学者、专业技术团队等力量参与工会网上工作，把人才资源汇聚起来，接长工会工作手臂，构建社会化、市场化、开放型的工会网上工作新格局。

(四) 加强宣传引导，强化教育培训。深入研究“互联网+”发展趋势，及时总结各地工会实施“互联网+”行动的新思路、新做法、新模式，形成可复制、可推广的经验成果，引导“互联网+”工会全面发展。创新宣传方式，大力宣传“互联网+”工会工作的先进典型，营造有利于推进工会网上工作的舆论氛围。加强互联网理论和实务培训，把知网、懂网、建网、用网作为能力建设的重要内容，列入工会干部教育培训课程，引导各级工会干部特别是领导干部树立互联网思维，提高运用互联网开展工作的能力。

（五）加强考核管理，完善机制制度。建立健全考核评价机制，制定量化评估指标，接受广大职工和社会各界的监督，加强第三方评估督查与绩效评价，加大对工作流程规范、工作实效的管理和跟踪，形成职责明晰、积极作为、协调有力、长效管用的考核评价制度。建立工作通报机制，定期通报各级工会网上工作进展情况，确保各项任务落到实处。

工会会员会籍管理办法

（总工发〔2016〕35号　2016年12月12日）

第一章　总　则

第一条　为规范工会会员会籍管理工作，增强会员意识，保障会员权利，根据《中华人民共和国工会法》和《中国工会章程》等有关规定，制定本办法。

第二条　工会会员会籍是指工会会员资格，是职工履行入会手续后工会组织确认其为工会会员的依据。

第三条　工会会员会籍管理，随劳动（工作）关系流动而变动，会员劳动（工作）关系在哪里，会籍就在哪里，实行一次入会、动态接转。

第二章　会籍取得与管理

第四条　凡在中国境内的企业、事业单位、机关和其他社会组织中，以工资收入为主要生活来源或者与用人单位建立劳动关系的体力劳动者和脑力劳动者，不分民族、种族、性别、职业、宗教信仰、教育程度，承认《中国工会章程》，都可以加入工会为会员。

第五条　职工加入工会，由其本人通过口头或书面形式及通过互联网等渠道提出申请，填写《中华全国总工会入会申请书》和《工会会员登记表》，经基层工会审核批准，即为中华全国总工会会员，发给《中华全国总工会会员证》（以下简称“会员证”），享有会员权利，履行会员义务。工会会员卡（以下简称“会员卡”）也可以作为会员身份凭证。

第六条　尚未建立工会的用人单位职工，按照属地和行业就近原则，可以向上级工会提出入会申请，在上级工会的帮助指导下加入工会。用人单位建立工会后，应及时办理会员会籍接转手续。

第七条 非全日制等形式灵活就业的职工，可以申请加入所在单位工会，也可以申请加入所在地的乡镇（街道）、开发区（工业园区）、村（社区）工会和区域（行业）工会联合会等。会员会籍由上述工会管理。

第八条 农民工输出地工会开展入会宣传，启发农民工入会意识；输入地工会按照属地管理原则，广泛吸收农民工加入工会。农民工会员变更用人单位时，应及时办理会员会籍接转手续，不需重复入会。

第九条 劳务派遣工可以在劳务派遣单位加入工会，也可以在用工单位加入工会。劳务派遣单位没有建立工会的，劳务派遣工在用工单位加入工会。在劳务派遣工会员接受派遣期间，劳务派遣单位工会可以与用工单位工会签订委托管理协议，明确双方对会员组织活动、权益维护等方面的责任与义务。

加入劳务派遣单位工会（含委托用工单位管理）的会员，其会籍由劳务派遣单位工会管理。加入用工单位工会的会员会籍由用工单位工会管理。

第十条 基层工会可以通过举行入会仪式、集体发放会员证或会员卡等形式，增强会员意识。

第十一条 基层工会应建立会员档案，实行会员实名制，动态管理会员信息，保障会员信息安全。

第十二条 会员劳动（工作）关系发生变化后，由调出单位工会填写会员证“工会组织关系接转”栏目中有关内容。

会员的《工会会员登记表》随个人档案一并移交。会员以会员证或会员卡等证明其工会会员身份，新的用人单位工会应予以接转登记。

第十三条 已经与用人单位解除劳动（工作）关系并实现再就业的会员，其会员会籍应转入新的用人单位工会。如新的用人单位尚未建立工会，其会员会籍原则上应暂时保留在会员居住地工会组织，待所在单位建立工会后，再办理会员会籍接转手续。

第十四条 临时借调到外单位工作的会员，其会籍一般不作变动。如借调时间六个月以上，借调单位已建立工会的，可以将会员关系转到借调单位工会管理。借调期满后，会员关系转回所在单位。会员离开工作岗位进行脱产学习的，如与单位仍有劳动（工作）关系，其会员会籍不作变动。

第十五条 联合基层工会的会员会籍接转工作，由联合基层工会负责。区域（行业）工会联合会的会员会籍接转工作，由会员所在基层工会负责。

第十六条 各级工会分级负责本单位本地区的会员统计工作。农民工会员由输入地工会统计。劳务派遣工会员由劳务派遣单位工会统计，加入用工单位工会的由用工单位工会统计。保留会籍的人员不列入会员统计范围。

第三章 会籍保留与取消

第十七条 会员退休（含提前退休）后，在原单位工会办理保留会籍手续。退休后再返聘参加工作的会员，保留会籍不作变动。

第十八条 内部退养的会员，其会籍暂不作变动，待其按国家有关规定正式办理退休手续后，办理保留会籍手续。

第十九条 会员失业的，由原用人单位办理保留会籍手续。原用人单位关闭或破产的，可将其会籍转至其居住地的乡镇（街道）或村（社区）工会。重新就业后，由其本人及时与新用人单位接转会员会籍。

第二十条 已经加入工会的职工，在其服兵役期间保留会籍。服兵役期满，复员或转业到用人单位并建立劳动关系的，应及时办理会员会籍接转手续。

第二十一条 会员在保留会籍期间免交会费，不再享有选举权、被选举权和表决权。

第二十二条 会员有退会自由。对于要求退会的会员，工会组织应做好思想工作。对经过做思想工作仍要求退会的，由会员所在的基层工会讨论后，宣布其退会并收回其会员证或会员卡。会员没有正当理由连续六个月不交纳会费、不参加工会组织生活，经教育拒不改正，应视为自动退会。

第二十三条 对严重违法犯罪并受到刑事处分的会员，开除会籍。开除会员会籍，须经会员所在工会小组讨论提出意见，由工会基层委员会决定，并报上一级工会备案，同时收回其会员证或会员卡。

第四章 附 则

第二十四条 本办法由中华全国总工会负责解释。

第二十五条 本办法自印发之日起施行。2000 年 9 月 11 日印发的《中华全国总工会关于加强工会会员会籍管理有关问题的暂行规定》（总工发〔2000〕18 号）同时废止。

中华全国总工会关于增强基层工会活力发挥基层工会作用的实施意见

（总工发〔2016〕28号 2016年10月15日）

为深入贯彻中央党的群团工作会议精神，贯彻落实习近平总书记关于工人阶级和工会工作的重要论述特别是关于加强基层工会建设“三个着力”的重要指示精神，切实保持和增强工会工作和工会组织的政治性、先进性、群众性，把工会改革向基层延伸，把改革成效转化为服务职工群众的能力水平，增强职工群众对工会改革的获得感，现提出如下意见。

一、创新基层工会组织形式和入会方式，有效扩大工会组织覆盖面

坚持党建带工建，把工建纳入党建工作总体部署。主动适应经济社会发展、企业组织形式和职工就业方式的新变化，持之以恒推进工会组建和会员发展工作，创新组织形式，拓展建会领域，形成完善的组织体系，最大限度地把职工群众组织到工会中来，巩固党执政的阶级基础和群众基础。各类法人单位工会组建率和职工入会率动态保持在80%以上。

1. 大力推进非公有制经济组织、社会组织组建工会。在巩固已有组织基础的同时，通过工会组织形式的创新，加快新领域新阶层工会组织建设，促进工会组织不断向非公有制经济组织和社会组织延伸，进一步扩大工会组织覆盖面。对于符合单独建会条件的非公有制经济组织、社会组织，大力推进其单独建立工会。集中力量突破非公有制企业建会难点，集中力量推进职工人数多、社会影响大的社会组织建立工会。针对非公有制经济组织、社会组织大量聚集于商务楼宇、产业园区、商圈市场的实际，探索建立联合基层工会，通过联合建立的楼宇工会、园区工会、商圈工会、市场工会等形式实现对中小微企业和各类社会组织的有效覆盖。

2. 切实加强乡镇（街道）、开发区（工业园区）、自由贸易区工会建

设。依法推进乡镇（街道）、开发区（工业园区）工会组织建设，承担地方工会和基层工会双重职责，充分发挥其承上启下、指导基层和促进区域劳动关系稳定的作用。继续夯实乡镇（街道）——村（社区）——企业“小三级”工会组织架构，延伸工作触角，扩大组织覆盖，带动乡镇（街道）工会工作的有效运转。创新自由贸易区工会组织形式，注重发挥功能区工会和行业工会的作用，建立符合自贸区特点的工会组织网络，形成可复制可推广的工会组建模式。

3. 规范建立区域（行业）基层工会联合会。根据产业体系、职工队伍的发展变化，按照地域相近、行业相同的原则，推进区域（行业）基层工会联合会建设，实现对中小微企业的全覆盖。按照联合制、代表制原则，规范联合会组织架构，使所辖多数基层工会主席进入联合会委员会，增强联合会的代表性。加强对乡镇（街道）行业工会联合会工作的指导，发挥其延伸工会工作领域、覆盖各类职工群体的作用。广泛开展“五个一”活动，即每年召开一次会员代表大会、一次职工代表大会，开展一次工资集体协商、一次劳动竞赛、一项职工喜闻乐见的文体活动。

4. 着力做好农民工入会工作。大力开展“农民工入会集中行动”，继续把开发区（工业园区）、建筑项目、物流（快递）业、家庭服务业、农民专业合作组织等领域作为重点，把解决劳务公司建会难作为重要突破口，根据各地实际，积极拓展农民工入会领域。通过微信、微博等各种适应农民工特点的方式，大力宣传中国工会的性质和特点、工会的维权服务工作、工会会员的权利义务、入会程序等，增强农民工对工会的认知认同。创新农民工入会方式，通过网上申请入会、在农民工集聚地设立流动服务窗口等多种形式，方便、快捷地组织农民工入会。加强农民工输出地和输入地工会之间的协调配合，最大限度地把农民工吸收到工会组织中来，使他们成为工人阶级坚定可靠的新生力量。

5. 改革创新会员发展和会籍管理工作。积极探索职工入会新途径，打通职工入会“最后一公里”，把科技工作者、青年职工、农民工、劳务派遣工、灵活就业人员等最大限度地组织到工会中来。按照属地区域就近或行业就近原则，发挥区域（行业）基层工会联合会、乡镇（街道）、村（社区）工会的作用，吸收所辖区域（行业）内未建会单位职工加入工会，会员达到一定人数再建立单位工会。开辟职工网上申请入会渠道，建立线上申请、线下办理的工作流程，为职工入会提供便捷服务。加强会员会籍管理，建立会员实名制数据库，实行动态管理，逐步实现会员会籍管理制度化、规范化、信息化。按照劳动（工作）关系在哪里、会员会籍就在哪里的原则，健全会员档案，规范会员关系接转，实行“一次入会、动态接转”，逐步建立城乡一体的会员管理和流转服务工作机制。

二、创新基层工会活动方式和工作方法，增强工会组织的吸引力凝聚力战斗力

适应互联网迅猛发展和职工生活方式的深刻变化，坚持以职工需求为导向，以职工群众为中心，让职工群众当主角，开展形式多样、富有工会特色的活动，提高职工群众的参与度和获得感，把每一个基层工会都建设成为直接联系服务职工群众的基地，把工会组织建设成为职工群众信赖的职工之家。

1. 合力打造工会网上工作平台。主动适应信息化和新媒体广泛应用的新趋势，积极整合工会系统网络资源，搭建网上工作平台，开展网上工会工作，让职工群众在网上找到工会组织、参加工会活动、表达利益诉求，形成网上网下深度融合、互联互动的工会工作格局。实施工会“互联网+”行动计划，开通工会微博、微信公众号，开发移动客户端，打造“一系统多终端”的工会服务职工网络运行载体，让互联网成为了解职工、贴近职工、联系职工、服务职工的新途径，打开工会联系服务职工群众的新窗口。

2. 大力实施“互联网+”工会普惠性服务。推动互联网时代工会工作转型升级，创新服务职工的理念和方式，以会员实名制为基础，打造“互联网+”工会普惠性服务互动平台，向工会会员发放服务卡，围绕职工医疗、职工就业、职业培训、法律援助、困难帮扶、职工文化等设立服务项目，使服务卡成为广大职工看得见、用得着、信得过的“连心卡”。着力扩大工作覆盖面和服务受众范围，实现工会服务职工从特惠到普惠的转变，实现服务对象全覆盖、服务时间全天候。按照“会、站、家”一体化思路，加强困难职工帮扶中心（职工服务中心）和站点建设，形成网上网下相互促进、有机融合的工会服务工作新格局，把党和政府的关怀和工会组织的温暖送到职工群众的心坎上。

3. 切实改进服务职工的方式方法。坚持统一性服务和差异化服务相结合，充实服务内容，改进服务方式，满足不同职工群体的多样化需求。按照职工的“生物钟”运转工作，开启“错峰服务”模式，在直接服务职工

的工会工作站（点）实行错时上下班制度，把工会组织的服务延伸到8小时之外。制定工会服务职工工作项目清单，明确服务内容和服务标准，为职工群众提供精准服务。探索通过服务外包、项目外包方式，引入社会力量，为职工提供专业化、高水平的服务。建立工会服务职工满意度评价机制，通过对服务对象定期走访、发放征求意见表、进行无记名投票等多种方式，听取意见建议，回应职工诉求，提高服务水平。

4. 充分发挥工会枢纽型组织的作用。加强对劳动关系领域社会组织的政治引领、示范带动和联系服务，发挥桥梁纽带作用。

培育孵化工会直接领导的职工服务类社会组织和志愿者队伍，接长工作手臂，拓展服务链条。探索与共青团、妇联等群团基层组织合作建立社会组织，增强群众工作合力。通过项目招标、购买服务等市场化方式，引导社会组织为职工提供专业化的服务。通过组建社会组织工会联合会等方式，探索建立联系引导劳动关系领域社会组织的工作机制。

5. 做实叫响工会工作品牌。大力弘扬劳模精神、劳动精神、工匠精神，团结动员广大职工为实现“两个一百年”奋斗目标、实现中华民族伟大复兴的中国梦建功立业。把为困难职工送温暖、五一劳动奖、大国工匠、工人先锋号、职工书屋等一批有影响的全国性工作品牌深深植根于基层，支持和鼓励各级工会努力创造职工欢迎、富有成效的新品牌，吸引职工群众参与活动设计和工作部署，提高职工群众的参与率和受益度。建立健全职代会、厂务公开、职工董事、职工监事等民主管理制度。广泛开展“争创模范职工之家、争做职工信赖娘家人”活动，不断提高基层工会组织职工、引导职工、服务职工、维护职工合法权益的能力，切实承担起引导职工群众听党话、跟党走的政治责任。

三、打造绝对忠诚党的事业、竭诚服务职工群众的工会干部队伍，提升基层工会干部履职能力

按照习近平总书记提出的“好干部”标准，坚持德才兼备、以德为先，全面加强工会干部队伍建设。把绝对忠诚党的事业、竭诚服务职工群众作为工会干部的价值追求，打开眼界、打开思路、打开胸襟，强化服务意识，提高维权能力，使广大工会干部真正成为党的全心全意为人民服务宗旨的忠实践行者、党的群众路线的坚定执行者、党的群众工作的行家里手。

1. 选优配强基层工会主席。选优配强基层工会带头人，是有效发挥基

层工会作用的基础和关键。加强对基层工会选举工作的组织领导，始终坚持党的领导，坚持民主集中制，遵循依法规范、公开公正的原则，严格把握候选人产生环节，规范基层工会民主选举程序，真正把政治素质好，知职工、懂职工、爱职工的人选到工会主席岗位上来。强化激励机制，关心爱护基层工会主席，让他们在政治上有地位、经济上有补贴、履职上有保障、职业上有发展，不断增强工作积极性和职业荣誉感。

2. 优化基层工会干部队伍结构。建设一支专职、兼职、挂职相结合的基层工会干部队伍，不断壮大基层工会工作力量。按照《中国工会章程》的有关规定，配备专职工会主席和工会专职工作人员。推动和指导基层工会通过新增兼职、挂职副主席和工会干部的方式，优化基层工会干部队伍结构。切实发挥兼职、挂职工会干部作用，健全议事规则，明确职责任务，使兼职、挂职工会干部组织上有身份、工作上有任务、肩膀上有责任。注重在基层一线劳模（先进工作者）和优秀职工中选配工会干部，提高一线职工所占比例，完善基层工会委员会的人员构成。加强工会积极分子和志愿者队伍建设，使其成为基层工会开展工作的积极力量。

3. 建设工会社会工作专业人才队伍。按照社会化运作、契约化管理、专业化培训、职业化发展的思路，整合、优化、提升、发展现有的社会化工会工作者队伍，推动纳入国家社会工作专业人才队伍范围。积极争取政府有关部门的支持，明确工会社会工作专业人才的岗位设置，建立工会社会工作专业人才薪酬保障机制、评价激励制度和人才培养体系，促进工会社会工作专业人才队伍向专业化职业化方向发展，更好地满足职工群众多样化的社会服务需求。

4. 强化工会干部培训工作。改进培训的方式方法，综合运用讲授式、研讨式、案例式、模拟式、体验式等教学方法，实现教学相长、学学相长。用好大数据、“互联网+”等技术手段，把实体培训和网络培训有机结合起来，为广大工会干部特别是基层工会干部提供优质的培训。增强培训工作的针对性、实效性，聚焦工会干部教育培训的主业主课，教育引导工会干部增强政治意识、大局意识、核心意识、看齐意识，切实做到忠诚、干净、担当，提升工会干部的能力素质。

四、加强组织领导，不断提高基层工会工作保障水平

加强基层工会建设是基础性、保障性、战略性工程，是工会改革的重

要任务。各级工会要进一步加强对基层工会工作的组织领导，深化基层工会建设“落实年”活动，加强统筹协调，落实工作责任，坚持重心下移，把更多的资源向基层倾斜，把更多的精力投入基层一线，为增强基层工会活力、发挥基层工会作用提供坚实保障。

1. 加强组织领导。各级工会要高度重视、加强领导，在加强基层工会建设中，积极赋予改革内容，指导和鼓励基层工会从自身实际出发推进改革。各级地方工会主要领导为基层工会建设第一责任人，形成主要领导亲自抓、分管领导具体抓、职能部门共同抓、一级抓一级、层层抓落实的工作格局。大力推进“六有”工会建设（有依法选举的工会主席、有独立健全的组织机构、有服务职工的活动载体、有健全完善的制度机制、有自主管理的工会经费、有会员满意的工作绩效工会），不断提高基层工会工作规范化水平，切实发挥基层工会作用。建立职工群众评议工会干部、评价工会工作和下级工会评价上级工会制度，加强工作考核和督促检查，提高工会工作的执行力。

2. 注重分类指导。坚持从实际出发，实施精准化、差异化指导和服务，切实帮助解决基层工会工作中的困难和问题。根据不同地区、不同行业的基层工会在企业规模、组织形式、职工队伍、工作基础等方面的差异，因地制宜、因企制宜、分类施策，有针对性地提出目标任务和具体举措。运用法治思维和法治方式，依法建会、依法管会、依法履职、依法维权，不断提升工会工作法治化水平。尊重基层首创精神，善于发现和总结基层和职工群众创造的鲜活经验并不断完善，发挥示范带动作用。

3. 强化经费保障。坚持工会经费使用进一步向基层倾斜，优化经费支出结构。将全国工会经费全年收入的95%留在地方和基层工会，基层工会的经费分成比例不低于60%，明确乡镇（街道）、开发区（工业园区）工会的经费分成比例。全总本级工会经费全年收入的70%用于对下级工会的补助，每年从对下补助经费中，安排专项资金（不低于补助总额的10%）用于乡镇（街道）工会、开发区（工业园区）工会的工作经费。省及省以下各级工会要加大对乡镇（街道）、开发区（工业园区）工会和基层工会经费投入力度，把更多经费直接用在职工群众身上，为基层工会开展工作、服务职工提供经费保障。

4. 改进工作作风。各级工会要把加强基层工会建设与改进工会干部工作作风结合起来，与开展“两学一做”学习教育结合起来，加强作风建设，提高工作水平，把工会组织建设得更加充满活力、更加坚强有力。坚持把党的群众路线作为工会工作的生命线和根本工作路线，牢记宗旨，不忘初心，认真践行“三严三实”要求，自觉抵制和纠正“四风”，防止和克服“四化”等脱离群众问题，带着对职工群众的深厚感情履职尽责。建立健全联系服务职工群众的长效机制，把工作重心放在最广大普通职工身上，通过蹲点调研、定期走访、结对帮扶等多种形式，经常同职工群众面对面、手拉手、心贴心的零距离接触，掌握第一手材料，解决职工群众急需解决的问题，以热情、热忱的服务打动人心、温暖人心、影响人心、赢得人心，把广大职工群众始终团结凝聚在党的周围。

女职工特殊权益保护专项集体合同范本

根据《劳动法》《工会法》《妇女权益保障法》《女职工劳动保护特别规定》《女职工禁忌劳动范围的规定》《集体合同规定》《××省实施〈女职工劳动保护规定〉办法》《××省人口与计划生育条例》等法律法规，制定本合同。

第一条 企业女职工委员会在工会领导下依法维护女职工的合法权益，企业必须对其工作予以支持，并将女职工工作纳入企业年度考核目标。

第二条 企业支持工会女职工组织参与民主管理：职代会中女代表比例与企业女职工比例相当、工会女职委的代表参加单位平等协商签订集体合同全过程、工会女职委的代表参加单位劳动争议调解委员会、监事会、（女职工人数较多的）单位董事会中有女代表。

第三条 企业女职工委员会必须在党委、工会的领导和行政的支持下，围绕企业发展、提高女职工队伍素质，开展各种形式、丰富多彩的素质教育和自我达标活动，组织女职工在企业发展中充分发挥半边天作用。

第四条 企业与女职工建立劳动关系时，双方必须订立劳动合同，实行男女同工同酬。

第五条 企业不得在女职工孕期、产期、哺乳期降低其基本工资或终止、解除其劳动合同。

第六条 企业在组织职工进修、业务学习、岗位培训、出国考察、挂职锻炼时必须安排一定比例的女职工参加。凡经企业培养（进修、培训、出国考察）的女职工须与企业签订培训、出国的相关协议，必须认真履行，如有违约，应承担相应的经济责任。

第七条 广大女职工要积极参与企业的生产、经营活动，爱岗敬业、爱厂如家，钻研技术、力求创新、遵纪守法，自觉执行企业规章制度，树立良好形象，维护企业声誉。

第八条 企业依法保障女职工享受特殊劳动保护，改善劳动条件，增强保健意识，不断提高女职工的特殊保护和身心健康水平。

第九条 企业根据女职工的生理特点和所从事工作的职业特点，对处于经期、孕期、产期、哺乳期、更年期的女职工，给予特殊保护；并确定专兼职人员负责女职工劳动保护工作。

第十条 单位不得在女职工孕期、产期、哺乳期降低其基本工资或终止、解除劳动合同。单位进行承包、租赁、转让、兼并时，对能胜任本职工作的女职工，不得无故拒绝使用或聘用，不得转为待聘或富余人员。

第十一条 不得安排女职工从事因生理特点禁忌从事劳动范围的劳动。企业严格执行国家有关法律法规规定。

第十二条 女职工在月经期间，单位不得安排其从事高空、低温、冷水和国家规定的第三级体力劳动强度的劳动。女职工因月经过多或痛经不能坚持工作的，经医疗机构证明，给予公假1~2天。

第十三条 根据企业实际，可为女职工设立卫生室等保护设施，定期为女职工发放卫生用品或补贴。

第十四条 女职工孕期保护

（一）不得安排从事生产和使用危害生理机能的有毒有害物质的作业和超过卫生防护要求的放射性作业以及经常攀高、弯腰、抬举、下蹲等容易引起流产、早产、畸胎的劳动；不得在正常劳动日以外延长劳动时间；对不能适应原劳动的，根据医疗机构的证明，予以减轻其劳动量或安排其他适宜的工作。

（二）怀孕女职工在劳动时间内进行产前检查的，算作劳动时间，并扣除相应的劳动定额。

（三）对怀孕7个月以上（含7个月）的女职工不安排从事夜班和加班劳动，每天在劳动时间内给予工间休息1小时，并扣除相应的劳动定额。上班确有困难者，经本人申请，单位批准，可提前休产前假。休假期间，其工资不得低于基本工资80%。

第十五条 女职工产期保护

（一）女职工产假为98天，其中产前假15天。难产的，增加15天。多胞胎生育的，每多生育一个婴儿，增加产假15天。

（二）企业积极宣传贯彻《××省人口与计划生育条例》，鼓励女职工晚婚晚育、少生优育。符合《条例》晚育规定的女职工增加产假60天。领取《独生子女父母光荣证》的，每月加发5元奖励费，至子女满十四周岁止。

（三）女职工怀孕不满 4 个月流产的，应根据医疗机构的意见，给予 15 天产假；怀孕 4 个月以上（含 4 个月）流产的，给予 42 天产假。

（四）产假期满上班，给予 1~2 周的时间逐步恢复原劳动定额。因身体原因不能劳动的，经医疗机构证明，按患病的有关规定处理。

第十六条 女职工哺乳期保护

（一）有不满 1 周岁婴儿的女职工，每班劳动时间内给予二次哺乳（含人工喂养）时间，每次为 30 分钟，多胞胎生育的，每多哺乳 1 个婴儿，每次哺乳时间增加 30 分钟。每班劳动时间内的两次哺乳时间可以合并使用，哺乳时间和在本单位内哺乳往返途中时间算作劳动时间，应扣除相应的劳动定额。女职工哺乳婴儿满 1 周岁后，如正值夏季的，单位可根据具体情况，适当延长哺乳期 1~3 个月；经医疗机构诊断为体弱儿的，可适当延长哺乳时间，但最多不超过 3 个月。

（二）女职工在规定的哺乳期内，单位不安排国家规定的哺乳期禁忌从事的劳动；上班确有困难，经本人申请，单位批准，可休 6 个月的哺乳假。其工资不得低于 80%。

第十七条 企业应积极参加生育保险，按时足额交纳生育保险费，按生育保险办法的规定支付女职工生育期间的费用。没参加生育保险单位的女职工怀孕，在单位指定的医疗机构检查和分娩，其检查费、接生费、手术费、住院费和药费由单位报销，产假期间工资照发，福利待遇不变。

第十八条 患有更年期综合征的女职工，经医疗机构证明不能胜任现劳动的，单位应减轻其劳动量或暂时安排其他适宜的劳动。

第十九条 单位应切实做好女职工卫生保健工作。对女职工（含离退休女职工）至少每两年普查一次妇女病，条件允许应每年普查一次妇女病。在劳动时间内进行检查的算作劳动时间。

第二十条 3 月 8 日“三八”妇女节，结合企业生产经营实际，为女职工放假半天。

第二十一条 企业集体合同监督检查小组要有女职工委员会的代表参加，对本合同履行情况每半年进行一次检查和监督，并将履行情况与集体合同履行情况同时向职工（代表）大会报告。

第二十二条 双方因履行本合同发生争议，首先由双方协商解决，经协商未达成一致意见，按劳动争议规定程序处理。

第二十三条 本合同如与国家现行法律法规相抵触时，以国家法律法规为准。

第二十四条 本合同经双方代表签字，并报县以上劳动部门和上级工会审批、备案后具备法律效力，双方必须依法履行。

第二十五条 本合同有效期为　　年，自　　年　　月　　日至　　年　　月　　日止。

单位名称（章）　　　　　　　　　　工会名称（章）

企业法人代表（签字）：　　　　　　工会法人代表（签字）：

年　　月　　日　　　　　　　　　　年　　月　　日

工资专项集体合同范本

甲方（企业方）：×××公司（行业、区域）

乙方（职工方）：×××公司（行业、区域）工会

首席代表：××× 首席代表：×××

代表人数： 人 代表人数： 人

提示：工资集体协商代表人数由双方协商确定，但每方人数应不少于3人，企业方首席代表由法定代表人或其书面委托人担任，职工方首席代表由工会主要负责人担任；行业（区域）协商企业方首席代表应推举产生。协商双方也可委托本单位以外专业人员作为本方的协商代表，但人数不得超过本方代表的三分之一。

根据《中华人民共和国劳动法》《中华人民共和国劳动合同法》《中华人民共和国工会法》《××市集体合同条例》《集体合同规定》《工资集体协商试行办法》，甲乙双方本着自愿、平等的原则，经协商一致，签订本工资专项集体合同。

1. ××××**年度工资调整幅度。**

根据企业年度经营目标，参照本市发布的工资增长指导线，确定 年度除经营者以外的职工平均工资在上年 万元的基础上，增长幅度为____%。(或者增幅在____%~____%)

生产服务等一线职工的平均工资增长为____%。

提示：年度工资调整幅度应当作为工资专项集体合同的主要条款，协商双方可根据企业自身的实际情况，结合销售额、利润等年度经济效益指标或经营目标等，参照本市工资增长指导线，协商确定年度本企业职工平均工资的增长幅度。职工平均工资的增长应当与企业劳动生产率的提高同步，经济效益下降的，职工平均工资可维持原水平或适当下浮。企业应根据所在行业和自身的生产经营特点界定生产服务等一线岗位范围，生产服务一线职工的平均工资增长幅度应不低于本企业职工平均工资的增长幅度。

行业（区域）可协商产生行业（区域）年度职工平均工资的最低增长幅度，各个企业在最低工资增长幅度基础上，结合自身的经营状况等因素，合理确定本企业职工的平均工资增长幅度。

2. 工资分配制度。

根据企业生产经营特点，本企业实行 为主的基本工资制度。

提示：企业应当制定覆盖本企业全部从业人员的基本工资制度，包括使用的劳务派遣员工和其他从业人员等。结合实际情况，可根据不同岗位的工作特点和性质，对不同岗位实行不同形式的工资制度，如管理岗位实行岗位等级工资制、销售人员实行岗位绩效工资制等。

3. 工资分配形式。

根据岗位特点，采用不同的工资分配形式。岗位采用工资形式；

提示：企业可根据不同岗位的工作特点，采用不同的工资分配形式。如管理岗位采用计时工资、生产服务岗位采用计件工资、销售人员采用提成工资、技术岗位采用项目工资等。对于实行计件工资的岗位，可通过协商合理确定劳动定额标准，一般应使同岗位90%以上劳动者在法定工作时间内能够完成。实行提成工资的岗位，可通过协商确定提成比例。

4. 工资分配结构。

基本工资从____月起提高____元/月（或____%）。基本工资占全部工资的比例不低于____%。

提示：工资结构一般由基本工资、绩效工资和各类津补贴等组成，企业应当以确立的工资分配制度和工资分配形式为基础，合理制定相应的薪酬管理办法和绩效考核办法。可根据不同岗位的工作职责和任职要求等因素，合理确定不同岗位的基本工资水平和所占比例。

5. 最低工资。

企业的最低工资在本市最低工资标准的基础上有所提高，提高的幅度为（或不少于）____%。基本工资为最低工资标准的人数占全部劳动者的比例不超过____%。

提示：在法定工作时间内提供正常劳动的劳动者，工资收入应不低于本市最低工资标准。同时，企业可以在本市最低工资标准的基础上，协商确定本企业的最低工资标准或协商确定不同岗位的最低工资标准。并且，基本工资为最低工资标准的劳动者人数应控制在一定的比例内。

行业（区域）可协商确定本行业（区域）的最低工资标准，以及同类工种岗位的最低工资标准。同时，也可协商确定以最低工资标准作为基本工资的劳动者人数的最高比例。

6. 工资支付。

工资结算周期为自然月，工资支付日为每月______日。加班工资按______结算，在次月______日发放。

提示：企业应当建立健全工资支付管理办法，做好各项必要的台账记录，并向劳动者提供本人的工资单。工资一般应通过银行发放，并按时足额存入劳动者个人银行账户。加班工资一般应按月结算，并在次月发放；执行综合计时工时制度的，按批准的周期进行结算。

7. 津贴补贴。

（1）企业的中夜班津贴标准为（或不低于）：______

提示：中班为工作至22点以后下班，夜班包括工作至24点以后下班或夜间连续工作12个小时两种情况，早班为凌晨5点以前上班。

行业（区域）可协商确定本行业（区域）的最低中夜班津贴标准。

（2）高温季节津贴适用的岗位是______________

提示：每年6月1日至9月30日期间，企业安排劳动者在露天工作，以及不能采取有效措施将工作场所温度降低到33℃以下的，应当向劳动者支付高温季节津贴。企业应根据实际情况，合理确定高温季节津贴的发放对象。

（3）工作餐补贴标准为（或不低于）：______元/餐

提示：企业可以根据实际情况，为职工提供免费工作餐或者发放工作餐补贴。

行业（区域）可协商确定本行业（区域）的最低工作餐标准或补贴标准。

（4）上下班交通费补贴标准为（或不低于）：______元/月

提示：企业可以根据实际情况，为职工上下班提供班车或者发放上下班交通费补贴。

行业（区域）可协商确定本行业（区域）的最低上下班交通费补贴标准。

8. 根据企业实际情况，设立 、保险福利项目。

提示：企业可以根据实际情况，参加除法定社会保险以外的其他保险项目，如企业年金、补充住房公积金、补充医疗保险、市总工会的各项保障计划、商业保险等。以及设立体检、疗休养、职工生活困难补助等福利项目，并协商确定相关福利项目的费用标准。

行业（区域）可协商设定本行业（本区域）的保险福利项目，以及相应的最低费用标准。

9. 本工资专项集体合同经职工代表大会或全体职工审议通过，由双方首席代表正式签字，并送人力资源社会保障部门审查后生效。

提示：人力资源社会保障部门自收到送审材料之日起十五日内未提出异议的，工资专项集体合同即行生效。生效的工资专项集体合同应由协商代表以适当的形式向本方全体人员公布。

行业（区域）协商应列明覆盖的企业以及覆盖的劳动者人数。

10. 本工资专项集体合同在履行过程中，如遇有不可抗力或者企业经营状况出现重大变化等特殊情况，经双方协商一致，可以变更或者解除。

11. 本工资专项集体合同未规定的事项，以有关法律法规规定为准。

12. 本工资专项集体合同一式三份，企业方和职工方各执一份，审查部门存档一份。

提示：行业（区域）工资专项集体合同所覆盖的企业和工会都应持有本合同文本。

13. 本工资专项集体合同适用于劳动者。

提示：工资专项集体合同原则上应适用于企业的全体劳动者。劳务派遣员工的工资福利可以纳入用工单位的工资集体协商范围，建立劳务派遣员工正常的工资调整机制，实行内部统一的薪酬分配制度，落实同工同酬。

14. 本工资专项集体合同有效期为____年____月____日至____年____月____日，在合同终止前3个月内，双方可提出次年的工资集体协商方案。

提示：工资专项集体合同涉及职工年度工资调整方案，并与企业的经济效益、经营状况密切相关，有效期一般应为一年。

甲方首席代表：　　　　乙方首席代表：

（企业盖章）　　　　（工会盖章）

年　月　日　　　　年　月　日

主要参考文献

1. 中华全国总工会研究室编写：《新时代　新使命　新作为——深入学习贯彻习近平总书记关于工人阶级和工会工作的重要论述》，中国工人出版社，2018 年。

2. 李玉赋主编：《新的使命与担当Ⅲ——全国总工会改革试点制度文件与释义》，中国工人出版社，2017 年。

3. 李玉赋主编：《中国工会十七大精神学习辅导丛书》，中国工人出版社，2018 年。

4. 李玉赋主编：《全国工会干部培训基础教材》，中国工人出版社，2018 年。

5. 武玉芳、任鲁萍主编：《新编工会干部业务知识简明教程》，红旗出版社，2014 年。

6. 武玉芳、任鲁萍主编：《专兼职工会干部实务培训教程》，研究出版社，2015 年。

后　记

工会干部教育培训是建设高素质工会干部队伍的先导性、基础性、战略性工程，特别是进入中国特色社会主义新时代，工会干部素质能力成为工会完成党和国家赋予的历史使命、竭诚服务职工群众的重要基础。为了适应新时代工会干部教育培训和工会工作实际需要，山东管理学院工会干部教育培训学院组织编写了这本教材。

本教材以习近平新时代中国特色社会主义思想和党的十九大精神为指导，特别是学习贯彻习近平总书记关于工人阶级和工会工作的重要论述精神、中央党的群团工作会议精神，以及2018年10月召开的中国工会十七大精神，结合工会改革和工会工作的新形势、新要求，采用问答的方式，较为全面地介绍了专兼职工会干部应知应会的工会业务知识，具有较强的实用性和可操作性。通过对本教材的学习，工会干部能够以最快的速度在最短的时间内掌握做好工会工作应具备的业务知识、工会工作的重点和工作方法。

山东管理学院高度重视本教材的编辑出版工作，党委书记冯庆禄同志亲自为本书作序，校领导房克乐同志给予了很多指导和中肯建议，全书最后由工会干部教育培训学院院长武玉芳教授统稿定稿。

由于水平有限，本教材难免有不足之处，恳望广大工会干部予以批评指正。

编　者

2019年5月

图书在版编目（CIP）数据

工会工作实务培训速成教材 / 山东管理学院编著. —北京：中国工人出版社，2019.6
ISBN 978-7-5008-7188-0

Ⅰ. ①工…　Ⅱ. ①山…　Ⅲ. ①工会工作—中国—干部培训—教材　Ⅳ. ①D412.6

中国版本图书馆CIP数据核字（2019）第100527号

工会工作实务培训速成教材

出 版 人	王娇萍
责任编辑	周子欣
责任印制	栾征宇
出版发行	中国工人出版社
地　　址	北京市东城区鼓楼外大街45号　邮编：100120
网　　址	http://www.wp-china.com
电　　话	（010）62005043（总编室）（010）62005039（印制管理中心） （010）82075935（工会与劳动关系分社）
发行热线	（010）62033018　62004002　62005996　（010）62005038（传真）
经　　销	各地书店
印　　刷	北京美图印务有限公司
开　　本	700毫米×1000毫米　1/16
印　　张	20
字　　数	330千字
版　　次	2019年7月第1版　2022年9月第5次印刷
定　　价	48.00元